# VOYAGE D'UNE PARISIENNE A LHASSA

## DU MEME AUTEUR

### chez le même éditeur

Au Pays des Brigands-gentilshommes.
Sous des Nuées d'orage.
A l'ouest barbare de la vaste Chine.
Journal de Voyage (Lettres à son mari) 2 tomes.
Voyage d'une Parisienne a Lhassa.
L'Inde ou j'ai vécu.
Mystiques et Magiciens du Tibet.
En Chine - L'Amour Universel et l'Individualisme Intégral : Les Maitres Mo-Tse et Yang-Tchou.
Le Lama aux Cinq Sagesses.
La Puissance du Néant.
Magie d'Amour et Magie Noire.
40 Siècles d'Expansion Chinoise.
Sortilège du Mystère.
Le vieux Tibet face a la Chine nouvelle.

### aux éditions du ROCHER (s'adresser chez PLON)

Le Bouddhisme du Bouddha.
Immortalité et Réincarnation.
La Vie surhumaine de Guésar de Ling. (L'Iliade des Tibétains, avec la collaboration du lama Yongden.)
Astavakra Gita - Avadhuta Gita. (Poèmes sanscrits Védantins.)

### aux éditions PYGMALION

Textes Tibétains inédits.
Au cœur des Himalayas : Le Népal.

### aux éditions ADYAR : 4, Square Rapp, 75007 Paris

Les Enseignements secrets des bouddhistes tibétains.
La Connaissance transcendante.
Initiations lamaïques.

### aux éditions Robert MOREL : Apt.

Vivre au Tibet : Cuisine, Traditions et Images.

### Ouvrages consacrés à l'auteur

Le Tibet d'Alexandra David-Néel - Album photos. Plon.
Dix ans avec Alexandra David-Néel, Marie-Madeleine Peyronnet. Plon.

ALEXANDRA DAVID-NEEL

# VOYAGE D'UNE PARISIENNE A LHASSA

*A pied et en mendiant*
*de la Chine à l'Inde*
*à travers le Tibet*

**PLON**
8, rue Garancière
**PARIS**

ISBN 2-259-01027-X

*A tous ceux*
*qui, volontairement ou inconsciemment,*
*m'ont aidée durant mes longues pérégrinations,*
*en témoignage d'affectueuse gratitude,*
*cette relation de mon voyage à Lhassa*
*est dédiée.*

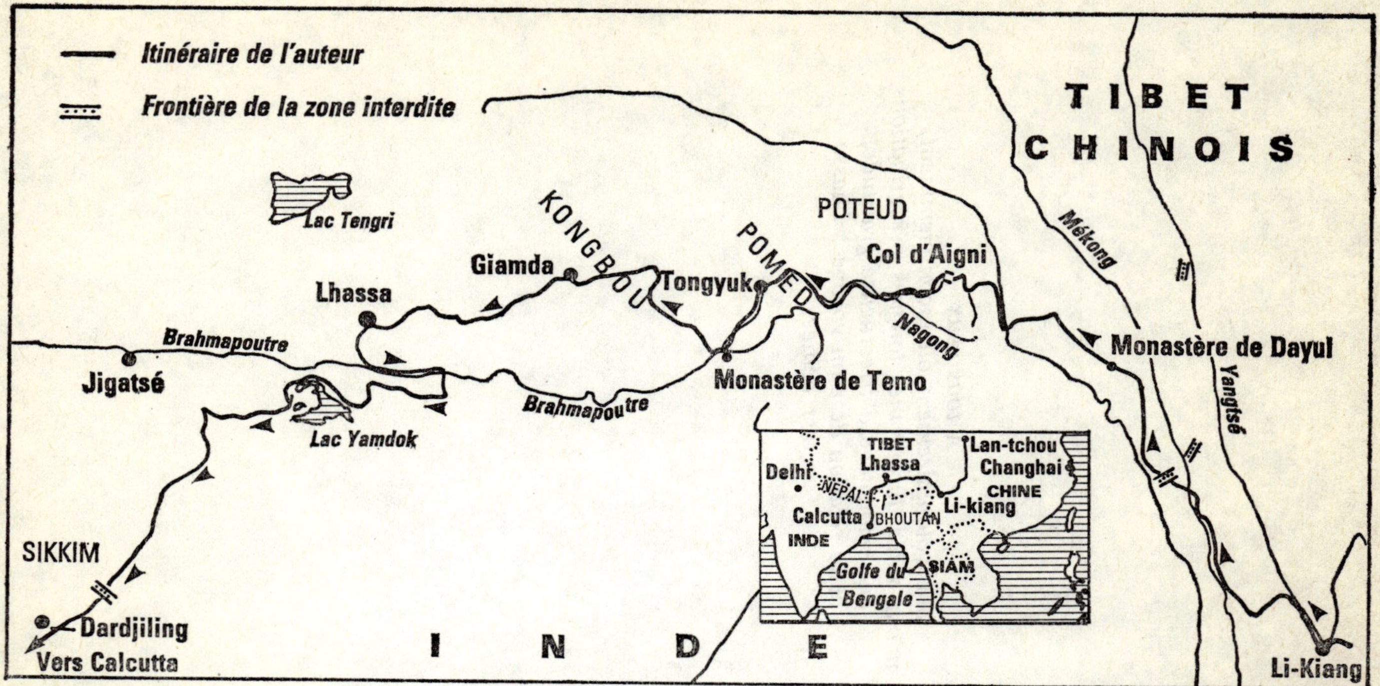

Itinéraire de l'auteur
Frontière de la zone interdite
TIBET
CHINOIS
Lac Tengri
KONGBOU
POTEUD
POMED
Col d'Aigni
Giamda
Tongyuk
Lhassa
Mékong
Nagong
Monastère de Dayul
Yangtsé
Brahmapoutre
Jigatsé
Monastère de Temo
Brahmapoutre
Lac Yamdok
TIBET
Lhassa
Lan-tchou
Changhai
Delhi
NEPAL
CHINE
Li-kiang
Calcutta
BHOUTAN
INDE
Golfe du
SIAM
Bengale
SIKKIM
Dardjiling
Vers Calcutta
INDE
Li-Kiang

# INTRODUCTION

Huit mois de pérégrinations accomplies dans des conditions inaccoutumées, à travers des régions en grande partie inexplorées ne peuvent se raconter en deux ou trois cents pages. Un véritable journal de voyage exigerait plusieurs gros volumes. L'on ne trouvera donc, ici, qu'un résumé des épisodes qui m'ont paru les plus propres à intéresser les lecteurs et à leur donner une idée des régions auxquelles je me suis mêlée de façon intime en tant que chemineau tibétain.

Cette randonnée vers Lhassa sous le déguisement d'une pèlerine mendiante n'est, du reste, elle-même, qu'un épisode de longs voyages qui m'ont retenue en Orient pendant quatorze années successives. La genèse de ceux-ci serait hors de place dans cette introduction, toutefois, quelques explications touchant les raisons qui m'ont amenée à choisir un déguisement singulier pour me rendre à Lhassa me paraissent s'imposer.

J'avais déjà fait un séjour en Asie quand, en 1910, j'obtins une mission du ministère de l'Instruction publique pour retourner dans l'Inde.

L'année suivante, me trouvant près de Madras, j'appris que le souverain du Tibet, le Dalaï-lama, avait fui son pays — alors en révolte contre la Chine — et résidait dans l'Himâlaya.

Le Tibet ne m'était pas absolument étranger. J'avais été l'élève, au Collège de France, du professeur Ed. Foucaux, un savant tibétanisant, et possédais quelques notions de littérature tibétaine. On le comprend, je ne pouvais laisser échapper cette occasion unique de voir le Lama-roi et sa cour.

Etre reçue par le Dalaï-lama ne paraissait pas des plus faciles, celui-ci refusait obstinément de donner audience à des femmes étrangères. Toutefois, ayant pressenti des difficultés, je m'étais munie de lettres d'introduction, émanant de hautes personnalités du monde bouddhiste. Ces lettres, ayant été traduites au souverain du Tibet, l'intriguèrent sans doute, car il déclara immédiatement qu'il serait heureux de causer avec moi.

Autour du moine-souverain, je trouvai une cour étrange d'ecclésiastiques vêtus de serge grenat sombre, satin jaune et brocart d'or, qui racontaient des histoires fantastiques et parlaient d'un pays de contes de fées. Bien qu'en les écoutant je fisse prudemment la part de l'exagération orientale, je sentais instinctivement que derrière les montagnes couvertes de forêts qui se dressaient devant moi et les lointaines cimes neigeuses pointant au-dessus d'elles, il existait, vraiment, un pays différent de tout autre. Faut-il dire que le désir d'y pénétrer s'empara aussitôt de moi.

Ce fut en juin 1912 qu'après un long séjour parmi les Tibétains de l'Himâlaya, je jetai un premier coup d'œil sur le Tibet proprement dit. La lente montée vers les hauts cols fut un enchantement, puis, soudain, m'apparut l'immensité formidable des plateaux tibétains limités au lointain par une sorte de mirage estompé montrant un chaos de cimes mauves et orange coiffées de chapeaux neigeux.

Quelle vision inoubliable ! Elle devait me retenir, pour toujours, sous son charme.

L'aspect physique du Tibet n'était cependant pas la seule cause de l'attraction que ce pays exerçait sur moi. Il m'attirait grandement aussi comme orientaliste.

Je me mis à rassembler les éléments d'une bibliothèque tibétaine que je désirais composer avec des ouvrages originaux ne figurant point dans les deux grandes collections du Khagyur et du Tengyur qui, comme on le sait, sont formées par des traductions. Je recherchai aussi toutes les occasions de m'entretenir avec les lamas lettrés, les mystiques, les adeptes, tenus pour éminents, des doctrines ésotériques et de séjourner auprès d'eux.

Ces investigations captivantes m'amenèrent à pénétrer dans un monde mille fois plus étrange encore que les hautes solitudes du Tibet : celui des ascètes et des magiciens dont la vie s'écoule cachée dans les replis des montagnes, parmi les cimes neigeuses.

Ce serait une erreur de croire que le Tibet a toujours été la terre interdite et étroitement gardée qu'il est devenu de nos jours. Si extraordinaire que le fait puisse paraître, la zone défendue croît en étendue. Les routes à travers l'Himâlaya, facilement accessibles il y a une quinzaine d'années, ont été garnies de postes barrant non pas simplement la frontière du Tibet, mais ses approches à plus de cinquante kilomètres de distance. Les touristes désireux de visiter le Sikkim doivent obtenir un permis sur lequel il est inscrit que le bénéficaire « n'est pas autorisé à pénétrer au Népal, ni au Bhoutan, ni au Tibet, qu'il ne doit visiter aucun endroit, ni voyager, ni tenter de voyager par aucun chemin autre que ceux indiqués sur son permis ». Il lui faut aussi signer l'engagement de se conformer à ces conditions.

Quant à la frontière sino-tibétaine, elle est laissée complètement libre par les Chinois, mais les régions qui ont été récemment soustraites à leur contrôle sont devenues interdites. Il s'ensuit qu'il est devenu impossible de s'avancer dans des pays que les voyageurs pouvaient parcourir à leur gré, il y a peu d'années et où, à une époque plus ancienne, des missionnaires s'étaient même établis.

Je citerai, parmi d'autres, notre érudit compatriote M. Bacot qui traversa la province de Tsarong et visita Menkong en 1909, le capitaine anglais F. Kingdon Ward[1] qui voyagea dans la même région en 1911 et en 1914, et le capitaine (aujourd'hui colonel) Bailey, un Anglais aussi, qui, vers 1911, releva la carte d'une partie du Tsarong. J'indiquerai aussi, en passant, que vers 1860, la Société

1. Il se rendit de nouveau au Tibet, dans le pays de Pemakoitchén, en 1924, y ayant été envoyé par le gouvernement anglais ou autorisé par lui. Le capitaine Kingdon Ward est un naturaliste qui a écrit d'intéressantes relations de voyage.

des Missions étrangères de Paris possédait des propriétés dans la province de Tsarong.

Il pourra être intéressant de lire les détails donnés à ce sujet par un Anglais : Edmund Candler [1], qui fit partie de l'expédition britannique à Lhassa en 1904.

« Il faut se souvenir que le Tibet n'a pas toujours été fermé aux étrangers... Jusqu'à la fin du dix-huitième siècle, seuls les obstacles venant de la configuration du pays et de son climat (*physical obstacles*), barraient l'accès de la capitale.

Des Jésuites et des Capucins atteignirent Lhassa, y firent de longs séjours et furent même encouragés par le gouvernement tibétain. Les premiers Européens [2] qui se rendirent à Lhassa et ont laissé une relation authentique de leur voyage sont les Pères Grueber et d'Orville qui pénétrèrent au Tibet, venant de la Chine par la route de Sining, et demeurèrent à Lhassa pendant deux mois.

En 1715, les Jésuites, les Pères Desideri et Freyre arrivèrent à Lhassa ; Desideri y demeura treize ans. En 1719, arriva Horace de la Penna et la mission des Capucins qui y bâtit une chapelle et un hospice, et convertit plusieurs personnes. Les Capucins de cette mission finirent par être expulsés, mais seulement en 1740 [3].

Le Hollandais Van der Putte fut le premier laïque qui pénétra dans la capitale. Il y arriva en 1720 et y resta quelques années.

Ensuite, nous ne possédons aucune relation concernant des Européens visitant Lhassa, jusqu'au voyage en 1811 de Thomas Manning, le premier Anglais qui soit allé à Lhassa. Manning arriva parmi la suite d'un général chinois qu'il avait rencontré à Phari Dzong [4] et qui lui était reconnaissant pour l'avoir soigné comme médecin. Il resta un mois dans la capitale... Il fut averti que sa vie y était en danger et retourna dans l'Inde en suivant la route par laquelle il était venu [5] ».

---

1. *The unveiling of Lhassa (Lhassa dévoilée)*, par Edmund Candler.

2. L'on suppose que le Frère Oderie de Portenone est allé à Lhassa en 1325, mais l'authenticité de sa relation est sujette au doute (cette note est de Ed. Candler).

3. L'auteur dit, dans une note, que, se trouvant à Lhassa, il y a découvert dans le Djo Khang une cloche portant l'inscription : *The Deum laudamus*, qui avait probablement appartenu aux Capucins.

4. Ce qui montre qu'il s'était avancé librement jusqu'à cet endroit, ce qui est devenu impossible.

5. Il faut ajouter à cette liste : Bogle en 1774 et Turner en 1783 qui se

En 1846, les Pères lazaristes Huc et Gabet closent la série des voyageurs qui atteignirent Lhassa. Depuis eux, tous les explorateurs furent contraints de rebrousser chemin. Cependant, avant d'être arrêtés dans leur marche, certains d'entre eux s'avancèrent bien près de la capitale, touchant les bords du Nam tso tchimo (le lac Tengri), comme le firent Bonvalot avec le prince Henri d'Orléans et Dutreuil de Rhins avec M. Grenard en 1893. Il est devenu, maintenant, tout à fait impossible à un étranger de voyager ouvertement dans ces parages.

Vers 1901, après la répression des Boxers, plusieurs édits furent affichés à Lhassa, par lesquels le gouvernement chinois déclarait le Tibet ouvert aux étrangers et enjoignait aux Tibétains de les accueillir. De fait, à l'heure actuelle, toutes les parties du territoire tibétain demeurées sous le contrôle de la Chine sont accessibles aux voyageurs.

Quelques années après mes premières excursions sur les plateaux du Tibet méridional, je rendis visite au Panchen-Lama à Jigatzé. Celui-ci me reçut très cordialement. Il m'encouragea à poursuivre mes études tibétaines et, pour me les faciliter, offrit de me donner l'hospitalité dans son voisinage.

Il m'aurait aussi été loisible de visiter les bibliothèques et d'y faire des recherches avec l'aide de lamas lettrés. C'était là une occasion unique, mais on ne me laissa pas la possibilité d'en profiter.

A la suite de ma visite au Panchen-Lama, les habitants d'un village situé à environ dix-neuf kilomètres de l'ermitage où je résidais, eurent à payer, immédiatement, au résident britannique une amende montant à deux cents roupies pour avoir négligé de l'informer de mon départ. Le résident qui les condamna ne prit pas la peine de considérer que ces gens ne pouvaient en aucune façon avoir eu connaissance de mes mouvements, puisque j'étais partie d'un monastère situé en territoire tibétain, à trois ou quatre jours de marche de leur village. Les montagnards se vengèrent, suivant leur mentalité d'ignorants sauvages, en pillant en partie mon chalet. Je me plaignis en vain. Toute justice me fut déniée et l'on me commanda de quitter le pays dans la quinzaine.

---

rendirent, non point à Lhassa, mais à Jigatzé comme envoyés de Warren Hastings, gouverneur de l'Inde, au Panchen-Lama.

Ces procédés, indignes de civilisés, éveillèrent en moi le désir de me venger, mais d'une façon spirituelle cadrant avec l'esprit national de Paris, ma ville natale. Il était nécessaire, toutefois, que je prisse mon temps.

Quelques années plus tard, je voyageais dans le Kham (Tibet oriental), lorsque je devins malade. Je décidai d'aller à Bhatang où existe un hôpital missionnaire dirigé par des médecins anglais ou américains. Bhatang est une ville tibétaine importante, demeurée sous le contrôle chinois, comme l'est aussi Kantzé près d'où je me trouvais à ce moment.

Les troupes de Lhassa ayant, depuis peu, conquis la partie du pays s'étendant entre ces deux villes, elle était devenue interdite aux étrangers.

L'officier tibétain résidant au poste-frontière me demanda tout d'abord si j'étais munie d'une permission du consul anglais à Tatchienlou [1] — le « grand homme » de Tatchienlou, comme il l'appelait. Cette autorisation en main, disait-il, je pourrais aller où je voudrais au Tibet, sans elle il ne pouvait pas me laisser passer la frontière.

Je réussis cependant à continuer ma route, tandis qu'il dépêchait un courrier à son chef pour demander des ordres. Quelques jours plus tard, j'étais arrêtée par un autre officier et entendais, derechef, parler du « grand homme » de Tatchienlou, nouveau saint Pierre qui détenait les clefs du « Pays des Neiges ».

Pendant ce temps la maladie s'aggravait. J'expliquai mon cas aux Tibétains, mais bien qu'ils me plaignissent sincèrement, la crainte du « grand homme » ne permettait pas aux fonctionnaires terrorisés de donner cours à leur bonté naturelle, en me laissant continuer mon chemin vers l'hôpital. Il fallait renoncer à m'y rendre ; néanmoins je refusai de retourner sur mes pas, ainsi qu'on voulait m'y forcer, et déclarai que puisqu'on me barrait la route de Bhatang, j'irais à Jakyendo.

Jakyendo est une petite ville située sur la route de Lhassa, au-delà de la zone conquise et restée sous le contrôle de la Chine. Je me doutais qu'un tour à travers le territoire nouvellement amené sous l'autorité de Lhassa pourrait être intéressant à plus d'un point de vue.

---

1. Tatchienlou, ville tibétaine, centre de commerce important, située à l'extrémité orientale du pays de Kham et comprise dans la province de Szetchouan (Chine).

Des journées épiques se passèrent à parlementer. Les officiers siégeaient dans une tente devant laquelle flottait le drapeau tibétain : cramoisi, portant un lion brodé. Autour d'eux campait leur escorte de soldats, dont deux musiciens « armés » de trompettes tibétaines. Mes gens et moi, sans drapeau et sans trompettes, occupions deux tentes plantées à quelque distance de celle des Tibétains. D'infortunés *dokpas* [1] que leur mauvaise chance avait placés à cet endroit, payaient en moutons, beurre, lait et fromage leur place à la comédie qui se jouait. Ils en nourrissaient les acteurs. Tel est l'usage au Tibet. Les discours succédaient aux discours dans le décor romantique et paisible du vieux royaume de Dirgi. Quand les orateurs enroués, exténués, se taisaient, ils mangeaient.

A la fin, quand tous eurent clairement compris qu'à moins de me tuer, ils ne m'empêcheraient pas d'aller à Jakyendo, ils se résignèrent.

Mon espoir se réalisa pleinement, ma promenade dans cette région fut pleine d'intérêt et, par la suite, je bénis l'aventure qui m'avait jetée à Jakyendo, car mon séjour dans cet endroit me fournit l'occasion d'une nouvelle série de voyages merveilleux.

Pendant que je demeurais à Jakyendo, un Danois y arriva, revenant de Tchang Nagtchoukha où on lui avait barré la route alors qu'il se dirigeait vers Lhassa. Ne pouvant atteindre le but qu'il s'était fixé, le voyageur désirait retourner promptement à Changhaï où l'appelaient ses affaires. Le chemin direct était précisément celui sur lequel j'avais bataillé l'été précédent. Avant même qu'il eût atteint la zone dorénavant interdite, des soldats, qui avaient été postés là pour l'attendre, le contraignirent à retourner sur ses pas. Le pauvre explorateur expliqua en vain qu'il avait renoncé à pénétrer dans l'intérieur du Tibet, qu'il marchait dans la direction opposée et ne voulait que *passer* sur la grand'route pour retourner en Chine, on ne l'écouta même pas. Force lui fut de prendre une route le menant vers le nord, à travers des déserts sillonnés par des bandes de brigands. Il dut, bien entendu, organiser une caravane pour transporter vivres et bagages, le trajet prenant un mois. Au bout de ce temps, s'étant considérablement éloigné de sa destination, il se retrouva

1. *Dokpas*, pasteurs vivant sous la tente.

à Sining, au Kansou, d'où il était parti, plusieurs mois auparavant, croyant atteindre Lhassa. De là, il mit encore presque deux mois pour arriver à Changhaï. L'itinéraire direct qu'il avait été empêché de suivre lui aurait permis de voyager en chaise à porteur, de coucher dans une auberge à chaque étape et aurait abrégé de plus de moitié la durée de son voyage.

Les faits de ce genre sont une véritable provocation adressée aux voyageurs, je ne pouvais en être témoin avec indifférence. Je résolus — me trouvant aussi murée à Jakyendo que le voyageur danois — de ne pas remonter vers le nord, mais de me frayer un passage à travers le pays interdit, jusqu'au bord de la Salouen et de visiter les vallées chaudes : Tsarong et Tsawarong.

Aurais-je été de là à Lhassa ? C'est possible, mais ce n'est pas certain ; je n'avais rien arrêté de précis à cet égard.

Je quittai Jakyendo à la fin de l'hiver accompagnée par un seul domestique. La plupart des cols étaient encore bloqués et notre marche à travers les neiges coudoya le drame. Mon garçon et moi avions heureusement surmonté les obstacles matériels, passé le poste de la frontière sous les fenêtres mêmes du fonctionnaire chargé de sa garde et nous approchions de la Salouen quand nous fûmes arrêtés.

Ce n'était pas que nous eussions été reconnus ; la cause de mon échec venait d'ailleurs.

J'avais jugé que dans un voyage de ce genre, parcourant un pays à peu près inconnu, il serait bon, en dehors de mes recherches personnelles, de glaner des documents intéressants pour d'autres.

Mon fils adoptif, le lama Yongden, me suivait à quelques jours de marche en arrière, accompagné d'un domestique et conduisant sept mules. Nous devions nous réunir plus loin. Dans les sacs qu'il transportait, se trouvaient des appareils photographiques, quelques instruments, du papier pour un herbier, etc. Ces choses attirèrent l'attention du fonctionnaire qui examina les bagages et comme il connaissait ma présence à Jakyendo, il se douta que je me trouvais dans les environs. Il empêcha ma petite caravane de passer, lança des soldats à ma recherche dans toutes les directions ; ceux-ci me trouvèrent et ce fut la fin de l'aventure.

La fin pour cette fois, mais j'étais loin de me considérer comme vaincue. J'ai pour principe de ne jamais accepter une défaite, de quelque nature qu'elle puisse être et qui que ce soit qui me l'inflige.

C'est même, alors, que l'idée d'aller à Lhassa, restée un peu vague jusqu'à ce moment, devint, chez moi, une décision fermement arrêtée. Aucune revanche ne pouvait surpasser celle-là ; je la voulais et à n'importe quel prix je l'aurais. J'en fis le serment en face du poste-frontière où l'on m'avait reconduite.

Le désir de venger mon propre insuccès n'était pourtant pas uniquement ce à quoi je visais. Je souhaitais, bien davantage, attirer l'attention sur le phénomène, singulier à notre époque, de territoires *devenant* interdits. Il ne s'agit pas seulement de Lhassa. La barrière immense coupant les communications, en Asie, s'étend approximativement entre le 78° et le 99° longitude et du 27° au 30° latitude.

Si j'avais parlé après mes différents échecs, certains eussent pu croire que le dépit me poussait. Il fallait donc réussir d'abord, aller à Lhassa même et supprimer, ainsi, tout intérêt personnel dans la question. C'est ce que j'ai fait.

Avant de terminer, je désire assurer mes nombreux amis anglais qu'en critiquant la conduite de leur gouvernement au Tibet, je n'obéis à aucun sentiment d'antipathie contre la nation anglaise dans son ensemble. Bien au contraire. Spontanément, dès mon enfance, quand je passais mes vacances sur la côte du Kent, j'ai aimé les Anglais et leurs coutumes. Durant les longs séjours que j'ai faits en Orient, ma sympathie pour eux s'est encore accrue. Une sincère gratitude s'y ajoute, maintenant, pour de si nombreux accueils cordiaux reçus dans tant de demeures dont les charmantes hôtesses s'ingéniaient à me faire retrouver un foyer.

Dans leur pays, de même que dans le mien, ou dans n'importe quel autre, la politique suivie par les gouvernants est loin de représenter toujours les meilleurs côtés du caractère des citoyens. Je suppose, sans crainte de me tromper beaucoup, que ceux de la Grande-Bretagne et des Dominions partagent l'ignorance des nationaux de toutes les puissances, quant à la façon tortueuse dont se traitent, dans les coulisses des ministères, les affaires des colonies et des protectorats lointains.

Ce que j'ai relaté étonnera sans doute beaucoup de gens et, plus particulièrement les missionnaires chrétiens qui pourront se demander pourquoi une nation, qui s'intitule chrétienne, interdit à l'Evangile et à ceux qui le prêchent l'entrée d'un pays où elle est libre d'envoyer ses troupes et de vendre ses fusils.

J'ajouterai un mot au sujet de l'orthographe des mots tibétains. Je les ai simplement transcrits phonétiquement afin de permettre au lecteur de les prononcer à peu près comme le font les Tibétains. Exceptionnellement, j'ai parfois écrit *ph* pour distinguer l'un des trois *p* de l'alphabet tibétain, comme dans le mot *philing* (étranger) qu'il faut prononcer *pi line gue*. Le son *f* n'existe pas en tibétain. Le troisième *p* et le troisième *t* ont souvent été écrits respectivement *b* et *d* selon l'usage généralement adopté par les orientalistes, bien que ces lettres n'aient le son de *b* et de *d* que lorsqu'elles sont précédées d'une lettre-préfixe muette.

L'orthographe tibétaine, très compliquée, déroute forcément ceux qui ne peuvent lire les mots écrits en caractères tibétains. Comme exemple, j'indiquerai que le mot prononcé *naldjor* s'écrit *rnal byorr* ; le nom prononcé *deuma* s'écrit *sgrolma* et ainsi de suite.

Quant au nom *Tibet*, il peut être intéressant de savoir qu'il est inconnu des Tibétains. Son origine reste obscure. Les Tibétains appellent leur pays *Peu yul* ou, poétiquement, en littérature, *Gangs yul* (le Pays des Neiges). Eux-mêmes se dénomment *Peu pas*.

Certains croient trouver l'origine du terme Tibet dans deux mots tibétains : *tod bod* (prononcés *teu peu*). *Tod* signifie haut. La dénomination Haut Tibet est parfois appliquée au Tibet central, tandis que les provinces orientales sont appelées Bas Tibet. Toutefois, faire dériver la première syllabe de Tibet : « thi » de *tod*, exige un renversement des places généralement assignées par la grammaire tibétaine au nom et à l'adjectif. D'après celle-ci, l'adjectif suit le nom. L'on dit : *Bod-tod* (Peu-teu) Tibet haut, *Bod-med* (Peu-méd) Tibet bas.

Ainsi qu'il ressort des explications données dans cette

introduction, je ne pouvais réussir à atteindre Lhassa qu'en gardant le plus strict incognito. Il m'était impossible d'inclure un appareil photographique dans mes bagages de mendiante et, ni Yongden, ni moi, déguisés en pauvres hères, ne devions être surpris prenant des photographies. La plupart de celles qui illustrent ce livre ont été prises au cours de mes précédentes pérégrinations au Tibet *. Quant à celles qui se rapportent à Lhassa ou à ses environs, je les ai obtenues de photographes indigènes.

Arrivés à Lhassa, mon fils adoptif et moi avions renoncé à la mendicité et nous étions promus à une condition sociale un peu supérieure qui nous permettait de montrer de l'argent. Il nous était, ainsi, possible de rémunérer les services des photographes du pays. Ceux-ci, tant professionnels qu'amateurs, ne manquent point au Tibet.

---

* Voir l'album photos *le Tibet d'Alexandra David-Néel*, Plon.

## Chapitre premier

Adieu, mon Père !... Nous partons. Au détour du chemin, je me retourne pour regarder encore une fois l'hôte très bienveillant qui, il y a quelques jours, sans nous connaître le moins du monde, nous a cordialement accueillis, Yongden et moi, lorsque nous avons sollicité son hospitalité.

Du portail de la Mission, le Révérend Père N... nous suit des yeux ; une expression d'inquiétude est empreinte dans le sourire qu'il nous adresse. Il n'a pas été dupe des vagues projets que nous lui avons exposés, le but de notre voyage entrepris dans des conditions singulières lui demeure mystérieux. Où irons-nous, seuls, à pied, et sans bagages ?... Il se le demande, sans pouvoir le deviner, pressentant quelque hasardeuse expédition et je suis certaine que les noms des énigmatiques passants qui, durant quelques nuits, ont dormi sous son toit seront prononcés dans ses prières. Puissent s'accomplir les vœux qui lui sont chers ! Qu'il soit béni pour la chaleur réconfortante dont son amitié enveloppe mon départ pour la Rome lamaïste !

Adieu !... Le sentier fait un coude, la maison de la Mission est hors de vue. L'aventure commence.

C'est la cinquième fois que je me mets en route pour

la zone fermée du « Pays des Neiges », et bien différents d'aspect ont été ces départs échelonnés au cours de plus de dix années. Certains se sont effectués joyeusement, accompagnés par les rires des domestiques, le carillon bruyant des sonnettes suspendues au cou des mules, parmi cet affairement un peu brutal mais plein de bonne humeur et tout le gai tapage qu'affectionnent les populations de l'Asie centrale. Un autre fut grave, presque solennel : en grand costume lamaïque, pourpre sombre et brocart d'or, je bénissais les villageois et les *dokpas* [1] assemblés pour saluer une dernière fois la *khandoma* [2] étrangère.

Je m'éloignai, un jour, au milieu d'une féerie dramatique créée par un ouragan s'élevant soudain, comme je me mettais en route. Dans le ciel, quelques instants plus tôt ensoleillé, surgissaient d'énormes nuages sombres qui s'enroulaient autour des pics géants, comme autant de monstres aux formes fantastiques. Une sinistre teinte plombée se répandit sur les montagnes environnantes, transformant le décor immaculé et plein de majestueuse sérénité des hautes cimes, en une sorte de morne et terrifiant paysage des Enfers. La tourmente de neige m'enveloppait alors et, chancelante, aveuglée, un peu semblable à une épave ballottée par la tempête, je m'en allai...

Deux fois, je partis en secret, aux premières lueurs du jour, emmenant ma petite caravane à travers les immenses solitudes tibétaines ; déserts arides et déserts d'herbe, tous deux silencieux, farouches, énigmatiques, hautes terres âpres et fascinantes, pays de rêves et de mystères... Maintenant, le chaud soleil de l'automne chinois brille au beau ciel bleu sombre ; les montagnes, les bois toujours feuillus, semblent nous inviter ; nous avons vraiment l'air de partir pour une simple excursion. C'est là, du reste, ce que nous avons déclaré aux bonnes gens du village que nous venons de quitter ; nous allons herboriser sur les montagnes. Cependant l'entreprise est sérieuse et je n'ignore aucun des obstacles qui vont se dresser sur mon chemin.

---

1. *Dokpas,* littéralement « gens des solitudes ». Pasteurs habitant sous la tente et vivant du produit des troupeaux, sans cultiver la terre.

2. *Khandoma,* « promeneuse à travers l'espace ». Une sorte de fée qui apparaît généralement sous l'aspect d'une femme âgée. Les Tibétains lui donnent le titre de « mère ». La prononciation habituelle est khandouma ou khandoma.

Pour le moment, mes bagages, ostensiblement laissés en dépôt au village, prévenaient tout soupçon concernant mes projets. Cependant, même en prétextant des excursions peu lointaines, il m'avait été impossible de partir seule avec Yongden, tous deux chargés d'un ballot, comme nous allions l'être au Tibet. Une telle façon d'agir, si contraire aux habitudes des voyageurs étrangers, eût incité les gens du pays à m'épier pour découvrir la raison de mon étrange conduite. Force m'avait été d'engager deux porteurs et, tout en cheminant, je repassais dans mon esprit les ruses imaginées durant les jours précédents, pour me débarrasser d'eux en temps voulu. Ce temps approchait rapidement car, le surlendemain, nous arriverions au pied du chemin de traverse escaladant le Kha Karpo[1] en face du village de Londré et c'était par ce sentier que je comptais m'échapper pour gagner, pendant la nuit, la route du pèlerinage encerclant la montagne sainte. Si mon plan échouait là, mon voyage à Lhassa serait irrémédiablement compromis.

Un autre souci me préoccupait encore ; sans ployer sous leur faix, les deux hommes paraissaient sentir le poids des sacs qu'ils transportaient. Comment mon jeune compagnon et moi, dont la force était loin d'égaler la leur, parviendrions-nous, ainsi chargés, à gravir les hautes et nombreuses chaînes de montagnes que nous rencontrerions sur notre route ?

La constitution de notre équipement avait été laborieuse et passablement angoissante. En vue des conditions toutes particulières dans lesquelles mon voyage au Tibet devait s'accomplir, je n'avais emporté pour le très long trajet du Gobi au Yunnan, que ce dont il était tout à fait impossible de se passer. Cependant, au moment de partir à pied, sans moyen de transport, il me fallut encore éliminer de ces bagages déjà si réduits certains objets de première nécessité.

Nous mettant en route en octobre, il nous aurait fallu une tente confortable, des couvertures chaudes ; à défaut de lits de camp, un épais tapis étendu sur une toile imperméable, des vêtements et des bottes de rechange. Mais

1. Une chaîne de montagnes située au nord-ouest du Yunnan, comprenant de hauts pics couverts de neiges éternelles, qui est un lieu de pèlerinage très fréquenté par les Tibétains.

plus encore que toutes ces choses, pourtant si utiles, une ample quantité de vivres nous était indispensable.

J'avais décidé de voyager nuitamment et de demeurer cachée pendant le jour, jusqu'à ce que j'aie pénétré assez avant dans le pays pour que nul ne puisse discerner de façon certaine l'endroit d'où je venais et les chemins que j'avais suivis.

L'exécution de ce plan exigeait que nous puissions nous nourrir pendant deux ou trois semaines sans avoir besoin de rien acheter aux indigènes. Aussi, afin de pouvoir emporter davantage de provisions, couvertures et vêtements de rechange avaient-ils été abandonnés.

Une tente minuscule en coton léger, ses piquets de fer, des cordes, un grand morceau de cuir non tanné, de provenance tibétaine, pour ressemeler nos bottes, un carré de grosse toile devant atténuer quelque peu l'humidité ou le froid du sol nu sur lequel nous nous étendrions pour dormir et le sabre court servant à des usages multiples, partie essentielle de l'équipement de tout voyageur tibétains (pour nous, surtout cognée de bûcheron), étaient les seuls objets pesants que j'avais conservés. Mais le beurre, la *tsampa*[1], le thé, un peu de viande séchée atteignaient ensemble un nombre respectable de kilogrammes et mes doutes croissaient quant à la possibilité de transporter notre charge à pas accéléré le long de pentes raides, dans notre ascension nocturne des premiers versants du Kha Karpo.

Ainsi, tout en réfléchissant, et répétant mentalement la comédie que je me disposais à jouer à mes innocents porteurs, je remontais la rive droite du Mékong. Nous étions partis dans l'après-midi et ne pouvions espérer aller loin ce jour-là.

Notre camp, c'est-à-dire ma tente lilliputienne, fut établi sur un petit plateau d'où l'on apercevait le pic principal du Kha Karpo.

Les choses de la nature paraissent posséder un langage spécial intelligible, semble-t-il, à ceux qui ont vécu longtemps proches d'elles, attentifs et solitaires ou, peut-être, plus simplement, ces derniers déchiffrent-ils leurs propres

1. Farine faite avec de l'orge préalablement grillé qui constitue l'aliment principal des Tibétains et tient chez eux la place que le pain occupe en France.

pensées et leurs secrets pressentiments sur les énigmatiques physionomies des monts, des bois et des eaux. Le majestueux Kha Karpo dressant haut dans le ciel clair la masse de ses glaciers bleuis par la pleine lune m'apparut, ce soir-là, non comme le farouche gardien d'une barrière infranchissable, mais plutôt tel qu'une déité vénérable et bienveillante debout au seuil des solitudes mystiques, prête à accueillir et à protéger la voyageuse, quelque peu téméraire, que son amour du Tibet y ramenait.

Cette impression prophétique devait être pleinement justifiée par les événements.

Je passai la nuit suivante au pied d'une muraille de rocs rouges, à l'entrée d'une gorge sauvage d'où s'échappait, en rugissant, un large torrent qui se déversait dans le Mékong. Une très petite distance nous séparait de Londré, l'endroit où la tactique à laquelle je m'étais définitivement arrêtée pour me débarrasser de mes porteurs allait subir l'épreuve décisive. Le premier coup de dés de la partie que j'avais engagée serait joué dans quelques heures. A qui donnerait-il la victoire ?...

Puis, les deux gêneurs partis, la situation de ce village au sujet duquel je n'avais recueilli que de vagues renseignements, se prêterait-elle à une fuite nocturne à travers la montagne ? Pourrais-je atteindre le chemin du pèlerinage et une cachette sûre avant le lever du jour ? De nombreuses questions, toutes angoissantes, surgissaient en mon esprit. Pourtant, lorsque je fus étendue sur le sol rugueux, dans ma petite tente, le sentiment très particulier de bien-être, de délivrance et de sérénité profonde que le séjour dans la solitude fait toujours naître en moi, m'enveloppa, une fois de plus, de sa béatitude et je m'endormis paisiblement.

Vers le milieu de la matinée suivante, je dis adieu au Mékong, mon ami de longue date, sur les bords duquel j'ai vécu plus d'une curieuse aventure. Tournant à l'ouest, je m'enfonçai dans le défilé conduisant à Londré. Celui-ci s'élargissait bientôt, devenant une étroite vallée où la rivière coulait claire et tranquille, avant sa brusque descente torrentueuse vers le grand fleuve. Un bon sentier la suivait, passant plusieurs fois d'une de ses rives à l'autre sur de rustiques ponts de bois. Le temps ensoleillé rendait la promenade charmante.

Deux marchands tibétains nous croisèrent et ne nous

accordèrent que très peu d'attention. Probablement nous prirent-ils pour des Chinois à cause du costume que nous portions. Néanmoins, cette première rencontre avant-coureuse de tant d'autres où mon incognito serait peut-être souvent en péril, me causa une petite émotion.

Un peu avant midi nous arrivions en vue de Londré.

Si Yongden et moi avions, alors, été seuls, il nous eût été facile d'éviter la traversée du village en nous cachant dans les bois jusqu'à la nuit. Le versant du Kha Karpo que nous devions escalader se dressait, tout près, à notre droite, séparé seulement de notre sentier par la rivière que franchissait un large pont. Mais quelque difficulté que nous dussions éprouver à revenir sur nos pas et quel que pût être notre désir d'éviter les regards des naturels du pays, nous arrêter sans raison plausible après une si courte marche était impossible à cause des réflexions que cette conduite bizarre pouvait faire naître chez les hommes qui nous accompagnaient. Nous diriger vers le Kha Karpo était encore plus impossible. Nous avions dit et redit à nos porteurs que nous nous rendions au Loutzé Kiang pour y récolter des plantes et ne pouvions, sans risquer de provoquer des commentaires dangereux, renoncer ouvertement à notre programme pour nous engager sur le chemin de la frontière tibétaine.

Extrêmement contrariée, tournant exactement le dos à la route que je devais prendre, songeant que chacun des pas que je faisais m'éloignait de mon but et ajoutait aux complications de notre fuite prochaine, je suivis, passablement énervée, les deux montagnards qui voulaient nous mener camper à une vingtaine de kilomètres de là sur un plateau boisé dont ils vantaient les charmes.

Notre passage à Londré fut aussi peu remarqué que nous pouvions le souhaiter. Pas un des rares paysans que nous rencontrâmes ne nous accorda la moindre attention. Cette très heureuse circonstance était peut-être due à ce qu'un savant naturaliste américain parcourait à ce moment même le Loutzé Kiang, employant une grande quantité de gens pour la récolte des plantes et des graines. Nos vêtements chinois, passablement râpés, leur donnant le change, très probablement ces villageois crurent-ils que nous nous rendions auprès de lui pour travailler sous ses ordres.

Après avoir parcouru quelques kilomètres, je jugeai

imprudent de m'éloigner davantage du Kha Karpo. La sagesse exigeait que nous traversions Londré au commencement de la nuit, afin de nous réserver le temps nécessaire pour effectuer une longue marche avant l'aube. Nous devions tâcher d'avoir, à ce moment, atteint la route du pèlerinage. Une fois là si, malgré nos précautions, nous étions aperçus, nous pourrions prétendre, très plausiblement, que nous venions d'une quelconque des régions septentrionales du Tibet qu'il nous conviendrait de nommer et nous perdre dans la foule banale des dévots. Ces derniers, venus de pays parfois lointains et appartenant à des tribus différentes, présentent une grande diversité de types ; leurs dialectes, tout comme les coiffures et le costume des pèlerines, sont extrêmement variés. Cette circonstance me faisait espérer que ce que ma physionomie, mes vêtements ou ma prononciation pouvaient avoir d'hétérodoxe au point de vue des gens du pays, passerait aisément inaperçu.

De l'endroit où nous étions arrivés nous dominions de très haut la vallée à l'entrée de laquelle se trouvait Londré. Elle était absolument déserte et couverte d'arbustes épineux formant d'épais fourrés ; quelques éclaircies y laissaient entrevoir la petite rivière que nous avions traversée le matin. Un sentier de chèvre, partant à nos pieds, dégringolait la pente presque à pic, conduisant de la route vers cette jungle solitaire. L'occasion me parut favorable pour me débarrasser des deux innocents qui ne se doutaient guère des soucis qu'ils me causaient.

— J'ai les pieds enflés et meurtris, leur dis-je. Il m'est impossible de marcher davantage. Descendons au bord de la rivière, nous ferons du thé et je camperai là.

Les braves paysans ne manifestèrent aucun étonnement. Mes sandales chinoises, faites en cordelettes, m'avaient en effet blessée ; les hommes le savaient, ayant vu mes pieds saigner tandis que je les lavais dans un ruisseau. Nous descendîmes et je fis planter ma tente dans une minuscule clairière. La proximité de l'eau et la protection donnée contre le vent par les taillis environnants pouvaient, en partie, expliquer le choix de cette place si mes porteurs ou un autre indigène passant, par aventure, dans ces parages, me questionnaient sur le motif qui m'avait amenée à m'installer dans cet endroit singulier.

Le feu allumé, je fis faire un copieux repas aux deux

hommes, tandis que Yongden et moi nous nous efforcions d'avaler quelques bouchées, trop préoccupés par l'imminence de notre départ et la crainte de voir nos plans échouer au dernier moment, pour avoir grand appétit. Dès que les braves campagnards eurent fini de manger, je commandai à l'un d'eux d'aller quérir de grosses bûches sur la montagne car le petit bois fourni par les buissons entourant notre camp ne produisait qu'une flambée éphémère et ne suffirait pas, disais-je, à nous tenir chaud durant la nuit.

Lorsqu'il fut hors de vue, j'expliquai à son camarade que puisque mes pieds blessés me rendaient les longues marches trop pénibles, j'avais décidé de m'arrêter pendant une semaine dans le voisinage de Londré où j'examinerais les plantes tout à loisir, avant de me rendre au Loutzé-Kiang. Ses services, ajoutai-je, ne m'étaient plus nécessaires. Il me serait facile de trouver un autre porteur au village lorsque je me remettrais en marche. La chose lui parut toute naturelle et le prix généreux dont je payai ses trois journées de travail le rendit complètement heureux. Il partit immédiatement pour retourner chez lui par le chemin que nous avions suivi, convaincu que le second porteur, maintenant occupé à couper du bois sur la montagne, demeurerait auprès de moi pour me servir.

Quand ce dernier revint, je lui répétai exactement ce que j'avais dit à l'homme qui venait de me quitter, j'ajoutai seulement que puisque je ne pouvais aller immédiatement au Loutzé-Kiang, il devrait y porter une lettre et un paquet de ma part. Le but de cet envoi était d'empêcher le porteur de s'en retourner par la route directe que suivait, maintenant, le villageois que j'avais congédié. Il importait, pour ma sécurité, que les deux Tibétains ne se rencontrassent point avant quelques jours. Or, je savais que du Loutzé-Kiang l'on pouvait retourner au village d'où nous étions partis, par une route directe coupant à travers le massif montagneux que nous venions de contourner. Ma seconde dupe devait prendre cette route et, pour le lui rendre inévitable, je l'envoyai précisément à l'endroit d'où elle partait.

Lettre et paquet étaient adressés à un missionnaire dont je connaissais la présence à cet endroit. Je ne l'avais jamais vu et lui étais aussi complètement inconnue qu'il est possible de l'être.

La lettre griffonnée en hâte ne lui apprenait rien sur mes projets ; quant au paquet, il contenait quelques hardes dont nous nous étions dépouillés pour nous alléger encore davantage, abandonnant aussi, non sans un léger serrement de cœur, le tapis de toile que nous comptions conserver afin de ne pas devoir coucher directement sur le sol boueux ou glacé pendant tout l'hiver.

Le second porteur ne vit rien que de très ordinaire dans la commission dont je le chargeais. Il s'éloigna enchanté, lui aussi, du salaire libéral qu'il avait reçu, s'imaginant que son camarade, absent pour le moment, avait été envoyé au village pour faire des emplettes et reviendrait avant la nuit pour demeurer auprès de moi pendant ma semaine de repos.

Ce que ces deux hommes se dirent, quelques jours plus tard, lorsqu'ils se revirent, après avoir contourné la même montagne, l'un au nord et l'autre au sud, dut être amusant à entendre, mais je ne le sus jamais.

« Tout ce qui devait être fait était accompli. »

Cette phrase souvent répétée dans les sûtras bouddhistes, à propos d'un achèvement d'un ordre beaucoup plus transcendant que celui auquel nous étions heureusement arrivés, exprimait si exactement ma sensation présente qu'instinctivement elle me revint à la mémoire.

Debout, en face l'un de l'autre, parmi la brousse, seuls, Yongden et moi nous nous regardions en silence. La nouveauté de notre situation nous désorientait : à vrai dire, nous demeurions quelque peu ahuris.

Pendant plus de deux ans — en fait, depuis mes premiers démêlés avec les autorités tibétaines au pays de Kham — le jeune lama et moi avions inlassablement discuté les moyens de « disparaître », de nous débarrasser de notre entourage et de faire perdre nos traces pour changer de personnalité. Durant le long voyage de l'extrême sud du désert d'herbe aux premiers campements mongols, dans le Gobi, comme sur les routes qui nous ramenaient à la frontière tibéto-yunnanaise, ce thème unique avait perpétuellement alimenté nos conversations, hanté nos pensées et troublé nos rêves.

Maintenant, ce que nous tenions, à juste titre, pour si difficile à réaliser, était à notre portée : dans quelques heures nous partirions pour le col de Dokar qui marque, actuellement, la frontière du Tibet interdit.

Hâtivement, je ravivai le feu. Yongden alla chercher de l'eau à la rivière et nous préparâmes du thé à la mode tibétaine, c'est-à-dire qu'après l'avoir fait bouillir, nous y ajoutâmes du beurre et du sel dans la marmite même, d'après la façon simplifiée des voyageurs pauvres qui ne peuvent se permettre le luxe d'emporter une baratte pour mélanger le liquide.

Le nombre de nos ustensiles de cuisine avait été réduit dans les mêmes proportions que notre garde-robe. L'énumération en sera courte. Nous possédions une marmite, deux bols, l'un en bois, l'autre en aluminium, qui pouvait, au besoin, se poser sur le feu et servir de casserole, deux cuillères et un de ces étuis chinois contenant un long couteau et deux baguettes. C'était tout. Nous ne comptions pas nous nourrir de mets raffinés. Notre alimentation devait être celle des gens du peuple, c'est-à-dire de la *tsampa* humectée avec du thé ou mangée presque sèche, pétrie avec du beurre. Par exception, lorsque les circonstances s'y prêteraient, nous ferions une soupe.

Le thé bu, Yongden s'en alla. Les heures passaient, la nuit était venue. Je demeurais assise près du feu que je n'osais pas faire flamber de crainte que sa lueur trop vive ne fût aperçue au loin et ne décelât ma présence. Le restant du thé gardé comme un dernier cordial pour le moment du départ bouillotait doucement, sur les bûches rougeoyantes, avec un glouglou monotone ; la lune colorait de teintes bleues et roussâtres la vallée sauvage et mélancolique. Autour de moi tout était silence et solitude.

Qu'avais-je osé rêver ? Dans quelle folle aventure étais-je sur le point de m'engager ? Je me rappelais celles qui l'avaient précédée, le souvenir me revenait de fatigues endurées, de dangers courus, d'heures où la mort m'avait frôlée. C'était cela encore et bien pire qui m'attendait... Et quelle en serait la fin ? Triompherais-je, arriverais-je à Lhassa, riant de ceux qui ferment le Tibet ? Serais-je arrêtée dans ma route, ou, vaincue pour jamais, finirais-je au fond d'un précipice, sous la balle d'un brigand, ou bien, emportée par une maladie au pied d'un arbre ou dans une caverne, comme une bête des forêts ? Qui pouvait le savoir ?...

Mais je ne permis pas à ces pensées lugubres de me dominer. Quel que dût être l'avenir qui m'attendait, je ne reculerais point.

« Arrêtez-vous ici ! N'avancez pas plus loin !... » Tel était l'ordre étrange qu'une poignée de politiciens occidentaux, se substituant au gouvernement de la Chine, se permettaient d'intimer, aujourd'hui, aux explorateurs, aux savants, aux missionnaires, aux orientalistes du monde entier, à tous, sauf à leurs agents qui parcouraient librement le pays toujours dénommé « interdit ». Quel droit avaient-ils d'ériger des barrières autour d'une contrée qui, légalement, ne leur appartenait même pas ? De nombreux voyageurs partis pour Lhassa et contraints de rebrousser chemin s'étaient résignés, acceptant leur échec, moi je relevais le gant.

« On ne passe pas ici !... » Deux fois je me l'étais entendu dire[1], et je riais, maintenant, à ce souvenir, toute seule dans la nuit ,au milieu de la brousse. « On ne passe pas ! » Vraiment ? — Une femme passerait.

J'en étais là de mes pensées lorsque Yongden émergea tout à coup des taillis. Etrangement éclairé par la lune, il faisait penser à un génie des montagnes apparaissant pour me prendre au mot.

Brièvement, le jeune homme me fit son rapport. Afin d'éviter la traversée de Londré, il nous fallait remonter la vallée, passer la rivière sur deux baliveaux formant une passerelle primitive, puis redescendre sur la rive opposée, jusqu'à l'endroit d'où nous avions entrevu le pied du Kha Karpo. Peut-être pourrions-nous nous dispenser de ce long détour en marchant dans le lit même de la rivière, sous les murs de quelques fermes qui ne laissaient aucun passage à pied sec ; mais comme des paysans travaillaient près de cet endroit, mon éclaireur n'avait pu s'en approcher suffisamment pour se rendre compte de la profondeur de l'eau.

Quelle que soit, du reste, la route que nous choisirions, nous serions forcés de longer les dernières maisons du village avoisinant le grand pont que nous devions franchir pour trouver le sentier grimpant vers le chemin du pèlerinage. D'où partait exactement ce sentier ? Yongden

1. Au cours d'autres voyages sur le sol interdit qui, bien que n'ayant pu se terminer selon les plans que j'avais formés, eurent pour résultat inattendu de me conduire à travers des régions extrêmement intéressantes et de me donner l'occasion d'étudier de près la situation faite aux indigènes du Tibet oriental depuis que le gouvernement de Lhassa a établi son autorité sur leur pays.

ne pouvait le dire... Ses lacets, expliquait-il, se discernaient très haut sur la montagne, mais il n'avait pu en apercevoir le commencement.

Je dus me contenter de ces vagues renseignements.

Nous partîmes en hâte ; il était déjà tard, un plus long délai pouvait tout compromettre.

Mon fardeau pesait-il lourdement sur mes épaules, ses courroies coupaient-elles douloureusement ma chair ? Probablement que oui. Je le sentis plus tard, mais, pour le moment, toute sensation physique était abolie en moi. Je me heurtais contre des rocs aigus, je me déchirais les mains et le visage aux épines des taillis, je ne m'en apercevais pas, roidie, hypnotisée par ma volonté de réussir.

Pendant plusieurs heures, nous errâmes dans la vallée. Après avoir jugé impossible de passer dans la rivière nous nous mîmes à la recherche de la passerelle. Nous nous égarâmes plusieurs fois dans les halliers ; les pistes tracées par les animaux circulant au bord de la rivière, que mon jeune compagnon avait repérées en plein jour, se distinguaient mal à la lueur douteuse d'une lune voilée de brume.

Parvenus sur la rive opposée, nous trouvâmes un chemin étroitement resserré entre la montagne et la rivière ; bien que la marche y fût aisée, ses multiples zigzags nous retardèrent encore longtemps. Enfin, nous entrevîmes l'extrémité du village.

Nous fîmes halte, alors, quelques instants pour boire une gorgée d'eau fraîche et avaler, chacun, un granule de strychnine comme stimulant en vue de l'effort qu'exigerait la grimpade toute proche.

En avant !...

Nous arrivons devant le petit pont conduisant à Londré, sur lequel nous sommes déjà passés dans la matinée ; nous hâtons le pas... il est traversé... Les dernières habitations sont dépassées... le second pont franchi... Victoire ! Nous voici à la lisière des bois. Devant nous se dresse, déserte et sauvage, la montagne sainte sur laquelle serpente l'étroit sentier qui nous conduira à d'autres sentiers et ceux-ci à d'autres encore, jusqu'au cœur même du Tibet, jusqu'à la mystérieuse Rome du monde lamaïste.

Un chien avait fait entendre un aboiement étouffé, à peine perceptible, tandis que nous longions les murs de la dernière ferme voisine de la rivière. Un seul chien !

dans ce village autour duquel plusieurs de ses belliqueux et bruyants congénères erraient toute la nuit. Je songeai aux vieux contes hindous décrivant la fuite nocturne des « fils de bonne famille [1] » qui abandonnent leur foyer pour chercher la « Délivrance suprême ». Une phrase y revient souvent, dépeignant l'aide divine qui facilita leur sortie de la maison . « Les dieux avaient endormi les hommes et rendu les chiens silencieux. » Ainsi en était-il pour moi et, dans mon cœur, je rendis grâce aux amis invisibles qui protégeaient mon départ.

Dans notre hâte, nous négligeâmes un petit éboulement sur lequel la lumière trop faible ne nous permit pas d'apercevoir le commencement du chemin que nous devions suivre et nous allâmes chercher ce dernier en remontant la vallée. Celle-ci se rétrécissait bientôt jusqu'à n'être plus qu'une gigantesque déchirure de la montagne. Nul sentier ne pouvait escalader ces murailles de rocs à pic, il nous fallait revenir sur nos pas.

Nous perdîmes là encore au moins une demi-heure, en vue de Londré, tremblant que quelqu'un sortant par hasard de sa chambre ne vienne à nous apercevoir du haut d'une terrasse. Puis, une fois le bon chemin découvert, celui-ci se trouva être si raide et si sablonneux que, malgré tous nos efforts, nous ne pûmes avancer que très lentement, ployant sous le poids de nos fardeaux et obligés de nous arrêter fréquemment pour reprendre haleine. Notre situation était terriblement angoissante. La petite montre que je portais dissimulée sous ma robe marquait un peu plus de minuit quand nous avions commencé notre ascension, il importait de nous hâter et nous n'y parvenions pas. La sensation que j'éprouvais pouvait être comparée à celle ressentie durant certains cauchemars pendant lesquels le dormeur se croit poursuivi par des assassins et s'efforce de fuir, mais ne parvient pas à remuer les jambes.

Vers la fin de la nuit, nous arrivâmes à un endroit où la piste s'enfonçait sous de grands arbres au feuillage épais formant une sorte d'étroit tunnel. Une source y laissait suinter un peu d'eau entre des pierres moussues et des feuilles pourries ; le sol humide, partout aux alen-

1. Dans les anciens textes hindous cette expression désignait spécialement les membres de la caste de Kchatryias.

tours, exhalait une pénétrante odeur de moisissure. Comme nous avancions, de gros oiseaux qui sommeillaient sur les branches s'envolèrent brusquement avec un bruit impressionnant.

La soif nous desséchait la gorge et je partageais le désir de Yongden qui souhaitait s'arrêter pour faire du thé, cependant il me déplaisait de demeurer longtemps à cette place, la seule où nous ayons rencontré de l'eau depuis que nous avions quitté la vallée. Il se pouvait qu'elle fût hantée par les fauves venant s'y désaltérer. Les léopards et surtout les panthères sont nombreux dans toute la région et, sans précisément craindre leur rencontre, je ne tenais pas à la rechercher. Mais, plus que tout, l'idée de perdre encore, là, un temps précieux, m'était insupportable. Les lacets sans fin que décrivait notre route nous laissaient toujours en vue de Londré. Evidemment, à cette distance, nos visages ne pouvaient plus se discerner mais il était possible de remarquer deux points noirs figurant deux voyageurs s'en allant vers le chemin de pèlerinage et je désirais ardemment ne laisser derrière moi aucune indication, si vague soit-elle, de mon passage. Si j'avais été seule, j'aurais enduré n'importe quelle torture plutôt que de m'arrêter même un seul instant et je me serais traînée sur les genoux si la force m'avait manqué pour me tenir debout ; mais l'extrême fatigue eut le dessus sur la prudence chez mon pauvre lama exténué. Il tomba plutôt qu'il ne s'assit sur les feuilles humides et je me mis à la recherche de bois pour faire du feu.

Tout près de nous, je découvris un ruisselet dont l'eau courante nous dispensa d'avoir recours à celle qui croupissait parmi la mousse. Le thé chaud, bien beurré, nous réconforta grandement, mais le bien-être ressenti eut pour effet d'assoupir mon compagnon. Je me sentais près de pleurer de désespoir. Chaque minute gaspillée diminuait mes chances de succès. Cependant, en des cas de ce genre, le sommeil devient un besoin auquel il est impossible de résister, je le savais par expérience. Je laissai donc Yongden dormir. Une heure ne s'était pas écoulée que je le réveillais et nous nous remîmes en marche.

La solitude nous enhardissant, nous poursuivîmes notre ascension longtemps après le lever du soleil. Soudain nous entendîmes un bruit de voix au-dessus de nous.

Alors, sans échanger un seul mot, en proie à une panique folle, dominés par l'unique pensée de ne pas être aperçus nous nous jetâmes hors du sentier, nous enfonçant dans les fourrés comme du gibier effaré. Après cette alerte, nous n'osâmes plus continuer notre route. Des bûcherons, des gardeurs de bétail descendant à Londré ou des gens du Loutzé-Kiang montant vers le col de Dokar pouvaient nous rencontrer en chemin, remarquer quelque chose d'insolite dans notre aspect et en parler, soit au village que nous venions de quitter, soit par-delà la frontière... Mieux valait ne pas courir ce risque.

Découvrir une cachette n'était pas facile, nous nous trouvions sur le versant roide d'une sorte de redan n'offrant pas un pouce de terrain plat ; tout ce que nous pûmes faire, fut de nous tirer des éboulis et de nous accroupir sous les arbres en sol plus ferme. C'est dans cette situation incommode, osant à peine bouger de crainte de rouler en bas de la pente, que nous passâmes la première journée bénie de notre merveilleux voyage.

Pour rompre la monotonie des heures, quelques distractions, dont je me serais bien passée, nous furent envoyées. Nous prêtâmes longuement l'oreille aux cris d'invisibles pasteurs conduisant plus haut sur la montagne des troupeaux également invisibles à nos yeux. Un bûcheron apparut ; il chantait un air agréable tout en empilant son bois et, certainement, ne se doutait guère de l'effroi que sa présence causait à une pauvre orientaliste étrangère. Très probablement, le feuillage nous dissimulait complètement et la couleur rougeâtre de nos vêtements se fondait dans ses teintes automnales. Mais la crainte d'avoir été vue par cet homme ou par les pasteurs circulant au-dessus de nous me suggérait les idées les plus pessimistes. Je n'étais pas loin de m'imaginer qu'un nouvel échec m'attendait et que j'étais venue jusque-là, en vain, depuis le lointain Turquestan en traversant toute la Chine.

Peu après le coucher du soleil, nous partîmes pour notre marche nocturne.

Une dernière grimpade, plus raide encore que les précédentes, nous amena auprès d'un petit chörten [1] marquant la jonction de notre sentier et de celui du pèlerinage. Ce dernier était un assez bon chemin muletier, la marche y

1. Un genre de monument tibétain correspondant aux *stûpas* de l'Inde, qui renferme des objets religieux ou les cendres de grands lamas.

devint facile et agréable. Etre arrivée jusque-là sans avoir rencontré personne était une heureuse chance et si cette même heureuse chance continuait et me permettait de franchir le col de Dokar ou même d'atteindre la région de Menkong dans les mêmes conditions, je pourrais considérer mon succès presque assuré.

Encore plus torturés par la soif que la veille — il y avait près de vingt-quatre heures que nous n'avions bu — nous arrivâmes, enfin, devant un gros torrent qui roulait bruyant et blanc d'écume dans un lit encaissé, encombré de rochers.

Yongden n'écoutant que son désir de se rafraîchir voulut immédiatement descendre au bord de l'eau. Je m'efforçai de l'en dissuader. L'obscurité ne permettait pas de distinguer les obstacles en partie cachés sous l'épaisse couche de feuilles mortes ; tomber sur l'un d'eux c'était presque infailliblement glisser dans le torrent et être emporté par lui. Mais le jeune homme s'obstinait. L'eau étant si rare dans ces parages, il fallait profiter de celle-ci, disait-il, pour nous désaltérer, faute de quoi nous passerions peut-être encore de longues heures à souffrir.

Cette raison ne manquait pas de poids mais, au risque d'être noyés, je préférais celui d'endurer la soif, de sorte que j'ordonnai sévèrement à mon fils adoptif de renoncer à son idée et de traverser immédiatement le petit pont qui se trouvait en face de nous.

Une fois passés, nous découvrîmes que l'autre rive était moins abrupte que celle d'où nous venions. Les traces d'un chemin permettant une descente facile s'y voyaient à côté de quelques pierres noircies entourées de cendres, indiquant que les pèlerins s'arrêtaient parfois à cet endroit pour prendre leur repas.

Bien que le temps fût précieux, je songeais à m'arrêter pour faire du thé, lorsqu'une voix sortant des ténèbres nous interpella. La terreur nous cloua sur place. Quelqu'un était là et, justement, en discutant ensemble, Yongden et moi avions parlé en anglais, même parlé très haut. Cet homme invisible nous avait-il entendus ? L'accent particulier d'une langue qui n'était ni du chinois ni du tibétain allait-il lui suggérer la pensée que des étrangers rôdaient dans la forêt ?

Ce qu'il disait ne nous permettait pas de le deviner. Il nous offrait de la braise rouge pour allumer du feu et un bol de thé chaud en attendant que le nôtre soit prêt. Une politesse banale que les voyageurs tibétains font presque toujours à ceux qui passent près de leur campement.

Interdits, nous ne répondions pas. Un autre individu questionna :

— Qui êtes-vous ? Pourquoi voyagez-vous pendant la nuit ?

Nous ne distinguions toujours personne, mais le son partait d'un arbre énorme. Je compris que celui-ci devait être creux et servait, cette nuit, d'hôtellerie à des voyageurs.

— Nous sommes des pèlerins, répondit Yongden, des *dopkas* [1] d'Amdo ; nous ne pouvons pas supporter la chaleur de ce pays ; dès que nous marchons au soleil, nous prenons la fièvre. C'est pourquoi nous profitons de la fraîcheur de la nuit pour achever le tour de la sainte montagne.

C'était une raison très plausible de notre conduite singulière. Le questionneur se tint pour satisfait, mais le lama continua :

— Et vous, qui êtes-vous ?

— Nous aussi, nous sommes des pèlerins.

— Eh bien ! adieu, dis-je à mon tour, pour couper court à la conversation ; nous irons encore un peu plus loin et nous camperons lorsque nous rencontrerons encore une fois de l'eau. Merci pour le thé, nous n'avons pas soif.

Ce n'était pas un mensonge. L'émotion ressentie nous avait fait oublier la brûlure de notre gosier desséché, nous ne songions qu'à nous éloigner de ces interlocuteurs que nous ne parvenions pas à entrevoir.

Ainsi se termina la première rencontre que nous fîmes dans notre voyage vers Lhassa. Nous nous félicitâmes de ce qu'elle n'avait pas eu lieu alors que nous nous trouvions encore sur le chemin venant de Londré.

Si peu important qu'eût été l'incident, il nous servit d'utile leçon. Nous comprîmes que même les marches nocturnes ne nous assuraient pas une entière sécurité et que nous devions être toujours prêts à expliquer, de façon à n'éveiller aucun soupçon, le motif du moindre de nos

1. *Dopkas* : des pasteurs vivant sous la tente, dans les solitudes où paissent les grands troupeaux de yaks ou de moutons. Littéralement, *dopkas* signifie « homme des solitudes ».

actes. Depuis lors aussi, et jusqu'à notre arrivée à Gyantzé, nous ne parlâmes plus d'autre langue que le tibétain.

Plusieurs heures s'écoulèrent sans que nous rencontrions le moindre ruisselet. Nous étions extrêmement fatigués et marchions machinalement, à moitié endormis. A la fin, il nous fut impossible de mettre un pied devant l'autre. La fatigue, la faim, la soif, le besoin de sommeil nous terrassaient. Il fallut s'arrêter.

L'endroit où nous nous trouvions ne convenait guère à une halte. Le sentier y était excessivement étroit et côtoyait le vide. Nous nous couchâmes sur le sol parsemé d'aspérités pierreuses, nous efforçant de conserver, bien qu'assoupis, la conscience de notre situation à la lisière d'un précipice.

Le jour n'était pas encore levé que Yongden et moi rechargions les fardeaux qui nous avaient servi d'oreillers et poursuivions notre marche à travers la forêt. Nous hâtions le pas autant qu'il nous était possible, cherchant à atteindre un ruisseau avant de nous cacher dans les taillis jusqu'à la fin de la journée.

Bientôt une sorte de course s'engagea entre le soleil et nous : lui, semblant se hâter de dépasser la cime des montagnes qui interceptaient ses rayons, et nous, luttant de vitesse pour parcourir la distance la plus considérable possible avant que sa clarté ne devienne trop vive. Le dieu devait vaincre. Il apparut quelque part, au-dessus d'un sommet que nous masquait la ramure des grands arbres sous lesquels nous marchions et, bientôt, s'élevant dans le ciel, il éclaira et réchauffa le sous-bois. Il était grand temps de quitter le chemin. Les gens qui nous avaient parlé pendant la nuit pouvaient nous rattraper ; il s'ensuivrait forcément une longue conversation, une foule de questions et, pire que tout, nous serions vus en pleine lumière du jour.

Derrière un *dotcheu* [1] entouré par des drapeaux portant des inscriptions mystiques, s'étendait une sorte de petit plateau. Nous nous y glissâmes entre les buissons jusqu'à ce que nous fussions complètement à l'abri des regards de quinconque passerait sur la route du pèlerinage. Nous avions trouvé une bonne cachette. Mais l'eau manquait

1. Un cairn placé sur les routes ou à n'importe quelle place en l'honneur des dieux. *Dotcheu* signifie une offrande de pierres.

toujours. Regardant au-dessous de nous, vers le fond invisible de la vallée, j'aperçus de la fumée bleuâtre flottant entre les arbres et, prêtant l'oreille, un lointain murmure d'eau courante parvint à moi. Des voyageurs ou des bûcherons devaient être là, prenant leur repas matinal. L'idée de ces gens qui mangeaient et buvaient accroissait encore le tourment de notre estomac vide ; Yongden, n'y tenant plus, décida d'emporter notre marmite et de se risquer sur la route à la recherche de l'eau.

Restée seule, je dissimulai nos sacs sous les branches, m'étendis à plat parmi les feuilles mortes et en jonchai mes vêtements. Ainsi camouflée, quelqu'un cheminant, par aventure, à travers les bois, aurait pu passer bien près de moi sans m'apercevoir. Yongden lui-même eut de la peine à me trouver lorsqu'il revint, apportant de l'eau.

Mon compagnon et moi étions partis vêtus des habits chinois que nous avions portés pendant notre voyage à travers la Chine. Ils n'attiraient pas l'attention et, en ce qui me concerne, eussé-je été vue par quelqu'un m'ayant déjà rencontrée ou, de toute autre façon, reconnue comme étrangère, ma toilette n'eût point prêté à des soupçons concernant mes projets. La majorité des étrangers résidant dans les parties reculées de la Chine ont adopté le costume indigène.

A l'endroit où nous étions arrivés, nous avions toutes bonnes raisons de croire que, dorénavant, nous ne trouverions sur notre route que des gens à qui nous serions totalement inconnus : des pèlerins tibétains. Mieux valait donc, sans attendre davantage, nous confondre dans leur nombre ainsi que de vulgaires *ardjopas*.

On nomme *ardjopas* ces pèlerins — des moines pour la plupart — voyageant à pied, chargés de leurs bagages, qui, par milliers, errent à travers le Tibet, visitant les lieux que la tradition a consacrés comme vénérables à un titre quelconque.

Parmi eux l'on rencontre un certain nombre de véritables pauvres et même quelques professionnels de la mendicité se donnant l'apparence de pèlerins pour s'attirer de plus abondantes libéralités ; mais la plupart des *ardjopas* ont un foyer et possèdent des moyens de subsistance dans leur pays, leurs revenus étant, toutefois, trop minimes pour leur permettre le luxe d'une monture.

Je m'étais décidée à adopter le déguisement d'*ardjopa*

parce qu'il me fournissait le meilleur moyen possible de circuler sans attirer l'attention. Yongden qui est un lama authentique et lettré devait se montrer excellent, dans son rôle, et sa vieille mère (moi), qui, par piété, avait entrepris de longs pèlerinages, ne pouvait manquer de paraître une personnalité touchante et sympathique.

Ces considérations avaient grandement influencé mon choix. Mais, je le confesse, la liberté parfaite de l'*ardjopa* qui est délivré des soucis causés par les domestiques, les chevaux, les bagages, et dort chaque nuit où bon lui semble, en plein air, m'attirait énormément.

Et maintenant que dix mois [1] d'expérience m'ont permis d'apprécier les joies comme les privations et les fatigues de cette vie pittoresque, je l'estime la plus délicieuse que l'on puisse rêver et tiens pour les plus heureux jours que j'aie jamais vécus, ceux où, mon misérable baluchon sur le dos, j'errais par monts et par vaux au merveilleux « Pays des Neiges ».

⁂

Après un copieux repas composé de *tsampa*, de viande séchée et de thé au beurre, nous revêtîmes nos habits tibétains. Je ne puis guère dire que nous nous déguisions ; Yongden reprit le costume de lama, il l'avait porté depuis sa jeunesse et, quant à moi, je m'étais, pendant des années, habillée à la mode tibétaine. La seule nouveauté, pour nous, consistait dans la pauvreté voulue de nos vêtements actuels.

Ma coiffure me causait quelque ennui. Je n'avais pas emporté de chapeau tibétain en partant d'Amdo, comptant en acheter un à Atuntzé, mais les circonstances m'ayant amenée à suivre un autre itinéraire, nulle boutique pourvue de cet article ne s'était trouvée sur mon chemin.

Pour le moment, une vieille ceinture rouge en tiendrait lieu. Enroulée autour de ma tête, elle figurait, à peu près, le turban des femmes du Loutzé-Kiang. La substitution du rouge au bleu habituel étant justifiée par la qualité de veuve d'un *nagspa* [2] que je me donnais, ne provoquerait probablement aucune remarque.

---

1. Huit mois durant mon dernier voyage, celui qui me conduisit à Lhassa, et deux mois pendant un autre voyage au Tibet oriental.
2. Lama sorcier.

Des bottes à pointe légèrement recourbée, achetées au Kham, aussi bien que l'étoffe de ma robe, d'une fabrication spéciale à cette province, répondaient de la région d'où nous venions et me pourvoyaient d'un certificat de nationalité.

Quelques années auparavant, je m'étais coupé les cheveux. Dès qu'il eut été décidé que je voyagerais sous le costume laïque, je les avais laissé repousser, mais il s'en fallait de beaucoup qu'ils eussent atteint la longueur des nattes exigées par la mode du Tibet. Nombre de Tibétaines ont à surmonter cette même difficulté ; je m'étais instruite à leur école. Des crins de yak emportés pour cet usage s'ajoutèrent à ma chevelure et, pour assortir sa teinte brune à leur noir jais, je la frottai avec un bâton d'encre de Chine légèrement humidifié.

De volumineuses boucles d'oreilles modifièrent grandement ma physionomie. Enfin, pour terminer, je me poudrai [1] avec un mélange de braise pulvérisée et de cacao emprunté à l'unique boîte que nous possédions. La préparation est singulière, j'en conviens, mais les fournisseurs de théâtre, de qui j'aurais pu obtenir les éléments d'un maquillage plus raffiné, n'ont point encore ouvert de succursales dans les forêts tibétaines.

Nous repartîmes à la brume après avoir caché dans les broussailles les diverses pièces de vêtements chinois que nous abandonnions.

***

Le lendemain matin nous ne trouvions, pour nous reposer de notre marche nocturne, qu'un endroit humide presque au niveau d'une petite rivière. Nous mangeâmes un peu de *tsampa* et de beurre, mais, étant trop près de la route, nous n'osâmes point allumer du feu et bûmes l'eau glaciale qui avait un déplaisant goût de moisi.

Ce maigre repas terminé, je m'endormis d'un profond sommeil. En me réveillant, la première chose que je vis fut un homme habillé à la tibétaine et coiffé d'un chapeau de feutre mou de provenance étrangère, comme en por-

---

1. Parce que les femmes des régions que j'allais traverser ont le teint foncé pareil à celui des gitanes, tandis que, dans les provinces de U et de Tsang, se rencontrent nombre de beautés à la peau blanche, aux joues rosées.

tent les soldats de l'armée de Lhassa, en dehors de la capitale.

En moins d'une seconde, un monde de pensées surgit dans mon esprit encore engourdi par le sommeil : « Un soldat tibétain !... A-t-il été envoyé de ce côté de la frontière pour nous espionner ?... Est-ce que les autorités tibétaines ont été informées que nous nous dirigeons vers le col de Dokar ?... » A tout prix je dois lui donner le change, le convaincre, si la chose est encore possible, que je suis une vraie tibétaine. Et la meilleure façon que j'imaginai pour me montrer telle fut de faire le simulacre de me moucher avec mes doigts. Le mouvement causé par ce geste secoua l'état de demi-rêve dans lequel j'avais vu et pensé jusque-là. Le soldat disparut. Un roc debout et quelques branches avaient causé mon illusion.

Cette hallucination baroque m'avait trop effrayée pour que je pusse en rire sur-le-champ et, ce qui était pire, je grelottais d'une manière spéciale qui ne me laissait aucun doute sur les suites de notre halte prolongée dans cet endroit malsain : j'avais un accès de fièvre.

Je consultai ma montre, elle marquait trois heures. C'était un peu tôt pour regagner le chemin, mais la lune, dans sa période décroissante, ne se levait, maintenant, que vers minuit et l'étape que nous pouvions fournir à sa clarté n'était pas assez longue pour nous faire progresser rapidement. Il nous devenait impossible de nous en tenir strictement à notre résolution de ne voyager que la nuit, car nous nous attarderions ainsi trop longtemps aux abords de la frontière, ce qui présentait de nombreux dangers.

Très tard dans la soirée, nous arrivâmes à un endroit d'une beauté toute particulière. C'était une vaste clairière, en forme d'hémicycle, entourée d'un rempart de halliers. Quelques arbres superbes, pareils à des colonnes géantes, dressaient, dans l'espace vide, leurs troncs énormes aux branches largement étendues. Sous leur feuillage épais régnait une obscurité profonde inspirant une sorte de religieuse terreur. Il semblait que l'on fût, là, dans un temple destiné à la célébration solennelle de redoutables rites occultes.

Les nombreux *mi deussa*[1] qui se voyaient de différents

1. Littéralement : « place où les gens restent » ; quelques pierres dispo-

côtés indiquaient que des pèlerins, en assez grand nombre, s'étaient arrêtés à cette place pour camper.

Certains d'entre les pieux voyageurs avaient poussé le sybaritisme jusqu'à disposer des branches de sapin tout autour des foyers primitifs pour se procurer un tapis. Ces grandes taches rondes, dont le vert sombre tranchait sur l'or bruni des feuilles mortes, paraissaient des pièces de velours étendues sur le sol et augmentaient encore l'impression ressentie, au premier abord, d'être dans un mystérieux sanctuaire dont les dignitaires avaient leurs places marquées à quelque assemblée mystique.

D'énormes bûches, des fragments de troncs d'arbres gisaient de tous côtés et bientôt, sans nous être donné d'autre peine que d'en traîner une partie près du *mi deussa* que nous avions élu, un énorme brasier nous réchauffait.

Des animaux que nous ne pouvions apercevoir erraient dans la brousse obscure ; nous entendions le bruit sec des branches menues qu'ils brisaient en passant à travers les buissons. Parfois, des pas s'arrêtaient tout près de nous, un des promeneurs à quatre pattes épiait peut-être nos gestes, mais il nous était impossible de l'entrevoir dans le cercle de ténèbres qui entourait la clairière et voilait ses extrémités.

Après avoir dormi quelques heures, nous essayâmes de nous remettre en marche avant le lever du jour, mais la lune à son déclin n'arrivait pas à percer le feuillage épais, il nous fut impossible de trouver notre chemin à travers les bois, nous dûmes retourner à notre camp et attendre l'aube.

***

A mesure que nous nous élevions sur la montagne sainte, la forêt changeait de caractère, devenant beaucoup plus sombre et plus sévère que dans les environs de Londré. Des phénomènes curieux vinrent accompagner nos marches nocturnes, nous paraissions être entrés dans le domaine d'un enchanteur. Nés du jeu des nuages, des

---

sées de façon à supporter un chaudron sur le feu, que l'on rencontre le long des chemins fréquentés, aux endroits où les voyageurs ont l'habitude de camper.

rayons lunaires, de la fièvre causée par la fatigue ou de causes plus mystérieuses, d'étranges mirages surgissaient devant nous. Nous voyions danser, sous les hautes futaies, les lueurs de brasiers cachés dans les replis des montagnes, des ombres mouvantes se profilaient dans leur clarté, de vagues et très lointaines harmonies flottaient dans l'air. Une fois, marchant en tête, j'entrevis deux formes humaines de haute taille qui s'avançaient dans ma direction. Retournant sur mes pas, rampant presque sur le sol pour éviter d'être aperçue, je rejoignis Yongden et l'entraînai dans le lit, à sec, d'un torrent encaissé entre de hauts bancs. Là, nous demeurâmes le reste de la nuit, nous dissimulant parmi les pierres et les feuilles mortes, guettant, sur un rocher distant, les reflets des intermittentes flambées d'un feu invisible.

Un peu avant le lever du jour, à l'heure où les Tibétains ont l'habitude de se mettre en route, Yongden et moi nous écoutâmes attentivement, essayant de surprendre des sons de voix humaines ou des bruits d'animaux, mais rien ne troubla le grand silence de la forêt. Je me sentis plus intriguée que jamais et, afin de satisfaire ma curiosité, je me détournai de mon chemin pour inspecter les environs du rocher. Je le trouvai entouré de taillis épineux et de quelques arbres morts. Nulle place convenable pour camper n'existait dans les environs. Sur le roc même, à une époque très ancienne, avaient été gravées une image de Padmasambhâva et quelques formules mystiques comme l'on en rencontre en maints endroits, au Tibet. La mousse les recouvrait presque entièrement et ce qui en apparaissait était à demi effacé par le temps. De feu, de bois à demi brûlé, de cendres on ne découvrait aucune trace.

Je remarquai une fente étroite et longue entre le roc et le sol et, à cette place, la pierre paraissait noircie par de la fumée ; pourtant j'inclinais à croire que c'était là sa coloration naturelle. Cependant, pour en avoir le cœur net, Yongden et moi nous cherchâmes pendant plus d'une heure, dans toutes les directions, un passage quelconque qui pût communiquer avec une caverne ou une grotte existant sous le rocher, mais nous en fûmes pour notre peine et ne découvrîmes rien.

Tandis que nous étions ainsi occupés, quelques oiseaux noirs se perchèrent sur les branches près de nous et semblèrent suivre nos mouvements avec un intérêt moqueur, hochant leur tête menue et poussant de petits cris.

Le bruit qu'ils faisaient était désagréable et mit Yongden en colère.

— Ces bestioles noires, me dit-il, ne me paraissent pas naturelles. Les mêmes malicieux *mi ma yins* [1] qui nous montrent des feux et nous jouent des airs de musique pendant la nuit pour nous retarder, ont dû prendre, maintenant, la forme d'oiseaux et méditent, sans doute, quelque nouveau tour.

Cette imagination me fit sourire. Quant à mon compagnon il ne songeait pas à plaisanter. Arrière-petit-fils d'un lama magicien qui jouit, jadis, d'un certain renom, le sang de l'ancêtre thaumaturge parlait en lui. Il récita une *dzoung* [2] en l'accompagnant des gestes rituels appropriés et, chose surprenante, tous les oiseaux s'envolèrent aussitôt comme apeurés, en jetant des cris perçants.

— Là ! vous voyez ! triompha-t-il. J'en étais certain. Partons. Il n'est pas bon pour nous de nous attarder ici.

Je souris de nouveau, mais quant à la nécessité de nous hâter, je ne pouvais contredire le jeune homme ; nous espérions franchir, ce soir même, la frontière du pays interdit.

***

Nous fîmes halte de bon matin dans une vallée toute blanche de gelée, pour prendre notre repas. En approchant du col, le paysage devenait encore plus sauvage ; maintenant, à notre gauche, se dressait une colline rocheuse dont la crête, étrangement découpée, semblait porter de véritables châteaux forts. Fenêtres, portes, tourelles et balcons, rien n'y manquait. Au premier coup d'œil, je crus qu'un monastère avait été construit en cet endroit pour des lamas s'adonnant à la contemplation, mais je compris vite que la nature seule était l'architecte et le constructeur de ces imposants et pourtant gracieux édifices.

Je regrettais vivement que la proximité de la frontière

---

1. *Mi ma yin* : littéralement « qui n'est pas un être humain ». C'est l'une des six classes d'êtres dont les Tibétains reconnaissent l'existence.
2. *Dzoung* : formule magique. (En sanscrit : *dhârani*.)

et le soin extrême que je devais prendre de ne pas me laisser apercevoir m'interdissent de camper à cette place. J'aurais aimé pouvoir chercher à loisir le moyen de monter jusqu'à ces palais de contes de fées. Connaissant à fond le Tibet et ses coutumes, j'étais fondée à me demander si un ermite n'y avait pas élu domicile.

Continuant notre marche vers une arête qui paraissait former le sommet d'un col, nous trouvâmes des sources abondantes ; une eau cristalline coulait de tous côtés, dégringolant en cascades le long de petites terrasses naturelles. En été, les troupeaux transhument dans ces parages : des vestiges de camp l'indiquaient, mais, à cette époque de l'année, la solitude y était complète.

Notre illusion, quant à la proximité de la Dokar *la* [1], ne dura pas longtemps. Parvenus à l'endroit d'où nous avions espéré pouvoir commencer la descente sur le versant opposé, nous découvrîmes une large vallée nue montant vers de lointaines pentes raides, complètement arides. La surprise était désagréable. Comme nous jugions imprudent de nous aventurer au milieu du jour, en terrain découvert où nous pouvions être vus et examinés à loisir de toutes les hauteurs voisines, nous allions donc encore perdre là des heures précieuses.

Un chaos de roches énormes, le produit d'un éboulement ancien, se trouvait, heureusement, tout proche et pouvait nous servir de refuge. Malgré l'altitude élevée, quelques petits sapins croissaient parmi les blocs amoncelés ; nous nous établîmes à l'ombre de leurs branches.

De ma cachette, je pouvais encore apercevoir l'extrémité des châteaux naturels que j'avais admirés ; mais, maintenant, je dominais la crête rocheuse au bord de laquelle ils se dressaient et je me rendais compte que cette dernière était parfaitement accessible par le versant qui venait de m'apparaître.

J'ai vécu pendant plusieurs années, au pied des neiges éternelles, comme dans les solitudes herbeuses de la région des grands lacs, la vie étrange et merveilleuse des anachorètes tibétains ; j'en connais le charme spécial, et tout ce qui s'y rapporte éveille immédiatement mon intérêt. Tandis que mes yeux restaient fixés sur les palais de rocs, une conviction intuitive me venait peu à peu ;

1. *La* signifie col.

quelqu'un vivait là. Un message mystérieux m'avait atteinte, une sorte de colloque silencieux s'engagea, dont les interlocuteurs demeuraient invisibles l'un à l'autre... Mais qu'importait, après tout, que, sur cette montagne, résidât ou non un être humain pareil à moi. La voix que j'entendais était l'écho, dans mon esprit, d'idées millénaires sur lesquelles la pensée de l'Orient ne cesse de revenir et qui paraissent avoir fait des cimes altières du Tibet une de leurs forteresses.

Nous repartîmes dans le milieu de l'après-midi, ayant toutes bonnes raisons de croire que personne ne se trouverait sur la route à cette heure. Les Tibétains s'arrangent, généralement, pour franchir les hauts cols vers midi au plus tard afin de se réserver assez de temps pour descendre aussi bas que possible sur le versant opposé et éviter le grand froid et le manque de combustible pendant la nuit suivante.

Nous n'étions pas des voyageurs ordinaires, les règles habituelles dictées par la prudence devaient souvent être enfreintes par nous, dont le code spécial consistait en un article unique : éviter d'être reconnus. Pour tout le reste, nous nous reposions sur notre robuste constitution et la force de notre volonté.

Pendant une halte de quelques instants que nous fîmes au pied de la montée finale, nous remarquâmes un homme conduisant un cheval, qui venait d'atteindre la vallée supérieure et s'était assis près de l'endroit où nous avions passé une partie de la journée. Continuant notre route, nous le perdîmes de vue.

Je dirai immédiatement que, sinon le soir même, du moins le jour suivant, ce voyageur aurait dû nous rejoindre, car il n'existait aucun sentier entre ces cimes escarpées, hormis celui du pèlerinage, et diverses circonstances nous avaient retardés longtemps en cours de route ; mais nous ne le vîmes jamais apparaître. Des pèlerins arrivèrent derrière nous le surlendemain ; je les interrogeai et ils m'assurèrent de n'avoir rencontré personne. Ce fait confirmait, jusqu'à un certain point, l'intuition que j'avais eue de la présence d'un ermite dans le voisinage. L'homme conduisant un cheval était probablement son *djinda* [1] ou l'envoyé de ce dernier qui lui apportait des provisions.

1. *Djinda* : celui qui pourvoit à l'entretien d'un religieux.

Après s'être reposé quelques instants, il s'était écarté du chemin pour gagner l'ermitage et, peut-être, y passer quelques jours auprès du lama. Que la grandeur et la beauté de ce site solitaire eussent induit un anachorète à s'y fixer, n'avait d'ailleurs rien de surprenant. Les mystiques du Tibet se construisent des demeures en des lieux encore beaucoup plus reculés que celui-là.

***

La Dokar *la*[1] se dresse maintenant devant nous, découpant une impressionnante silhouette, sur un ciel gris crépusculaire. C'est une molle dépression dans une muraille cyclopéenne dont l'arête aiguë s'affaisse, à cet endroit, à la façon des câbles tendus, à travers les rivières, pour servir de pont. Le fait qu'elle marque le seuil de la région défendue, ajoute pour nous à la sévérité de son aspect.

Le terrain avoisinant le col est consacré aux divinités. Les pèlerins tibétains y ont érigé quantité d'autels minuscules consistant en trois pierres placées debout et une quatrième formant un toit, sous lequel diverses petites offrandes sont faites aux esprits.

Au col lui-même et sur les crêtes voisines, flotte un nombre exceptionnellement grand de drapeaux portant des inscriptions mystiques. La faible lumière du jour, décroissant rapidement, prête à ceux-ci l'apparence d'êtres vivants, belliqueux et menaçants. On dirait autant de soldats escaladant les cimes, barrant la frontière, prêts à attaquer le voyageur téméraire qui osera s'aventurer sur la route de la cité sacrée.

Comme nous atteignons le cairn marquant le sommet, une rafale nous accueille : le baiser violent et glacé de l'austère contrée dont le charme rude me retient depuis longtemps ensorcelée et vers laquelle je suis revenue.

Me tournant successivement vers les quatre points cardinaux, le zénith et le nadir, je répète le vœu bouddhiste : « Que tous les êtres soient heureux » ; puis nous commençons la descente.

Une tempête s'abattait, à ce moment, sur la montagne,

---

1. *La* signifie col. D'après les cartes anglaises, l'altitude du col de Dokar est de 5 412 mètres. Comme mesure de comparaison, je rappellerai l'altitude du Mont-Blanc : 4 810 mètres.

des nuages noirs roulaient çà et là, se résolvant bientôt en une chute de neige à demi fondue. Nous pressons le pas autant qu'il nous est possible, tâchant de parvenir, avant la nuit complète, à la base de la pente, presque verticale, sur laquelle nous nous trouvons.

Mais l'obscurité hâtée par le mauvais temps nous enveloppe bientôt ; nous perdons le sentier de chèvre serpentant à travers les éboulis et glissons avec une rapidité que nous ne pouvons modérer, parmi les pierres croulant sous nos pieds. Enfin, ayant à grand-peine réussi à nous arrêter, Yongden et moi enfonçons, chacun, notre bâton ferré profondément dans le sol pour servir de support à l'un de nos pieds, puis, nous tenant l'un l'autre, pour plus de sûreté, nos ballots toujours attachés sur notre dos, nous demeurons accroupis sous la neige.

Celle-ci tomba de huit heures du soir, environ, jusqu'à deux heures du matin. Alors un mélancolique dernier quartier de lune se leva entre les nuages et nous continuâmes à descendre vers la zone boisée.

Nous nous reposions à la lisière d'un grand espace où les arbres, détruits par un incendie, étaient remplacés par une brousse drue d'herbe et de taillis nains, lorsque je remarquai deux animaux au corps allongé, aux yeux phosphorescents. Ils traversèrent plusieurs fois le sentier, assez loin au-dessous de nous et, finalement, disparurent du côté de la rivière.

Je les montrai à Yongden qui s'entêta à soutenir que les bêtes étaient des daims, tandis que leur forme et la lueur particulière de leurs yeux paraissaient, au contraire, indiquer des fauves carnivores.

J'attendis quelque temps pour éviter une rencontre peu souhaitable, puis nous nous remîmes en marche.

Nous étions véritablement exténués lorsque nous arrivâmes au bord d'un cours d'eau assez important. Nous ne pouvions deviner si nous en trouverions bientôt un autre sur notre route, car, tandis que la rivière entrait dans une gorge, notre sentier grimpait sur le flanc de la montagne. Donc, espérant que les animaux que nous avions entrevus nous laisseraient tranquilles s'ils se promenaient encore dans les parages, nous allumâmes du feu pour bouillir du thé.

Tandis que nous faisions un léger repas, nous entendîmes du bruit dans les buissons, mais nous commencions à être habitués aux déambulations des bêtes sauvages autour de nos camps et, sans y prêter attention, Yongden s'endormit. J'essayai de veiller, mais n'y réussis pas ; mes yeux se fermaient malgré mes efforts. Je sommeillais à demi quand je fus réveillée par le bruit assourdi d'un reniflement. A quelques pas de nous, un des animaux aux yeux phosphorescents nous regardait, le cou allongé, humant l'air, et je pouvais maintenant voir distinctement son pelage moucheté. Il n'était pas de très grande taille et me parut être soit un jeune léopard, soit une panthère.

Je n'éveillai pas Yongden. Ce n'était pas ma première rencontre avec des individus de ce genre ; ils attaquent rarement l'homme, à moins d'être provoqués ou blessés, et j'ai toujours eu l'intime certitude qu'ils me respecteraient, moi et ceux qui m'accompagnent.

— Petit ami, murmurai-je en regardant le gracieux animal, j'ai vu de tout près un bien plus gros prince de la jungle que toi, va dormir et sois heureux.

Je doute que le « petit ami » m'ait comprise. Néanmoins, après quelques minutes, sa curiosité étant probablement satisfaite, il s'en alla en flânant.

Nous ne pouvions pas nous permettre un plus long repos. Le jour se levait, il était temps, pour nous, d'imiter notre visiteur nocturne et de chercher une cachette parmi les taillis. J'appelai le lama et nous partîmes. Nous n'avions fait que quelques pas lorsque ce dernier, du bout de son bâton, m'indiqua quelque chose sous les arbres :

— Les voilà ! dit-il.

La paire de camarades à l'habit tacheté était là. Ils tournèrent la tête de notre côté, nous fixèrent un instant puis disparurent dans les fourrés, le long de la rivière, tandis que nous gravissions le sentier.

A mesure que nous avancions, l'aspect de la forêt changeait de nouveau. Elle était maintenant moins touffue ; le soleil, en s'élevant dans le ciel, éclairait le sous-bois et, à travers des éclaircies dans le feuillage, nous pouvions apercevoir, au-dessous de nous, la rive opposée de la rivière. Nous remarquâmes, à notre grand étonnement, que celle-ci paraissait cultivée, mais cultivée d'une manière fantaisiste, lui donnant plutôt l'aspect d'un parc seigneurial que celui de champs vulgaires.

La matinée était splendide et la promenade si agréable

que nous la continuâmes bien après l'heure où, d'habitude, nous nous retirions dans la forêt.

Un coude brusque de la rivière dont nous dominions le cours nous amena, soudain, en face d'un village bâti à flanc de montagne. Quelques maisons isolées se voyaient aussi, tout près de nous, en bordure du chemin.

Quel était ce village ? Il ne figurait sur aucune carte, et les gens du pays auprès desquels je m'étais indirectement renseignée sur la région, avant mon départ, ne m'en avaient point parlé. Son architecture ne ressemblait en rien à celle des maisons de paysans. Au lieu de fermes et de chaumières, nous apercevions des villas et des châteaux en miniature entourés de jardins qui, en dépit de leurs proportions exiguës, frappaient par leur aspect imposant.

L'étrange agglomération baignait dans une pâle lumière dorée. Nulle voix humaine, nuls cris d'animaux ne se faisaient entendre ; mais, de temps en temps, les sons à peine perceptibles d'un carillon argentin parvenaient à nos oreilles.

Nous demeurions stupéfaits. Etions-nous au Tibet ou avions-nous atteint le pays des bonnes fées ?...

Il fallait pourtant nous arracher à notre contemplation. Des gens pouvaient venir. A aucun prix nous ne devions nous laisser voir aussi près des postes militaires de la frontière. La prudence exigeait que nous remettions jusqu'au soir l'exploration de ce lieu singulier.

Le sentier courant à flanc des montagnes, il n'était pas facile de s'en écarter. Nous nous trouvions pris entre le vide et une pente presque perpendiculaire. Avec effort nous gravîmes cette dernière, escaladant les rocs et les arbres renversés et, dès que nous fûmes hors de vue de la route, je me laissai tomber sur la mousse épaisse tendue entre les roches et m'endormis fiévreuse, délirant un peu.

Notre impatience de revoir le village fantastique, la crainte que nous éprouvions de devoir traverser, même nuitamment, un endroit habité et le désir de chercher un chemin permettant d'éviter ce passage dangereux, nous ramenèrent sur le sentier avant le coucher du soleil.

Où donc étaient les gracieuses villas, les petits palais majestueux et les jardins si esthétiquement dessinés ?... Devant nous, la forêt s'étendait, sombre et vide, une bise aigre sifflant à travers les branches remplaçait l'harmonieux tintement des clochettes argentines.

— Nous avons rêvé, dis-je à Yongden. Nous n'avons rien vu ce matin ; toute cette fantasmagorie nous est apparue tandis que nous dormions.

— Rêvé ! vous dites que nous avons rêvé ! s'exclama le lama. Je vous montrerai comment nous avons rêvé et rêvé tous les deux la même chose. Ce matin, tandis que vous regardiez la ville miraculeuse, j'ai dessiné un *soungpo* [1] sur une pierre, avec le bout ferré de mon bâton, afin que ni dieux ni démons ne puissent nous arrêter dans notre marche vers Lhassa. Je vais le retrouver.

Il s'orienta pendant quelques instants. Puis, regardant une pierre plate se trouvant au pied d'un grand sapin :

— Le voilà, s'écria-t-il, triomphant. Regardez !

Le *soungpo* se distinguait, en effet, sur la pierre égratignée par la pointe de fer. Cette vue m'imposa le silence. Je ne savais que conclure.

— Mon fils, dis-je à Yongden en me mettant en marche, l'univers lui-même n'est qu'un rêve, et, par conséquent...

— Oui, je sais cela, interrompit mon compagnon, néanmoins le *soungpo* et les *ngags* [2] que je prononçai en le dessinant, ont dissipé le mirage... Sans aucun doute, il était encore l'œuvre d'êtres qui veulent retarder notre marche ou empêcher notre voyage de réussir.

— Comme les oiseaux noirs, n'est-ce pas, raillai-je. Et les jeunes léopards probablement, aussi ?

— Comme les oiseaux, certainement, affirma Yongden, tout à fait vexé. Quant aux léopards, je n'en sais rien ! Ils semblaient être d'honnêtes bêtes. Quoi qu'il en soit, nous allons bientôt sortir des forêts du Kha-Karpo et trouver devant nous de véritables villages au lieu de châteaux fantômes et des hommes en chair et en os : soldats, fonctionnaires et autres à la place de *mi ma yins*. Nous verrons si nous pourrons nous tirer d'affaire avec eux aussi adroitement que je l'ai fait avec les êtres des autres mondes.

— N'ayez point de crainte à ce sujet, répliquai-je sérieusement, je m'en charge.

— Comment vous y prendrez-vous ? questionna le jeune homme.

1. Signe magique.
2. Paroles magiques.

— Je les ensorcellerai et leur ferai voir des mirages, tout juste comme les *mi ma yins* l'ont fait avec nous.

Et les choses se passèrent effectivement ainsi, quelques jours plus tard.

***

Le miracle qui nous avait permis de cheminer pendant une semaine entière sur une route suivie par de nombreux pèlerins, sans rencontrer âme qui vive pendant les heures du jour, ni nous heurter à aucun campement durant nos marches nocturnes, ne pouvait pas durer toujours. Arrivés à l'un des cols secondaires traversés par le chemin descendant vers Aben, nous entendîmes tout d'un coup, derrière nous, un tintement de clochettes : une bande de pèlerins, hommes et femmes avec deux chevaux chargés de bagages, nous rejoignirent. Nous échangeâmes quelques paroles polies et chacun de nous tourna dévotement autour d'un *latza*[1] hérissé de drapeaux portant des inscriptions et des formules mystiques. Les pèlerins qui n'étaient point embarrassés par le poids de fardeaux descendirent la pente plus rapidement que nous et, lorsque nous arrivâmes au fond d'une jolie petite vallée où se rencontraient plusieurs ruisselets d'eau cristalline, nous les trouvâmes tous assis et déjà buvant du thé.

Il nous fallait, maintenant, commencer l'apprentissage de la carrière que nous avions momentanément embrassée. Il aurait été contraire aux habitudes tibétaines de traverser cet endroit sans nous arrêter pour prendre notre repas, car le temps du *tsaphog*[2] était arrivé.

Je me disposais à aller ramasser du bois mort pour allumer du feu, lorsque les bons pèlerins, par déférence pour le lama, nous invitèrent à boire du thé avec eux. Je fus enchantée de pouvoir rester tranquillement assise, jouissant du paysage qui était véritablement grandiose.

Dans un cadre fait de plusieurs chaînes de montagnes étagées et couvertes de forêts, un pic du Kha-Karpo se dressait, gigantesque, tout blanc, éblouissant, son som-

---

1. *Latza*, cairn situé sur les sommets et construit en l'honneur des dieux locaux. Les voyageurs qui viennent de gravir la montagne ajoutent une pierre au monticule en criant : *Lha gyalo ! Dé tamtché pam !* (Les dieux triomphent, les démons sont vaincus !)
2. *Tsaphog*, la halte coupant l'étape vers le milieu du jour.

met pointant droit dans le lumineux ciel tibétain. Devant ce colosse, notre groupe se mouvant sur l'herbe paraissait une réunion d'insectes minuscules. De ce contraste écrasant, l'on pouvait tirer une profitable leçon d'humilité et plusieurs autres aussi, sans doute, mais les braves pèlerins n'y songeaient guère. Tournant le dos à la sublime demeure des divinités qu'ils étaient venus de si loin pour révérer, leur attention se concentrait uniquement sur leur repas.

Pour moi, je demeurais perdue dans une extase d'admiration, oubliant complètement que mon attitude pouvait paraître bizarre. Les voyageurs finirent, en effet, par la remarquer et demandèrent pourquoi je ne mangeais pas.

— La mère est avec les dieux, répondit Yongden, qui mit un bol de thé chaud devant moi pour me faire redescendre dans le monde des humains.

Une femme, dans la compagnie, se méprit sur le sens de cette réponse et interrogea de nouveau le lama à mon sujet.

— Est-ce que la mère est une *pamo* [1] ? questionna-t-elle.

Je craignis un instant que mon compagnon ne puisse se retenir d'éclater de rire à cette idée baroque, mais il répliqua gravement :

— Mon défunt père était un *nagspa* [2] et, elle, son initiée *sang youm* [3].

Tous me regardèrent avec respect et le chef de la bande pieuse m'envoya un morceau de viande séchée. Jusque-là on ne nous avait offert que de la *tsampa*, mais la nouvelle personnalité que je venais de revêtir paraissait, aux crédules Tibétains, digne d'un repas plus friand. Les *nagspas* sont très redoutés à cause des pouvoirs occultes qu'on leur suppose, et encourir leur déplaisir ou celui de leurs proches, même à cause d'une offense involontaire, est considéré comme un danger sérieux. Que mon époux eût trépassé ne changeait rien à la chose ; les terribles entités

1. Une femme médium qui est crue possédée, à certains moments, par des dieux, des démons ou les esprits des morts qui parlent par sa bouche. Quand le médium est un homme il est appelé *paouo*.

2. Une sorte de sorciers très redoutés qui, d'après les Tibétains ont le pouvoir de commander aux démons et peuvent tuer n'importe quel être, humain ou non, à distance.

3. Littéralement : « mère secrète ». C'est le titre respectueux donné aux épouses des lamas appartenant aux sectes tantriques, qui ont reçu une initiation particulière leur conférant le droit de célébrer les rites ésotériques avec leur mari.

invisibles qu'il avait asservies, liées par des charmes magiques, continuaient à entourer et à protéger sa femme et son fils.

Aussi, leur gaieté éteinte, devenus graves, les pèlerins nous offrirent un peu de beurre et de *tsampa* comme provisions de route et se hâtèrent de s'esquiver, désireux d'échapper, aussitôt que possible, à notre très honorable, mais trop dangereuse compagnie. C'était exactement ce que nous souhaitions.

Le jour suivant nous atteignîmes la lisière des immenses forêts couvrant le massif de Kha-Karpo. D'un sommet, nous découvrîmes Aben sur le bord de la rivière de Lhakhangra. Ce village, où les Chinois entretenaient autrefois quelques soldats, était devenu, nous avait-on dit, un poste militaire tibétain.

Il ne s'agissait plus, maintenant, de circuler à travers des forêts désertes, mais de traverser une bourgade qui, avec ses champs et ses fermes isolées, s'étendait sur plusieurs kilomètres.

Notre ancienne méthode des marches nocturnes ne pouvait guère être employée. Des chiens, sans aucun doute, se trouveraient sur notre route, peut-être dangereux la nuit et, dans tous les cas, bruyants. On ne peut compter sur un miracle à chacun de ses pas. Nous avions voyagé, jusque-là, entourés de si favorables circonstances, que la sagesse commandait de prévoir la malchance possible et de ne pas exiger trop d'une protection — quelle qu'elle ait pu être — qui avait si gracieusement favorisé mes projets.

Etre aperçus errant la nuit aurait pu nous causer des ennuis : donner lieu à une enquête sur nos personnes et nos desseins, et rien ne nous effrayait autant. Le mieux, nous semblait-il, était de traverser Aben avant le lever du jour. De cette façon, nous bénéficierions de l'obscurité qui nous cacherait et, comme les Tibétains ont l'habitude de se mettre en marche à cette heure matinale, si, malgré tout, nous étions vus, notre conduite paraîtrait tout à fait naturelle.

Nous étudiâmes l'aspect de la vallée, autant qu'il était possible de le faire de si haut, afin de pouvoir nous y diriger le lendemain avant l'aube. Craignant d'arriver trop tôt dans le voisinage du village, nous demeurâmes longtemps assis à cet endroit, ce qui fit que, la route se trouvant plus longue que nous ne l'avions estimé, la nuit tomba bien avant que nous ayons gagné le fond de la vallée.

Pour la première fois, depuis que nous avions quitté Londré, le temps était désagréable. Un vent froid perçait à travers nos vêtements et des nuages bas présageaient de la neige. Nous avions perdu la notion de la situation exacte du village ; des buissons conspiraient avec les ténèbres pour nous égarer, plusieurs fois nous nous assîmes sur le sol, épuisés, vaincus par le sommeil. Nous n'osions point, cependant, nous débarrasser de nos fardeaux et nous accorder le maigre réconfort d'une heure de sommeil. Avant tout, il nous fallait avoir repéré la route de Lhakhangra et être certains que le moment venu de traverser Aben à la hâte, nous n'aurions pas à chercher notre chemin. Malheureusement nous ne parvînmes pas à notre but ; nous embrouillant dans les entrecroisements des sentiers de traverse, nous arrivâmes à proximité d'un groupe de maisons et dûmes nous arrêter.

La neige commença à tomber, mais il ne pouvait être question d'étendre notre petite tente sur nous, à la façon d'une couverture pour nous protéger. Une fois défaits, il nous aurait été impossible de relier nos ballots convenablement dans la nuit et nous aurions pu perdre des objets compromettants. Il ne nous restait qu'à dormir quelques heures sous la neige, la tête sur nos sacs.

Longtemps avant le lever du jour, nous nous éveillons transis et courbaturés, et nous partons immédiatement. Nous gagnons d'abord très facilement le centre du village. Là, entendant parler à l'intérieur d'une maison, nous sommes pris de panique, tournant le coin d'une autre habitation, nous courons droit devant nous et nous nous trouvons de nouveau parmi les champs. Les premiers rayons du jour éclairant la rivière nous montrent alors que, dans notre frayeur, nous nous sommes trompés de direction et avons marché en remontant le courant, tandis que nous aurions dû le descendre.

C'en était fait de notre plan, si péniblement élaboré. Nous allions devoir traverser Aben en pleine lumière. Des paysans se montraient déjà, se rendant à leurs travaux ; il n'existait, au milieu de cette campagne nue, aucun endroit où nous cacher, chaque minute de retard empirait notre situation.

Nous revînmes sur nos pas et passâmes de nouveau sous les fenêtres de la maison où nous avions entendu les voix qui nous avaient fait fuir. Des gens parlaient encore, les volets étaient ouverts et j'entrevoyais la flamme d'un grand feu. Ces bienheureux allaient boire du thé chaud et nous, bien que notre dernier repas datât de la veille au point du jour, nous ignorions s'il nous serait possible de faire halte ce jour-là pour manger.

Tout allait bien ; nous étions, enfin dans la bonne voie. Nous marchions à grands pas, le village fut rapidement traversé. Nous n'en avions cependant pas encore fini avec Aben. Une autre agglomération de bâtiments se voyait sur une colline dont l'éperon touchait notre route. Le sentier passait au pied de ce dernier, avant de s'engager dans une gorge dont le fond était entièrement occupé par la rivière. Apportant instinctivement mes notions européennes dans un pays où elles n'ont point de place, je m'imaginai que le poste de garde devait se trouver placé sur cette pointe et, comme j'y découvris une sorte de loggia commandant la vue jusqu'à une très grande distance dans la direction de Lhakhangra, j'en conclus aussitôt que des veilleurs s'y tenaient, peut-être, pour épier les passants.

Je ne m'attardai pas — l'on s'en doute — pour vérifier le fait. Malgré la soif qui me brûlait la gorge, je n'osai même pas m'arrêter pour boire au ruisselet qui coulait sous le balcon du petit pavillon. Je marchais avec une telle rapidité que je devais avoir l'air de voler.

Contrairement à mon habitude qui était de faire passer Yongden en avant, afin que les gens que nous rencontrions pussent le regarder à loisir, tandis que ma figure demeurait cachée derrière le ballot qu'il portait, je lui dis, cette fois, de me suivre, le danger, s'il existait, se trouvant derrière nous.

Cheminant ainsi à la file, très rapprochés l'un de l'autre, quiconque pouvait nous regarder d'Aben ne devait distinguer que la silhouette familière et bien tibétaine d'un fardeau pourvu de jambes enveloppées d'une *chamthabs* [1] en loques et surmonté d'un bonnet de lama.

Sans les préoccupations qui la gâtaient en partie, la promenade aurait été délicieuse. L'automne est paré, dans ce pays, de tous les charmes juvéniles du printemps. Le

1. La très large jupe qui fait partie du costume religieux des lamas.

soleil matinal enveloppait le paysage d'une lumière rosée qui répandait la joie depuis la rivière aux eaux moirées opalines et vert clair, jusqu'à la cime des hautes falaises rocheuses sur lesquelles quelques rares sapins se dressaient en plein ciel d'un air triomphant. Chaque caillou du chemin paraissait jouir voluptueusement de la chaleur du jour et babillait sous nos pas avec des rires étouffés. Des arbrisseaux minuscules croissant sur les bords du sentier imprégnaient l'air d'un violent parfum aromatique.

C'était un de ces matins où la nature nous ensorcelle avec sa trompeuse magie, où l'on s'abîme dans la béatitude de la sensation, de la joie de vivre.

***

La distance est courte entre Aben et Lhakhangra et comme, afin de ne pas être vus à ce dernier endroit, nous avions de nouveau projeté d'y passer, soit à la nuit tombée, soit avant le jour, le temps ne nous manquait pas pour flâner. Après un coude de la vallée, nous rencontrâmes un large ruisseau sortant d'une gorge transversale et fîmes halte près de l'eau, derrière un groupe de rochers. Nous n'étions pas fâchés de nous reposer après notre course précipitée et de nous restaurer.

Chose singulière, maintenant que nous avions franchi le col de Dokar et pénétré au Tibet interdit, le flot des pèlerins qui semblait avoir été arrêté durant la première semaine de notre voyage, se remettait à couler comme d'habitude en cette saison. Masqués par notre écran rocheux, nous vîmes défiler de pittoresques processions d'hommes et de femmes des diverses régions de l'est et du nord du Tibet, tous se hâtant afin d'arriver de bonne heure à Lhakhangra et y trouver place dans les auberges primitives entourant le Lhakhang [1].

Vers le soir, nous passâmes sur la rive gauche de la rivière et le paysage changea complètement.

Nous nous trouvions dans un défilé étroitement resserré entre des montagnes gigantesques de rocs noirâtres ne laissant entrevoir, à leur sommet, qu'un mince ruban de ciel. En dépit de son aspect austère et sauvage, le site

1. Lhakhang, littéralement : maison d'un dieu ; une chapelle Lhakhangra signifie l'enclos de la maison d'un dieu.

n'avait rien de triste ni d'effrayant. Il en émanait une sorte de paix grave due, peut-être, à l'influence des images peintes ou gravées qui décoraient les parois de ce sombre corridor.

De pieux artistes y avaient représenté d'innombrables Bouddhas, Bodhisatvas, déités et célèbres lamas des siècles passés, tous dans la même attitude : les yeux à demi clos, impassibles, plongés dans la méditation. Ces centaines d'yeux qui ne s'arrêtaient point sur la procession des pèlerins et paraissaient regarder « en dedans » avaient quelque chose de fascinant. On les devinait absorbés par la contemplation de cette autre, plus grande et éternelle procession des êtres errant de la vie à la mort et de la mort à la vie, peut-être aussi par celle d'un mystérieux au-delà, où le pèlerin lassé s'arrête et démolit la route du pèlerinage.

Un *mendong*[1] couvert par un toit, que nous vîmes à la tombée du soir, aurait pu nous servir d'abri pour la nuit, mais nous nous croyions encore loin du village et continuâmes notre chemin. Nous traversâmes encore une fois la rivière, la gorge fit un coude brusque : nous étions à Lhakhangra.

Il faisait presque nuit, mais nous n'osâmes point retourner sur nos pas. Peut-être avions-nous été aperçus et il aurait semblé étrange que des pèlerins évitassent le village.

Une fois de plus nos plans se trouvaient renversés. Nous commencions, du reste, à en prendre l'habitude. Nous avions tant dépensé d'émotion dans la matinée que la source en était momentanément tarie en nous. Yongden, comme moi, accepta la situation très calmement : nous passerions la nuit au village et même parmi d'autres voyageurs, si nous ne pouvions nous en dispenser.

Un groupe de gens campaient autour d'un grand feu, sur un petit promontoire dominant la Salouen, nous échangeâmes quelques mots avec eux et apprîmes, à notre grande satisfaction, que les auberges étaient pleines. Cette heureuse circonstance nous permit d'aller nous installer dans une petite caverne qui nous assurait un abri s'il tombait de la neige comme la nuit précédente.

Je ramassai ce que je pus trouver, sur la route, de brin-

1. *Mendong* : un mur bas fait de pierres sur lesquelles sont gravés des textes des Ecritures sacrées ou des phrases mystiques.

dilles et de bouse sèche, volai quelques branches dans les clôtures des champs voisins, nous allumâmes du feu et bûmes notre thé beurré avec l'habituelle *tsampa*.

Comme nous nous trouvions dans un hameau et que l'obscurité empêchait de distinguer nettement nos traits et notre costume, Yongden jugea l'occasion favorable pour nous ravitailler. Jusque-là nous avions vécu sur ce que nous avions emporté en quittant la mission : dix jours s'étaient écoulés depuis lors. Nos sacs étaient presque vides.

Je dénouai ma ceinture, m'enroulai dans ma robe, suivant l'habitude des Tibétains pauvres qui n'ont pas de couverture et fis semblant de dormir pour éviter des conversations inutiles, si quelqu'un passait près de moi. Mon compagnon se dirigea vers le groupe de maisons.

La première où il entra se trouva être celle du lama [1], gardien du *lhakhang*. Il fut accueilli aimablement en sa double qualité de collègue et d'acheteur, car le lama ajoutait à ses profits de sacristain ceux que lui procurait une petite boutique où les pèlerins trouvaient des vivres et divers articles de piété : bâtons d'encens, petits drapeaux portant des dessins magiques, etc.

Les deux lamas se trouvaient précisément appartenir à la même secte religieuse et, coïncidence assez curieuse, le sacristain était natif d'une région du Tibet septentrional où Yongden avait longtemps résidé avec moi et dont il parlait couramment le dialecte. Ce concours de circonstance fit des deux hommes des amis en un rien de temps. Mais les choses ne devaient point s'arrêter là.

En regardant autour de lui, Yongden aperçut des livres sur une étagère et, comme nous étions toujours en chasse pour découvrir des ouvrages intéressants, il demanda la permission de les examiner. Celle-ci lui ayant été accordée, il lut quelques lignes tout haut dans le premier qu'il ouvrit.

— Comme vous lisez bien ! admira le lama. Et pouvez-vous nous lire ainsi n'importe quel livre ?

— N'importe lequel, affirma mon compagnon.

---

1. Seuls ont vraiment droit au titre de *lama* : les *tulkous* (ceux que les étrangers dénomment improprement des « Bouddhas vivants »), les *khempos* placés à la tête des collèges existant dans les grands monastères et les religieux ayant obtenu le grade universitaire de *géchés*. Tous les autres moines sont appelés *trapas* (étudiants). Cependant il est d'usage courant, dans la conversation, d'appeler *lama*, par politesse, tout homme d'apparence respectable qui porte l'habit religieux.

Alors, changeant brusquement de sujet, le sacristain-boutiquier invita Yongden d'une façon très pressante à passer la nuit dans sa maison, s'offrant à aller chercher ses bagages où il les avait laissés et à les transporter lui-même. Yongden refusa et, comme le lama insistait trop, il dut avouer qu'il voyageait avec sa vieille mère. Cette circonstance ne refroidit pas le moins du monde les bonnes intentions de l'accueillant Tibétain. Il y avait de la place pour la mère aussi. Mon jeune compagnon eut grand-peine à convaincre l'entêté qu'à ce moment je dormais profondément et que le mieux était de me laisser tranquille.

Le *keugner* [1] ne sachant plus comment assurer le succès du plan qu'il avait imaginé, sans dévoiler ce dernier, fut contraint de laisser voir que sa ferveur hospitalière n'était pas entièrement désintéressée.

— Lama, dit-il à Yongden, quelques villageois sont arrivés ici hier, venant d'au-delà du Giamo nou tchou [2] et m'ont demandé de célébrer l'office funèbre pour un de leurs parents récemment décédé. Ce sont des gens riches et ils se seraient adressés à leur propre lama, le chef du monastère de leur pays, si celui-ci n'avait pas été pour le moment à Lhassa. A défaut de lui, ils m'ont choisi et il m'en reviendrait un joli profit... si... Enfin, je ne suis pas très instruit, je crains ne pas réciter correctement la liturgie et de commettre des erreurs en disposant les offrandes rituelles. Je vois que vous êtes savant, peut-être connaissez-vous ces cérémonies.

— Je les connais, déclara Yongden.

— Alors, je vous prie de me rendre le service de demeurer ici trois jours. Je vous nourrirai tous les deux, vous et votre mère, et je vous donnerai quelques provisions quand vous partirez. La vieille mère pourra aussi réciter *mani* [3] à la porte du temple et, sans nul doute, les fermiers lui donneront aussi quelques mesures de *tsampa*.

Yongden déclina cette proposition tentante, en expli-

1. Sacristain.
2. Nom tibétain de la Salouen.
3. La formule bien connue et presque toujours mal traduite : *Aum mani padme houm hri ! Aum* est la syllabe sacrée empruntée à l'Inde où elle signifie nombre de choses, mais surtout le Brahman (ne pas confondre avec le dieu Brahmâ ou la caste des Brahmins) qui est l'absolu. *Mani padme* veut dire : « le joyau dans le lotus » et a, de même que *houm* et *hri*, divers sens, tant exotériques qu'ésotériques.

quant que nous faisions partie d'une bande de pèlerins déjà partis en avant, et que, loin de pouvoir nous attarder, nous devions, au contraire, nous hâter de les rejoindre, afin de pouvoir faire route avec eux pour retourner dans notre pays.

Quand le jeune homme revint, rapportant quelques provisions, il me raconta sa conversation avec le sacristain, et je regrettai fort que la proximité de la frontière nous contraignît à voyager rapidement. J'avais une envie folle de « réciter *mani* » à la porte du temple !

Ce n'était que partie remise. L'avenir me tenait en réserve plus d'occasions que je n'aurais pu le rêver de goûter ce genre de plaisanterie. Il me serait difficile de me rappeler le nombre de fois où j'ai psalmodié *mani*, tant à l'extérieur qu'à l'intérieur de logis tibétains. J'acquis même une sorte de talent en cet art spécial et il m'arriva d'être complimentée pour les variantes mélodiques imprévues que j'adaptais aux paroles sacrées... Peut-être, après tout, qu'entre les mille grâces dont je suis redevable au Tibet, est celle de m'avoir mieux fait discerner « le joyau qui réside au cœur du lotus ».

Le malin lama vint nous voir le lendemain matin de très bonne heure pour parler avec Yongden et essayer de le faire revenir sur sa décision.

Afin d'éviter qu'il pût m'examiner de trop près et pendant trop longtemps, je laissai les deux matois à leur conversation et, pendant une heure environ, je me promenai, autour du petit temple, mon chapelet à la main.

Cette pieuse gymnastique matinale ne laissait pas que d'être superflue pour quelqu'un qui devait parcourir pédestrement un bon nombre de kilomètres dans le cours de la journée, mais je n'avais trouvé aucun autre moyen de m'esquiver et, malgré tout, je n'échappai pas à quelques minutes de bavardage avec le lama qui s'arrêta près de moi en retournant chez lui.

## Chapitre II

La route que nous suivions en remontant le cours de la majestueuse Salouen — appelée, ici, Giamo nou tchou — passe alternativement à travers des gorges profondes et de larges vallées. Le paysage, quelque aspect qu'il revête, y demeure à la fois grandiose et charmant.

La crainte d'être reconnue, qui m'avait tant fait trembler au début de mon voyage, s'était passablement atténuée ; cependant elle demeurait toujours tapie en un coin de mon cœur, prête à se lever à la moindre alerte... Nous nous étions trop attardés à Lhakhangra, pensai-je, c'était une regrettable imprudence. Le sacristain du petit temple n'avait-il point conçu de doute sur notre identité ?... J'observais les rares voyageurs qui apparaissaient derrière nous. Ce cavalier qui accourait dans notre direction n'était-il pas un soldat envoyé à notre poursuite pour nous ramener vers la frontière ?... Et ce piéton qui semblait flâner le long du chemin n'avait-il pas bien l'air de nous épier ?...

Cependant l'agitation due à ces soucis ne parvenait point à troubler, de façon durable, la joie de mon délicieux voyage, ses vagues retombaient à peine soulevées et je sombrais de nouveau dans une quiétude charmée...

Quelques jours après avoir passé à Lhakhangra une tragique rencontre nous attrista. Sur le bord du chemin en face de la Salouen aux claires eaux vertes hivernales, dans un paysage splendide, rayonnant de lumière, un homme âgé, au regard fiévreux, déjà un peu trouble, était couché, la tête reposant sur un sac de cuir. En nous voyant il fit un effort et se souleva sur un coude. Le malheureux semblait près de sa fin. Yongden lui demanda comment il se trouvait là, tout seul.

L'histoire était simple. Le vieux paysan avait quitté son village avec une bande d'amis pour faire, en pèlerinage, le tour du Kha-Karpo. Une maladie qu'il ne s'expliquait pas l'avait privé de ses forces, il ne pouvait plus se traîner. Ses compagnons avaient ralenti le pas pendant quelques jours, ils s'étaient même arrêtés une journée entière... Et puis ils avaient continué leur route. Telle est la coutume tibétaine même au désert, où, s'il ne se rétablit pas promptement, le retardataire, ayant épuisé ses provisions, meurt de faim... sans parler des ours et des loups qui rôdent [1].

— Vais-je mourir ? demanda anxieusement le vieillard à Yongden. Lama, consultez le sort pour le savoir, je vous prie.

Mon jeune compagnon accomplit rapidement les rites usités et répondit, essayant de rassurer le pauvre homme :

— Non, non, je vois que vous ne mourrez pas.

Son intention était bonne, mais je songeai que la lueur d'espoir qu'il avait fait naître dans l'esprit de l'abandonné s'évanouirait vite si, le lendemain matin, celui-ci se sentait plus faible encore ou si, même plus tôt, dans les ténèbres de la nuit prochaine, il devinait les approches de la mort.

Alors il me fut impossible de me tenir, comme la prudence me l'ordonnait, à mon rôle de vieille mère un peu simple d'esprit. En quelques mots je rappelai au malade les croyances de la religion qu'il avait pratiquée depuis son enfance et lui promis, non point cette vie seulement, mais la renaissance heureuse dans le royaume de Tchen-

1. Ces mœurs rudes ne signifient point que les Tibétains aient le cœur dur. Ils s'efforcent, autant que possible, de laisser les malades dans un village ou un campement, mais cela n'est pas toujours possible, et, alors, dans les régions inhabitées, la question des vivres se pose brutalement. Les voyageurs valides ne peuvent s'attarder longtemps sous peine d'épuiser leurs propres provisions de route alors qu'ils n'ont aucune possibilité de se ravitailler. Je connais cette situation par ma propre expérience, m'étant trouvée réduite au jeûne avec mes gens et mes bêtes, au milieu des neiges, dans les grandes solitudes du Tibet septentrional.

rézigs [1], qui attend ceux qui meurent sur le chemin d'un pèlerinage. Puis, après des milliers d'années passées, là, dans le repos et la béatitude, d'autres vies encore et encore, jusqu'à ce qu'il ait atteint la suprême illumination de l'esprit qui délivre des liens de la vie comme de ceux de la mort.

Le vieillard m'écouta attentivement, pieusement et, quand j'eus terminé, inclina la tête et toucha le bas de ma robe avec son front, ainsi que le font les Tibétains aux lamas qu'ils vénèrent. Peut-être imaginait-il qu'une *khandoma* [2] ou une déesse compatissante, ayant vu sa détresse, avait revêtu la forme d'une pèlerine pour passer sur sa route et le consoler... Qu'importait, si cette illusion enchantait ses dernières heures.

— Puis-je vous être utile d'une façon quelconque ? demandai-je encore.

— Non, répondit-il, j'ai des provisions et de l'argent dans mon sac. Je suis bien ici, avec les dieux. *Kalé péb !* [3]

— *Kalé jou !* [4] répondons-nous, Yongden et moi.

Et nous nous éloignons.

Je comprenais que *Noub déwa tchen,* le séjour de la béatitude, resplendissait maintenant devant ces yeux qui ne distinguaient plus que vaguement les choses de notre monde. Le mourant était transporté par la vision que j'avais évoquée, et tous désirs pour cette vie, au sujet de laquelle il avait d'abord si anxieusement interrogé le lama, s'étaient éteints en lui.

Nous goûtâmes ensuite quelques jours de tranquillité relative, flânant le long de la belle vallée de la Salouen. La région que nous traversions ne ressemblait plus aux forêts solitaires du Kha-Karpo, les villages se trouvaient assez rapprochés les uns des autres, et, jugeant encore prudent d'éviter d'être vus par beaucoup de gens, nous nous efforcions de traverser ces petites agglomérations au lever du jour ou même un peu avant l'aube. Cette façon de voyager

1. *Noub dewa tchen* : le « Paradis occidental de la grande béatitude », plus connu sous le nom sanscrit de *Soûkhavati,* par ceux à qui le bouddhisme mahâyaniste est familier — où préside le Bodhisatva *Tchenrézigs,* également mieux connu sous son nom sanscrit : *Avalokitéçvara.*

2. Voir la note, page 22. D'après les Tibétains, elles apparaissent généralement sous l'aspect de femmes âgées et sont appelées les « mères ».

3. « Allez doucement », expression d'adieu à ceux qui s'en vont.

4. « Restez ou asseyez-vous doucement », adieu poli à ceux qui restent.

entraînait, forcément, de longs arrêts dans des endroits retirés, hors des routes et hors de vue, tandis que nous attendions le moment propice pour nous aventurer plus loin. Favorisé par un temps splendide, ce vagabondage paresseux, parmi de beaux sites, n'avait rien de désagréable ; son seul défaut était de rendre notre progrès très lent.

Un matin, alors qu'imprudemment nous prenions notre repas matinal dans une petite caverne près de la route, une passante réveilla la peur assoupie dans notre cœur.

C'était une dame de qualité, élégamment vêtue et couverte de bijoux ; trois servantes la suivaient. Elle s'arrêta devant nous et s'enquit de notre pays natal.

A cette époque nous nous disions *dopkas* mongols des pâturages du Koukou nor [1] septentrional, et Yongden répondit :

— Nous sommes des gens d'au-delà du lac Bleu (*tso ñeunpo partcho la*).

— Etes-vous des *philings* [2] ? répliqua-t-elle.

Je jouai l'amusement et me mis à rire, comme si l'idée d'être prise pour une étrangère me semblait excessivement drôle et Yongden se leva, attirant l'attention de la dame sur lui afin qu'elle pût se convaincre, par l'examen de ses traits bien authentiquement mongoliens, qu'il n'y avait rien d'occidental en lui. « C'est ma mère », déclara-t-il en me désignant. Alors, après quelques autres questions, la femme poursuivit son chemin.

Peu après, son mari, montant un superbe cheval très richement harnaché, passa à son tour. Une douzaine de domestiques l'accompagnaient, quelques-uns d'entre eux conduisant les chevaux de la dame et de ses servantes parties en avant.

Le riche voyageur ne daigna point nous honorer même d'un seul regard. Yongden apprit d'un domestique suivant à quelque distance avec les mules portant les bagages, que son maître résidait à un endroit situé au-delà de Menkong, et ce fait renforça ma résolution d'éviter cette petite ville,

1. Le Koukou nor signifie, en langue mongole : le « lac bleu », en tibétain *tso ñeune po*. C'est l'immense lac situé au milieu du désert d'herbe près du pays d'Amdo. Il donne son nom à toute la région environnante.

2. *Philings* (prononcez pilinegues), étrangers occidentaux et plus spécialement Anglais. Littéralement le mot signifie : « gens d'en dehors du pays ».

capitale de la province de Tsarong et siège d'un gouverneur.

La question posée par cette femme me laissa très préoccupée. Ainsi, en dépit de la peine que j'avais prise de me poudrer avec du cacao mélangé de braise pilée, malgré mes jolies nattes en crin de yak, je ne ressemblais pas suffisamment à une Tibétaine. Que pouvais-je inventer de mieux ? Mais, après tout, ma figure n'était peut-être pour rien dans la question de la passante ; des rumeurs avaient pu circuler à mon sujet de l'autre côté de la frontière et être colportées à Lhakhangra. Ne nous étions-nous pas aussi arrêtés trop longtemps dans cet endroit, le sacristain avait-il conçu des doutes sur notre personnalité ?... Yongden et moi ne savions que penser.

La belle vallée que nous suivions avait perdu son charme. Je commençai de nouveau à entrevoir un espion derrière chaque buisson, et des eaux tumultueuses de la Salouen des voix me parurent s'élever, proférant des paroles menaçantes ou railleuses.

Alors il nous vint à l'idée que, peut-être, nous avions nous-mêmes provoqué la question de la voyageuse. Quand Yongden avait dit : « Par-delà le lac Bleu [1] », elle avait probablement confondu *tso* (lac) avec *Gya tso* (océan) et compris que nous venions de « par-delà l'océan bleu », ce qui équivalait à dire que nous n'étions pas Asiatiques. Cette façon d'envisager les choses nous rassura, mais nous rayâmes pour toujours de notre vocabulaire de route les mots *tso partcho la* (par-delà le lac), et nous transportâmes notre patrie à près de trois degrés de latitude, plus au sud devenant natifs d'Amdo, des environs de Lhabrang.

Nous approchions maintenant de Thana où, d'après ce qui m'avait été dit, existait un poste-frontière. Me fiant aux cartes et à quelques récits de voyage que j'avais lus, je me figurais que la route du pèlerinage autour du Kha-Karpo y tournait à l'est, montant vers le col dénommé Tchou la, qui conduit en territoire chinois, sur le versant du Mékong. En réalité, la seule route de Menkong diverge à cet endroit, continuant le long de la Salouen, tandis que le sentier des pèlerins se prolonge vers le nord jusqu'à Wabo. J'ignorais alors ce détail et j'étais extrêmement

1. Non seulement le lac lui-même est connu sous ce nom, mais l'appellation s'étend à l'immense région herbeuse où il est situé.

préoccupée par l'invention d'une nouvelle histoire concernant le but de notre voyage. Nous allions laisser derrière nous la montagne sainte qui, jusque-là, nous avait fourni le prétexte plausible et respectable d'accomplir un exercice religieux, et le chef du poste de Thana devait, pensai-je, être spécialement chargé de surveiller et d'interroger ceux qui, délaissant la route circulaire, se dirigeaient vers l'intérieur du Tibet.

Nous nous arrangeâmes pour arriver à Thana à la nuit. Cette fois, notre plan réussit. Il réussit même trop bien, car si nous étions parfaitement invisibles, le paysage et la route devant nous l'étaient également et nous eûmes grand-peine à nous orienter. Enfin, nous arrivâmes près d'un temple où se trouvaient de nombreux chiens de garde qui aboyèrent furieusement à notre approche. Heureusement ils étaient enfermés dans une cour entourée de murailles et ne pouvaient nous attaquer, mais je craignais que des gens ne vinssent s'assurer que ceux qui provoquaient ce tapage n'étaient pas des voleurs. Il y avait aussi à redouter que le passage des voyageurs mystérieux, errant dans la nuit, ne fût, même indirectement, rapporté au poste et qu'une enquête s'ensuivît. Pour éviter ce risque, Yongden appela très haut le sacristain, le suppliant d'accorder l'hospitalité, pour la nuit, à un *ardjopa* exténué qui pouvait à peine se traîner à cause de douleurs dans une jambe.

La requête de mon compagnon était conçue dans le langage le plus pathétique et il s'exprimait assez bruyamment pour être entendu dans tous les bâtiments du temple.

Durant qu'il jouait sa comédie, je m'étais retirée hors de vue. Nous étions bien certains que le sacristain ne se lèverait pas à cette heure tardive pour ouvrir à un mendiant. Lorsqu'il eut attendu assez longtemps, Yongden s'en alla en se lamentant à haute voix : « Oh ! qu'il est peu charitable de laisser un pauvre malade passer la nuit au froid ! » pleurnichait-il. « Quel manque de pitié ! »... « Quels cœurs durs !... » et ainsi de suite.

Ses plaintes allèrent graduellement *decrescendo,* comme à l'Opéra le chœur de passants censés se perdre dans les coulisses. L'effet était assez joli. Je faillis applaudir.

Nous avions dépassé le temple dans de bonnes conditions. Nul de ceux : lamas ou laïcs, qui pouvaient s'y trouver, n'accorderait, le lendemain, une seule pensée au mendiant entendu la nuit précédente. Mais où, maintenant, se trouvait le village? La nuit complètement noire ne nous permettait pas de l'apercevoir, et eussions-nous même entrevu des maisons, nous n'aurions guère osé nous risquer dans leur direction de crainte de rencontrer, libres cette fois, des chiens pareils à ceux qui gardaient le *lhakhang*.

Yongden insistait pour que nous dormions pendant quelques heures sur le sentier même. Pour ma part, je préférais m'éloigner davantage et trouver un endroit plus confortable. Nous étions arrivés près d'un ruisseau. Distinguant des pierres permettant de le traverser à pied sec, je m'en allai, en éclaireur, sur l'autre bord où je découvris deux cavernes. Nous avions un asile pour le reste de la nuit !... un « chez nous » où nous allions reposer, avec un toit au-dessus de notre tête. Les dieux du pays nous comblaient.

Je courus informer mon compagnon de notre bonne fortune. Nous nous établîmes immédiatement dans la plus vaste des cavernes où nous soupâmes, enfin, arrosant notre *tsampa* avec quelques gorgées de l'eau glacée du ruisseau, nous nous endormîmes du profond et calme sommeil des pieux *néskorpas* [1] tibétains, harassés et heureux.

Le jour se levait lorsque nous nous éveillâmes.

Un groupe de maisons était maintenant visible, proche de l'endroit où nous avions passé la nuit. Les paysans déjà tous levés vaquaient à leurs besognes matinales, récitant, tout en allant et venant, les diverses formules mystiques qui, dans les pays lamaïstes, tiennent la place que les prières occupent en d'autres contrées. Un bourdonnement, semblable à celui que pourraient produire quelques centaines de ruches, s'élevait du village.

Des femmes nous regardèrent distraitement de leurs fenêtres ou du haut des toits en terrasse, tandis que nous traversions les ruelles ,la tête courbée, pour dissimuler notre visage et bourdonnant pieusement comme tout le monde. Yongden s'enquit de la route à suivre... Quelques minutes plus tard, nous étions hors du hameau, en pleins champs.

1. Pèlerins.

Des gens portant des instruments aratoires s'en allaient à leur travail, d'autres étaient déjà occupés à distribuer l'eau dans les divers canaux d'irrigation. Bien que nous fussions en novembre, la température était douce. Ce pays riant n'a rien de commun avec les régions tibétaines arides et glaciales qui s'étendent immédiatement au nord de l'Himâlaya et, si l'âpre majesté de ces dernières lui fait défaut, la vie y est, par contre, facile et agréable.

Tout en gravissant la montagne nous causâmes avec plusieurs travailleurs occupés dans les champs voisins du chemin, puis, après quelques heures de marche en forêt, nous franchîmes un col nommé Tondo la, dont l'altitude approximative est de 3 360 mètres.

Ce même soir, pour la première fois depuis que nous avions quitté le Yunnan, nous nous hasardâmes à planter notre petite tente.

Le lendemain matin, nous apercevions le Nou tchou coulant rapidement dans une gorge profonde pour se jeter dans la Giamo nou tchou (Salouen) et le traversions sur un pont « cantilever » bien construit.

A ce moment de nombreux pèlerins nous rejoignirent et assiégèrent mon jeune compagnon pour qu'il leur prédît l'avenir concernant certaines questions qui les préoccupaient. Repousser une requête de ce genre est considéré comme un coupable manque de bienveillance de la part d'un lama jugé capable de l'exaucer. Yongden devait souvent se plier à la coutume, mais il ne manquait point d'intercaler parmi les rites habituels quelques discours très simples sur la véritable doctrine bouddhiste, s'efforçant ainsi d'ébranler quelque peu les croyances superstitieuses profondément enracinées dans l'esprit de ses auditeurs. Lorsqu'on le consultait à propos de malades, il ajoutait encore de bons conseils touchant la propreté et l'hygiène.

Cette fois, il me fallut demeurer plus d'une demi-heure assise contre une falaise de terre jaunâtre sur laquelle le soleil dardait ses rayons brûlants. Le lama ne parvenait pas à se débarrasser des acharnés curieux. L'un le consultait sur la façon dont son bétail prospérait en son absence ; un autre, désireux de commémorer le souvenir de son pèlerinage en ajoutant quelques pierres gravées au *mendong* [1],

1. Un mur plus ou moins long et épais composé de pierres qui, toutes

érigé à l'entrée de son village, voulait connaître quelles inscriptions lui rapporteraient la plus grande somme de mérites et de prospérité. Comme de coutume, les questions les plus saugrenues furent posées.

Enfin, une jeune fille exténuée par de longues marches s'approcha ; ses pieds étaient enflés, elle ne pouvait poursuivre sa route que très lentement et craignait d'être laissée en arrière. Elle souhaitait ardemment savoir si elle redeviendrait alerte et en état de marcher sans peine. Sa mère, elle, insistait pour qu'on lui dévoilât le nom du démon qui avait raidi les jambes de son enfant et causé l'enflure de ses pieds. Que cet accident fût un effet naturel de semaines de longues courses par des chemins difficiles, ni la vieille, ni sa fille, ni aucun de leurs compagnons n'eussent jamais voulu l'admettre.

Mon fils adoptif commença par officier de façon strictement orthodoxe. « Je comprends ce dont il s'agit, dit-il, après avoir terminé les gestes rituels. Il existe un moyen de délivrer cette fille du démon qui la tourmente, bien que ce dernier soit d'une espèce particulièrement maligne. »

— Ecoutez-moi tous, très attentivement, afin de bien vous rappeler ce que je vais vous dire.

Les pèlerins entourèrent immédiatement mon sorcier, certains s'asseyant à ses pieds, d'autres demeurant debout, immobiles, le dos contre la falaise, tous tendant leur esprit avec un effort qui ridait leur front hâlé, afin de bien saisir ce que le *ñeune chés* [1] allait ordonner :

— Vous rencontrerez un *chörten* sur votre route, déclara Yongden — une prophétie qui ne pouvait manquer de se réaliser, car les *chörtens* sont nombreux au Tibet. Vous ferez halte à cet endroit et la fille malade demeurera assise près du *chörten* pendant trois jours, étant bien abritée de façon que les rayons du soleil ne touchent pas sa tête. Trois fois, chaque jour : à l'aurore, lorsque le soleil sera au milieu du ciel, et au crépuscule, vous vous réunirez pour réciter *Dölma* [2]. Ceux qui ne savent pas *Dölma* répéteront *Mani*.

« La malade tournera trois fois autour du *chörten* pen-

---

portent des inscriptions religieuses. Quelquefois, sur un certain nombre de ces pierres, rangées côte à côte, peuvent se lire de longs fragments et même des chapitres entiers d'ouvrages philosophiques ou mystiques.

1. Un clairvoyant, un prophète, littéralement quelqu'un qui « sait d'avance ».

2. Louanges à la Mère universelle. Une personnalité mystique du panthéon tantrique appelée *Tara* en sanscrit.

dant cette récitation et, à part ces courtes promenades, elle ne bougera point durant les trois journées.

« Après avoir circulé ainsi, la jeune fille mangera un repas nourrissant ; ses pieds et ses jambes seront massés dans de l'eau chaude à laquelle vous ajouterez une pincée de sable provenant du très saint monastère de Samyé, que je vous donnerai. Lorsque ceci aura été fait, la terre qui aura été mouillée pendant l'opération devra être enlevée avec soin, jetée au loin, dans un trou profond, et recouverte avec d'autre terre ou des pierres, parce que le pouvoir du démon sera emporté avec cette eau consacrée et tombera avec elle sur le sol, près du *chörten*.

« Si le démon n'était point chassé, si la malade continuait à souffrir, cela signifierait que vous avez commis des erreurs dans l'accomplissement des rites. Il faudrait dans ce cas, les recommencer auprès du *chörten* suivant que vous rencontreriez.

« Ecoutez-moi encore. Nul de vous ne doit quitter ses compagnons avant que vous soyez arrivés tous ensemble dans votre pays. Je vois que le démon suivrait immédiatement celui qui se séparerait de la jeune fille, pour se venger de lui, d'avoir été empêché d'agir avec elle comme il lui plaisait.

« Je vais apprendre une *dzoung* [1] à la mère de la malade, et celle-ci, en la répétant, protégera non seulement sa fille, mais vous tous, tant que vous voyagerez ensemble. »

Les pèlerins se sentaient transportés au ciel. Le lama avait parlé si longtemps et ils ne pouvaient ni bien comprendre, ni se rappeler ce qu'il avait dit, ce qui, sans le moindre doute, signifiait que son savoir était extraordinairement profond.

Alors Yongden les congédia tous, ne retenant auprès de lui que la vieille mère pour lui communiquer la syllabe magique.

— Bhhah!... s'exclama-t-il à son oreille avec le bruit d'un coup de tonnerre et en roulant des yeux terribles.

Tremblante, mais pleine de joie à la pensée qu'elle n'avait plus rien à redouter des mauvais esprits, la bonne femme se prosterna avec la plus sincère gratitude et s'en alla dans la direction où les pèlerins avaient disparu. Tout

1. *Dzoung* (sanscrit *dhârani*), une formule magique.

en montant le chemin elle essayait *sotto voce* d'imiter l'intonation de son initiateur.

— Bhhah !... bhhahh ! bhhah !... murmurait-elle mais bientôt *a* se changea en *ê*, en *î* et finit par devenir une sorte de bêlement de chèvre angoissée par quelque souci : bêêê... bêêê...

Je fis semblant de rattacher ma jarretière pour rester en arrière et rire tout mon saoul, la tête enfouie dans les larges manches de mon épaisse houppelande.

— Quoi donc ? me dit Yongden en souriant, quand je le rejoignis. Cette pauvrette jouira de trois jours de repos, d'un peu de massage et de quelques bons repas, cela ne peut que lui faire du bien. Et puisque sa mère, qui ne l'abandonnera certainement pas, possède le secret de la précieuse *Dzoung*, les autres pèlerins ralentiront le pas s'il le faut et ne regagneront pas leur pays sans elle. C'est là une besogne honnête et, d'ailleurs, ne m'avez-vous pas donné l'exemple de ces ruses charitables ?

Je ne pouvais rien répliquer, il avait raison. Moi aussi, j'estimais qu'en s'y prenant de cette façon bizarre il avait rendu un réel service à la pauvre fille.

Lorsque nous eûmes gagné le sommet de la falaise, nous vîmes des champs dans toutes les directions et, tout près. un village dont nous sûmes, plus tard, le nom : il s'appelait Ké.

La plupart des pèlerins y étaient déjà arrivés, et quelques hommes revenant sur leurs pas accouraient vers nous.

— Oh ! lama, dirent-ils à Yongden. Quel savant *nieunchés tchen* vous êtes ! Vous avez bien dit que nous rencontrerions promptement un *chörten*. Le voici, et la fille est déjà assise à côté de lui. Faites-nous la grâce de boire du thé avec nous.

Je ne me rappelais point que Yongden eût dit qu'ils rencontreraient « promptement » un *chörten*. Mon fils laisse généralement à ses prophéties le caractère vague qui sied aux déclarations d'un oracle avisé ; mais les braves Tibétains avaient ajouté d'eux-mêmes de quoi augmenter la beauté du prodige.

Un petit *chörten*, enfin se trouvait là, et aussi une lamaserie campagnarde dont les quelques membres furent tôt mis au courant des talents déployés par leur remarquable collègue.

Nos pèlerins n'étaient point des mendiants, mais des cultivateurs aisés. Ils firent venir des pots d'eau-de-vie d'orge et, tout en buvant, se mirent à relater d'étranges miracles, soi-disant accomplis par mon innocent compagnon.

Chacun d'eux tenait à avoir remarqué un fait encore plus surprenant que ceux déjà décrits par ses camarades ; la grandeur et le pittoresque des merveilles imaginées croissaient de plus en plus. Enfin, l'un des voyageurs déclara qu'il avait clairement vu qu'en traversant la rivière le lama n'était point passé *sur* le pont, mais *à côté* de celui-ci, marchant dans le vide.

Yongden, bien qu'il n'eût point bu d'alcool, observant toujours très strictement la règle bouddhiste qui interdit les boissons fermentées, subit cependant la contagion de l'excitation générale. A son tour, il raconta des histoires entendues dans les pays lointains qu'il avait parcourus. Il dépeignit Riwotsé nga, le mont aux cinq pics, demeure de Jampéion [1], le dieu du Savoir et de l'Eloquence, protecteur des Lettres, et la montagne sacrée de Kuntou Zangpo [2], où ceux dont l'esprit est pur peuvent contempler Sangyais [3], lui-même, dans une auréole aux couleurs de l'arc-en-ciel.

Je commençai à trouver que la plaisanterie allait trop loin. Tout le village et les *trapas* [4] locaux s'étaient assemblés autour du jeune homme et, lui, allait son train, prophétisant, donnant des avis sur mille sujets et dévoilant des choses cachées. Les gens lui apportaient de menus présents en nature, qu'il acceptait gracieusement. Cette trop grande célébrité m'inquiétait, mais, probablement, voyais-je mal les choses ; qui donc se fût avisé de penser que la mère de ce brillant magicien était une étrangère ?

Je parvins cependant à attirer l'attention de mon fils et, avec une ferveur quelque peu nerveuse, je prononçai : *Karmapa Kiéno* [5] *!* C'est là une sorte d'oraison jaculatoire,

---

1. Jampéion, mieux connu des orientalistes sous le nom sanscrit de Mandjouçri. Riwotsé nga est situé en Chine et appelé, en chinois, Woutaï-chan.
2. Kuntou-Zangpo, le « tout bon », en sanscrit Samantabhadra. D'après une ancienne légende il visita le mont Omi (au Szetchouan) qui lui a été ensuite, dédié.
3. Le Bouddha.
4. *Trapa,* le véritable titre d'un moine lamaïste qui n'est pas un dignitaire de l'ordre religieux. Littéralement, *trapa* signifie un écolier, un disciple. Voir la note page 60.
5. *Karmapa Kiéno,* Karmapa le sait ou Tu le sais ô Karmapa !

usitée parmi les fidèles de la secte des Kargyud-Karma, qui a pour but d'appeler sur eux la protection du chef de la secte, leur père spirituel, mais dans la pratique courante ces deux mots n'ont guère que la valeur d'une simple exclamation. En ce qui nous concernait, suivant le code secret que j'avais établi, de même que dans un de mes voyages précédents, ces pieuses paroles signifiaient très vulgairement : « Décampons au plus vite ! »

Quelque peu vexé d'abandonner son triomphe, Yongden déclara à son entourage qu'il allait prendre congé et continuer son chemin. Tous protestèrent, disant que le prochain village était situé trop loin pour être atteint avant la nuit et que, quant à camper en cours de route, il n'y fallait point songer, car nous ne trouverions nulle part d'eau pour faire notre thé du soir. Mieux valait, ajoutaient les excellents villageois, passer la nuit parmi eux qui nous donneraient un bon gîte. Mon lama était très tenté d'accepter, je le compris ; mais au regard implorant qu'il lança dans ma direction je répondis par un *Karmapa Kiéno !* d'une ferveur plus ardente encore, dont l'accent émut quelques-uns de ceux qui nous entouraient et les fit répéter dévotieusement : *Karmapa Kiéno ! Karmapa Kiéno !...*

Nous partîmes enfin et je me sentis soulagée en retrouvant le silence et la solitude de la campagne. Je grondai sévèrement Yongden pour la façon dont il se faisait remarquer, alors que je ne souhaitais rien tant que de passer sans attirer l'attention, et, mortifié par mes reproches. il bouda pendant plusieurs heures.

Vers le soir nous franchîmes un col dont l'altitude est d'environ 2 200 mètres et, de là, descendîmes par un large chemin poussiéreux coupé à travers une chaîne de montagnes blanchâtres qui me rappelèrent celles du Kansou dans la Chine septentrionale.

On nous avait exactement renseignés, pas le moindre ruisseau ne coulait sur notre parcours, et la perspective de n'avoir rien à boire, ni avant de s'endormir, ni le lendemain à son réveil, ajoutait à la mauvaise humeur de mon compagnon.

Un brillant premier quartier de lune éclairait le paysage et, si nous n'avions pas été fatigués, nous aurions pu aisément continuer à marcher pendant une partie de la nuit Mais à la vue d'une minuscule caverne haut perchée au-dessus du chemin, le besoin de sommeil nous vainquit. Nous cédâmes d'autant plus facilement que nous avions mis deux chaînes de montagnes et une rivière entre nous et le tant redouté Thana et croyions n'avoir rien à craindre au prochain village. Combien nous nous illusionnions !

Le lendemain devait commencer une série de jours remplis d'incidents bien propres à ébranler sérieusement des nerfs moins solides que les miens.

Nous arrivâmes au village, qui est nommé Wabo, dans le milieu de la matinée, affamés et, surtout, altérés. Chose bien naturelle, puisque nous n'avions rien bu ni mangé depuis notre repas de midi avec les pèlerins près du *chörten* de Ké.

Nous nous étions tant moqués des démons la veille que, peut-être, l'un d'entre eux souhaitant se venger en nous jouant un mauvais tour, nous suggéra une idée que nous n'aurions jamais dû concevoir : celle de nous arrêter au milieu du village et de faire du thé à un endroit où un aqueduc primitif amenait l'eau pour ses habitants.

Un peu de neige était tombée pendant la nuit, je ramassai de-ci de-là, sur la route blanche, les menues branches et le peu de bouse de vache à peu près sèche que je trouvai, puis Yongden alluma du feu. L'eau fut lente à bouillir, mon compagnon très lent à manger et à boire ; il s'ensuivit que des paysans, d'abord deux ou trois, puis une dizaine et, finalement, peut-être le double de ce nombre, s'assemblèrent pour nous regarder. Une femme charitable voyant la difficulté que j'avais à trouver de quoi alimenter le feu qui conservait le thé chaud, m'apporta un fagot pris chez elle.

Yongden eût-il alors prononcé la dixième partie seulement des « paroles ailées » par lesquelles, à l'instar d'Ulysse, il avait diverti et charmé les indigènes de Ké, cette halte se fût probablement terminée sans incidents, mais une statue ne pouvait être plus muette que le ci-devant orateur. Il ne disait pas un mot, ne faisait pas un geste : il mangeait et buvait, et buvait et mangeait alternativement et sans fin. Les gens le considéraient avec un étonnement profond. Les Tibétains sont généralement loquaces et le taciturne Yongden bouleversait toutes leurs idées concernant les *ardjopas*.

— Qui sont ces gens, d'où viennent-ils ? dit une femme, dans l'intention évidente que nous répondions à la question. Mais le lama persévéra dans le même extraordinaire mutisme.

Quelle misère ! Dans le code secret de formules pour toutes les occasions, que j'avais élaboré si soigneusement, croyant ne rien y oublier, j'avais omis de pourvoir à l'ordre : « Parlez ! » Maintenant, buvant mon thé humblement derrière mon fils assis sur un vieux sac que j'avais étendu pour lui servir de tapis, je n'avais aucun moyen de le tirer de son inexplicable inertie. Je crus prudent d'accentuer mes témoignages de respect et le servir ostensiblement de toutes façons pour parer aux soupçons que les assistants pourraient concevoir. Hélas ! cela aussi faillit tourner à ma perte.

J'avais emporté, pour la laver, notre unique marmite, dans laquelle le thé avait bouilli, mais le contact de l'eau eut le résultat naturel de me nettoyer les mains et avec ce commencement de propreté, leur blancheur apparut. Préoccupée par la conduite angoissante de Yongden, ce détail m'avait échappé quand une femme murmura à une autre de nos spectatrices :

— Ses mains ressemblent à celles d'une *philing*.

Avait-elle jamais vu des gens de race blanche ? C'était douteux, à moins qu'elle n'ait été à Bhatang ou ailleurs dans le Tibet chinois, ou bien à Gyantzé dans l'extrême sud du pays. Mais les Tibétains ont des idées fortement arrêtées en ce qui concerne le canon des traits et des particularités des Occidentaux. Ceux-ci doivent être de haute stature, avoir des cheveux blonds, la peau claire, les joues roses et les « yeux blancs », dénomination qui s'applique indistinctement à toutes les nuances d'iris qui ne sont point noirs ou brun foncé. *Mig kar* (yeux blancs) est une expression courante à tendance injurieuse, désignant les étrangers. Rien de plus horrible, au point de vue de l'esthétique des Tibétains, que des yeux bleus ou gris et ce qu'ils appellent des « cheveux gris », c'est-à-dire des cheveux blonds.

Ainsi, la couleur de ma peau était sur le point de me trahir. Je ne manifestais par aucun signe que j'avais entendu la réflexion de la villageoise, mais tout en maniant la marmite, je m'arrangeai pour me frotter les mains sur son fond rendu noir et graisseux par la fumée.

Parmi ceux qui, rangés en demi-cercle, continuaient à nous examiner, je découvrais maintenant trois soldats.

Bonté du ciel ! Il existait un poste dans ce village et, très probablement, il n'y en avait point à Thana que nous avions traversé avec un tel luxe de précautions. Qu'allait-il advenir ?... J'entendais vaguement un murmure courir parmi les paysans : « Sont-ce des *philings ?...* » Et ce lama semblant pétrifié, qui continuait toujours à mastiquer sa *tsampa* !... Je n'osais même pas prononcer le *Karmapa Kiéno* traduisible par « Sauvons-nous en hâte », de crainte que ma voix, résonnant dans cet étrange silence, n'attirât davantage l'attention sur moi.

Enfin, Yongden se leva cependant et un homme s'aventura à lui demander où il se rendait. Je frémis, une réponse maladroite pouvait compromettre notre réussite, car c'était maintenant, devant tous ces yeux inquisiteurs, qu'il nous fallait quitter le chemin des pèlerins. Nous venions de le comprendre, nous nous étions arrêtés précisément à cette bifurcation de la route que nous avions cru, autrefois, exister à Thana. Des deux sentiers qui se séparaient devant nous, l'un conduisait en Chine en contournant au nord la chaîne du *Kha Karpo,* et l'autre menait à la vallée supérieure du Nou tchou. Le choix que nous allions faire équivaudrait à confesser que nous nous dirigions vers le centre du Tibet.

Yongden déclara avec calme qu'il avait accompli le pèlerinage du *Kha Karpo* et, l'ayant terminé, retournait, avec sa mère, dans son pays.

Il n'ajouta rien de plus, chargea son fardeau sur son dos, me fit signe de reprendre le mien et nous nous mîmes en marche.

Alors le miracle se produisit. L'esprit taquin qui s'amusait à nos dépens changea le thème de ses plaisanteries et les exerça en notre faveur. L'espèce de tension qui pesait sur chacun se relâcha ; j'entendis quelques hommes dire en badinant : « Des *philings* vont en pèlerinage. » Cette idée parut si comique et si invraisemblable que tous éclatèrent de rire.

— Ce sont des Sokpos (Mongols), déclara un autre d'un air entendu, et les hochements de tête affirmatifs qui lui répondirent ne me laissèrent aucun doute sur l'opinion conçue par les villageois quant à notre nationalité. Ainsi, toujours silencieux, marchant, il me semblait, dans un rêve, nous quittâmes le sentier ceinturant le *Kha Karpo* et, devant tous ces gens, nous prîmes la route de Lhassa.

Il nous fallait, encore une fois, franchir une chaîne de montagnes. Voyager au Tibet oblige à une véritable gymnastique des muscles et des poumons. Dans le cours d'une même journée, montant et descendant de vallées en cimes et de cimes en vallées, l'on passe par des altitudes très différentes. Cet exercice, peut-être excellent pour la santé, ne laisse pas que de fatiguer le piéton, surtout, comme c'était notre cas, lorsqu'il est lourdement chargé. Toutefois, le côté pénible de ces marches a sa contrepartie dans la distraction procurée par la diversité des paysages que l'on contemple et, à tout prendre, je les préfère de beaucoup aux voyages plus aisés, mais monotones, à travers les grandes steppes.

Après le passage du col, qui se nomme Tong la [1], nous trouvâmes un excellent chemin en forêt qui conduisait tout droit à une large rivière s'enfonçant dans une belle gorge. A ma grande surprise, je constatai que l'eau coulait dans la direction de la Chine. Je n'avais point encore lu, à cette époque, les récits des rares explorateurs qui, avant moi, ont suivi le même chemin, alors que cette partie du Tibet n'avait point encore été soustraite à la suzeraineté de la Chine.

Tous avaient été intrigués par cette mystérieuse rivière qui semblait aller rejoindre le Mékong, alors qu'il était connu qu'une gigantesque chaîne de montagnes closait, dans cette direction, le bassin de la Salouen. Quant à moi, comme les informations que j'avais recueillies ne mentionnaient qu'un seul cours d'eau, le Nou tchou que je devais remonter, je conclus que ce dernier tournait autour de la chaîne que je venais de franchir et que la rivière que j'avais traversée au-dessous de Ké était la même que celle qui coulait maintenant devant moi.

Un homme que je croisai, plus bas dans la vallée, me confirma ce fait. Il nous expliqua aussi que nous rencontrerions bientôt un pont, et qu'il nous faudrait, à cet endroit, passer sur la rive opposée afin de nous rendre au monastère de Pedo où il nous serait possible d'acheter des vivres. Il nous dit encore qu'un chemin que nous apercevions de l'autre côté de la rivière conduisait à Atunzé (en territoire chinois), en traversant plusieurs cols.

1. Altitude approximative : 3 100 mètres.

Le pays était joli, bien cultivé dans le fond de la vallée et boisé sur la partie supérieure des versants de montagnes restés verts et feuillus, bien que nous fussions en hiver.

Le soleil se coucha comme nous traversions le pont. J'entendais passer devant le monastère pendant la nuit et me cacher ensuite un peu plus loin, laissant à Yongden le soin d'aller seul, dès l'aube, acheter des provisions.

J'aurais volontiers campé près de la rivière où se trouvait un charmant bosquet naturel arrosé par un ruisselet d'eau limpide, mais la lamaserie se trouvait encore loin et il était préférable de m'arrêter seulement lorsqu'elle serait en vue, afin de pouvoir mieux choisir le moment favorable pour la dépasser.

C'est à cet endroit que nous nous servîmes pour la première fois de nos bouteilles en caoutchouc. C'étaient de simples bouillottes, telles que les personnes frileuses en mettent dans leur lit pour se tenir chaud. Lorsque je me décidai à les inclure dans mes très sommaires bagages, je songeai qu'elles pourraient être utiles à des voyageurs manquant de couvertures, lorsqu'il leur faudrait passer les nuits d'hiver à de hautes altitudes, et qu'elles nous permettraient ainsi de transporter une petite provision d'eau lorsque nous traverserions des régions sèches. Malheureusement leur aspect étranger nous empêchait de les remplir en présence des Tibétains et, pour cette raison, nous souffrîmes plus d'une fois de la soif, alors qu'il nous aurait été facile d'emporter assez d'eau pour faire du thé.

*Pedo-gön*[1] se trouvait vraiment loin du pont. La nuit tomba avant que nous l'ayons même entrevu. Nous suivions un sentier montant en pente douce à travers des bois ; à l'un de ses tournants atteignant un endroit découvert, nous vîmes plusieurs feux brûlant sur la montagne. Probablement des voyageurs campaient là et il se pouvait que nous arrivions près d'eux si nous continuions notre marche. Cette perspective me déplaisait, mais d'autre part, attendre jusqu'au matin que ces gens fussent partis, bouleversait mes plans et m'obligerait à passer auprès du monastère dans le milieu de la matinée, ce qui me déplaisait bien davantage encore. L'on m'avait dit qu'un fonc-

1. Monastère de Pédo, *Gön* est une abréviation de *gompa*, qui signifie monastère.

tionnaire de Lhassa y résidait et je désirais, absolument aussi, éviter d'être vue par les *trapas* du lieu.

Les moines étaient beaucoup plus à redouter pour nous que les simples villageois, car tandis que ces derniers quittent rarement leur demeure et savent bien peu de chose concernant le monde au-delà des montagnes qui encerclent leur horizon, les lamas de tous rangs sont, eux, d'intrépides voyageurs. Durant leurs pérégrinations ils voient nombre de choses et nombre de gens — y compris des *philings* — et glanent maintes connaissances dont certaines pouvaient nous gêner. Bref, nous avions intérêt à nous méfier de leur perspicacité.

Continuant à avancer, nous gagnâmes la lisière des bois. Le sol y avait été défriché pour les cultures et notre sentier devint excessivement étroit, rasant à droite les haies des champs, tandis qu'il se terminait à pic, à notre gauche, au-dessus des terrains avoisinant la rivière, qu'il ne nous était pas possible de discerner dans la nuit.

Les feux avaient cessé de flamber, un vague rougeoiement nous permettait de constater qu'ils se trouvaient loin de notre route. Néanmoins, nous passâmes en grand silence.

De vagues silhouettes de murs se discernaient qui pouvaient être les bâtiments du monastère, nous crûmes sage de nous arrêter jusqu'aux premières lueurs du jour, de crainte de nous tromper de route aux environs de la *gompa* et de provoquer les aboiements des chiens si nous errions longtemps dans le voisinage.

Une bise piquante balayait la petite falaise sur laquelle nous étions perchés, nul abri n'apparaissait. La meilleure place que nous découvrîmes fut contre une roche debout qui nous protégeait quelque peu d'un côté.

Une poignée de *tsampa* arrosée d'une gorgée de l'eau que j'avais emportée composa notre souper.

Nous nous étendîmes, ensuite, pour prendre un peu de repos. Des pointes de rochers perçant, de-ci de-là, la terre durcie par le gel, rendaient notre couche vraiment ascétique. Je m'endormis pourtant bientôt, tenant ma bouteille en caoutchouc étroitement serrée entre mes bras, sous ma robe, non certes pour qu'elle me réchauffât, mais, par un renversement inusité de nos rôles, afin d'empêcher le liquide qu'elle contenait de geler et me réserver de quoi me désaltérer à mon réveil.

Aux premiers rayons du jour, nous vîmes le monastère à quelques pas de nous et dans une direction tout à fait différente de celle où nous avions cru l'entrevoir la veille. Nous passâmes en longeant les murailles, nous hâtant d'être hors de vue. Un chef indigène vêtu de beaux habits et montant un cheval élégamment harnaché, nous croisa à l'entrée de la route qui conduit vers Bhatang. Il nous regarda d'un air indifférent sans nous adresser la parole.

Nous nous rendions compte, maintenant, qu'il n'existait dans le voisinage immédiat de la *gompa* aucun endroit où je pusse demeurer cachée, tandis que Yongden ferait ses achats.

Notre chemin descendait dans une vallée étroite où coulait un petit affluent du Nou tchou. Plusieurs fermes et des moulins étaient bâtis sur ses bords. Une caravane marchande, venant de Lhassa, arrivait en même temps que nous, emplissant le sentier de mules chargées de balles de marchandises. On voyait du monde de tous les côtés. Force nous fut de continuer notre route, bien que nous fussions extrêmement contrariés de nous éloigner du monastère, ayant un urgent besoin de renouveler nos provisions.

Enfin, après avoir traversé cette vallée, je découvris de vastes champs encore incultes et coupés par des buissons. Je demeurai là quelques heures, blottie parmi les broussailles, lisant un traité philosophique tibétain. Lorsque Yongden revint, chargé comme un mulet, nous fîmes un véritable déjeuner de Lucullus avec une soupe épaisse aux navets et à la farine de blé. Puis, remplissant notre *ambag* [1] d'abricots séchés, nous partîmes joyeusement en grignotant notre dessert.

Dans le courant de l'après-midi nous entrâmes de nouveau dans une région couverte de forêts où nous rencontrâmes des groupes de pèlerins flânant le long du chemin. Ils appartenaient à une bande nombreuse comptant au moins cinquante personnes. Nous trouvâmes, un peu plus loin, leur avant-garde qui faisait bouillir du thé dans des chaudrons de la dimension d'un tub.

Yongden fut retenu là pendant longtemps : requis par certains de leur prédire l'avenir, et par d'autres de les

1. La poche que forme sur la poitrine la robe des Tibétains fortement serrée à la taille avec une ceinture.

conseiller, touchant la conduite qu'ils devaient tenir pour amener la réussite d'entreprises diverses. Un grand nombre sollicitèrent sa bénédiction.

Assise par terre, je m'amusais à regarder les faits et gestes de ces grands enfants. Lama et croyants se comportaient avec une profonde gravité ; cependant des saillies soudaines, des réflexions subites faites à haute voix suffisaient à provoquer les rires, à déchaîner parmi toute la troupe cette bonne humeur rustique, cette communicative gaieté qui rendent la vie au Tibet si agréable.

Au coucher du soleil, nous nous trouvâmes parmi de sombres forêts peuplées d'arbres énormes. Le sentier continuait à être bon et, comme nous avions perdu beaucoup de temps avec les pèlerins, je désirais prolonger notre marche autant que possible.

Tandis que je descendais vers un ravin au fond duquel coulait un ruisseau, je remarquai quelque chose, semblable à un paquet, au milieu du chemin. En approchant, je vis que c'était un vieux bonnet en peau d'agneau comme en portent les femmes du pays de Kham.

Yongden le souleva avec le bout ferré de son bâton et le jeta de côté. Il n'alla pas loin, sembla voleter un instant, à la façon d'un oiseau et se posa, si je puis employer ce terme, sur le tronc renversé d'un arbre gigantesque.

Un pressentiment singulier me poussa : cette vilaine coiffure crasseuse allait me devenir très utile ; en vérité, elle m'avait été *envoyée* dans ce but, et obéissant à cette suggestion occulte, je quittai le sentier pour l'aller chercher.

Il déplaisait à Yongden d'emporter avec nous ce misérable et malodorant béguin. En général, les Tibétains, lorsqu'ils voyagent, ne ramassent pas leur propre chapeau s'il vient à choir sur le sol ; ils consentiraient encore bien moins à en ramasser un qui ne leur appartînt pas. Cet objet, croient-ils, leur porterait malheur. Au contraire, voir une vieille botte sur son chemin est un heureux présage, et souvent, quelque sale que puisse être celle qu'ils ont rencontrée, les voyageurs la placent un instant sur leur tête pour attirer la bonne chance.

Mon compagnon s'était affranchi de ces superstitions, mais cette fourrure malpropre le dégoûtait et il ne voyait rien de merveilleux dans notre trouvaille.

— Un pèlerin quelconque, me dit-il, a dû attacher ce

bonnet à son *khourga*[1] et il est tombé sans qu'il s'en aperçoive, ou bien craignant qu'il ne lui porte malheur s'il le ramassait, il a préféré l'abandonner.

Les choses s'étaient, en effet, probablement passées ainsi. Je n'imaginais certainement pas qu'une déesse, assise sur un lotus paradisiaque, eût confectionné, à mon intention, ce piètre échantillon de l'art de la modiste. Evidemment, un voyageur ou une voyageuse l'avait perdu ; mais pourquoi précisément à cette place, sur notre route ?... Et pourquoi, à sa vue, la conviction que ce bonnet allait jouer un rôle important dans mon voyage avait-elle surgi si fortement dans mon esprit ?... L'Orient — surtout au Tibet — est la terre du mystère et des événements étranges. Pour peu que l'on sache regarder, écouter, observer attentivement et longuement l'on y découvre un monde au-delà de celui que nous sommes habitués à considérer comme seul réel, peut-être parce que nous n'analysons pas assez minutieusement les phénomènes dont il est issu et ne remontons pas suffisamment loin l'enchaînement des causes qui les déterminent.

L'éducation lamaïste et monastique que Yongden avait reçue avant de s'initier aux enseignements de l'Occident ne lui permettait point de douter de l'existence d'êtres intelligents, invisibles pour la majorité des hommes et qui, cependant, vivent à côté d'eux ; mais ce jour-là il paraissait décidément réfractaire à la poésie de ce voisinage.

— Bon, bon, répondit-il, en m'entendant exprimer mes pensées, puisque vous ne croyez pas que le bonnet ait été fait spécialement pour vous par une déité de vos connaissances, alors disons simplement que votre invisible ami l'a tout doucement tiré hors du *Khourga* d'un passant pour le faire choir sur notre route. Un magnifique cadeau vraiment !...

Je laissai le lama plaisanter sans lui répondre, mon idée concernant le bonnet n'était point ébranlée : je « devais » l'emporter. Je l'attachai solidement sur mon sac et nous continuâmes notre marche.

Ce fut Yongden qui eut tort. La minable coiffure me

---

1. Instrument composé de deux morceaux de bambou ou de bois courbé entre lesquels on serre les bagages à l'aide de petites courroies ou d'une corde et que l'on porte sur le dos en voyageant. L'équivalent des crochets de nos portefaix.

fut non seulement utile, mais je lui dois peut-être le succès de mon voyage. On le verra par la suite.

Il avait neigé dans la région où nous entrions, de larges taches blanches demeuraient parmi les feuilles rousses qui jonchaient le sous-bois. Fatigués, nous nous arrêtâmes à l'entrée d'une vallée transversale d'où descendait un large torrent tributaire du Nou-tchou, roulant des eaux écumeuses et bruyantes. Yongden découvrit une place où l'on pouvait camper tout à fait hors de vue du chemin, mais le vent balayait cet endroit que ne protégeait aucun arbre vert et nous préférâmes nous installer plus bas, sur le bord du sentier, contre un mur de roches, comptant que nul ne passerait là dans la nuit.

Notre petite tente nous avait été, jusqu'alors, très peu utile en tant que tente, mais elle nous avait rendu de précieux services comme couverture. Nous dormions à la manière des voyageurs tibétains, nos bagages serrés entre nous et disposés de telle façon qu'on ne pouvait rien en enlever, ni même les toucher, sans nous faire remuer et, par conséquent, nous éveiller. Nous gardions chacun un revolver à portée de notre main et, quant aux ceintures renfermant notre trésor de voyage, que nous portions sous nos robes, tantôt, nous les cachions ou les enterrions près de nous, tantôt, si le pays était tenu pour à peu près sûr, nous nous contentions de les placer sous notre tête. Finalement, la tente était étendue sur le tout : bagages et nous deux. Lorsque nous traversions des endroits où il avait neigé, ce morceau d'étoffe blanche étalé sur le sol et jonché de feuilles et de brindilles, ressemblait tout à fait, même d'assez près, à une tache de neige parmi les autres et nous dissimulait parfaitement.

Cette nuit-là, nous ne manquâmes pas de nous installer de cette manière, mais nous étions devenus trop confiants dans l'illusion que nous créions. Avant le lever du jour, quelques marchands vinrent à passer et l'un d'eux perçut quelque chose d'insolite dans notre « tache de neige ».

— Est-ce là de la neige ou sont-ce des hommes ? demanda-t-il à ses compagnons.

— De la neige, répondit l'un d'eux qui n'avait probablement pas regardé de notre côté, mais voyait le sol blanc de toutes parts.

Le premier qui avait parlé émit un son inarticulé exprimant le doute. Nous riions en silence sous notre couverture, mais comme nous savions que les Tibétains sont très prompts à jeter des pierres pour les motifs les plus divers et que nous avions lieu de craindre que le passant n'en lançât une sur nous pour se convaincre de la nature animée ou inanimée du « tas de neige », Yongden confirma d'une voix sépulcrale :

— C'est de la neige.

Les mules de la caravane qui cheminaient à moitié endormies firent un écart en entendant ce bruit insolite s'élever presque sous leurs pieds et les hommes, goûtant la plaisanterie, s'esclaffèrent. Le lama émergea alors de l'étoffe, me laissant cachée en dessous et bavarda quelques minutes avec les marchands qui se rendaient à Atuntzé, au Tibet chinois.

— Etes-vous seul ? demandèrent-ils au jeune homme.

— Oui, répondit ce dernier.

Et ils passèrent leur chemin.

Dans la matinée suivante, nous traversâmes un village et montâmes, non loin de là, à un petit plateau d'où nous découvrîmes, en face de nous, une montagne que l'éloignement faisait paraître verticale. Une filiforme ligne jaune y marquait le chemin du col de To que nous devions franchir.

Les voyageurs désirant éviter la traversée de cette haute chaîne et d'une seconde, située immédiatement derrière elle, peuvent suivre un sentier de chèvre le long de la rivière, mais comme j'avais appris que ce sentier était difficile et même périlleux en plusieurs endroits, qu'il fallait s'accrocher aux rochers, marcher à quatre pattes et se livrer à une série d'acrobaties que je ne me sentais aucun désir de tenter avec un fardeau sur le dos, je préférai la route la plus fatigante mais la plus sûre.

J'ignorais, en obéissant ainsi à des considérations touchant ma sécurité, que la sécurité que j'avais par-dessus tout à cœur : celle de mon incognito d'où dépendait la réussite de mon voyage, allait courir les plus grands dangers sur la route que je choisissais. L'eussé-je pu prévoir, j'aurais certainement, sans hésitation, adopté l'itinéraire où l'on ne risquait que de se casser le cou. Il fut heureux que l'avenir me demeurât alors voilé ; l'aventure ayant bien fini, je reste ravie de l'avoir vécue.

La descente, depuis ce plateau, jusqu'au fond de la vallée, s'effectua de la manière la plus agréable.

Après une promenade charmante entre les bois, nous découvrîmes en contre-bas du sentier, sur le bord d'une petite rivière, une jolie place bien abritée invitant à camper. Le beau temps et la paresse nous poussant, nous nous installâmes là et y passâmes le reste de l'après-midi à raccommoder nos hardes. Notre imprudence alla même jusqu'à planter notre tente à la nuit tombante, pour dormir plus confortablement, bien que nous fussions informés qu'un village existait à peu de distance, au-delà de la rivière.

Le lendemain, contrairement encore à notre habitude, nous ne nous pressâmes pas de partir. Nous nous régalions d'une bonne soupe tibétaine, faite d'un vieil os et de *tsampa,* lorsqu'un homme apparut et entama la conversation avec Yongden. Suivant l'usage qui veut que l'on offre de ce que l'on mange ou l'on boit à ceux qui entrent dans votre demeure ou s'arrêtent auprès de votre camp, mon fils invita le Tibétain à sortir son bol de son *ambag* [1] et à déguster un peu de notre potage. Au cours du long bavardage qui suivit, nous apprîmes que notre hôte était un soldat attaché à un fonctionnaire de Lhassa, habitant précisément en face de l'endroit que nous avions élu pour flâner.

Nous ne pouvions que maudire notre étourderie ; tout moyen de la réparer nous faisait défaut. Si l'homme qui s'était assis auprès de notre feu avait conçu des doutes au sujet de notre personnalité et s'il en faisait part à son chef, notre sort allait bientôt être réglé. Il ne servirait à rien, dans ce cas, de tenter de nous échapper en retournant sur nos pas ou en nous cachant dans la montagne car le *pönpo* [2] nous ferait rechercher si nous ne nous montrions point sur la route, et notre conduite insolite ne pourrait que transformer ses soupçons en certitude. Mais peut-être, après tout, le soldat n'avait-il rien remarqué de suspect en nous et ne parlerait-il point d'une rencontre aussi banale que celle des deux pauvres hères revenant

1. Les Tibétains ont l'habitude de porter un bol en bois dans cette sorte de poche. Il est de règle presque générale au Tibet de ne jamais boire dans un bol appartenant à une autre personne, d'où la nécessité de porter toujours le sien avec soi. Quant aux gens des classes riches, leur bol est placé dans une boîte et confié à un domestique qui les suit.

2. *Pönpo,* un chef, un haut fonctionnaire.

d'un pèlerinage. Il était inutile de nous attarder à échafauder des conjectures ; ce qui nous attendait, nous le saurions avant une demi-heure.

Je suppose que lorsque nous nous mîmes en marche pour traverser le village, notre contenance devait quelque peu ressembler à celle des condamnés à mort, en route pour le supplice.

Le chemin du col longeant l'extrémité des champs se tenait assez loin des habitations, nous n'y rencontrâmes personne. Nous atteignîmes un *chörten* dont je fis trois fois le tour, de la manière la plus édifiante, et que je touchai ensuite révérencieusement avec le front.

Nous nous élevions de plus en plus, la maison du *pönpo* se trouvait déjà loin derrière nous ; nul ne nous avait arrêtés, la lisière de la forêt était proche... *Lha Gyalo*[1] ! nous le proclamerions bien haut sur la prochaine cime, au-dessus du village. Une fois de plus nous avions échappé au danger.

— Oïe ! Oïe !...

Un paysan accourt à travers champs en nous appelant. Nous ne pouvons songer à fuir, il faut l'attendre. Il nous rejoint, du reste, en quelques instants.

— Il faut, explique-t-il, que vous alliez voir le fonctionnaire qui réside au village.

Je deviens froide, c'est avec ces mêmes mots que l'on m'a arrêtée il y a dix-huit mois au pays de Kham, après mon dur voyage à travers les neiges et le passage du « pont de fer[2] ».

Avec un calme parfait, Yongden fait face au danger. Il dépose son sac par terre, pour éviter les effets de la curiosité du *pönpo* et de ses domestiques qui, s'ils le voyaient, ne manqueraient pas d'en inspecter le contenu. Puis, sans jeter un coup d'œil de mon côté, sans m'adresser un mot, comme si l'idée qu'une insignifiante petite vieille de mon espèce fût digne des regards d'un *Koudag*[3], n'eût jamais pu naître en son esprit, il se tourne vers le paysan :

— Allons !... lui dit-il d'un air dégagé, et tous deux s'éloignent en bavardant ensemble.

---

1. « Les dieux sont vainqueurs ! » Une exclamation de triomphe et un vœu pour la victoire du bien et des déités, que les Tibétains crient bruyamment au passage des cols et sur les sommets des montagnes.
2. Ce récit doit faire partie de la relation d'une autre période de mes pérégrinations à travers le Tibet.
3. Un homme appartenant à la noblesse.

Je m'accroupis sur le chemin près de nos bagages et enlevant le chapelet que je portais autour du cou, j'en fis glisser les grains entre mes doigts, simulant la récitation du *mani.*

— Il faut aller voir le *pönpo* ! Les paroles du paysan continuaient à résonner à mes oreilles... Je revivais la scène qui, au Kham, avait succédé à des mots identiques... mon dramatique voyage aboutissait à un lamentable échec. Et, très probablement, le même sort m'attendait aujourd'hui. Encore une fois, toutes les fatigues, tous les tourments d'esprit endurés depuis des mois et des mois l'auraient été en vain.

Je nous vis escortés jusqu'à la frontière la plus proche, traversant les villages, en proie à la curiosité des paysans... Cependant pas une minute la pensée de renoncer à la partie n'effleura mon esprit. Si par malheur ma tentative avortait de nouveau, j'en recommencerais une autre. J'avais juré de ne pas revoir mon pays tant que je n'aurais point réussi.

C'était une gageure, je la gagnerais, je passerais. Mais quand et comment si j'échouais aujourd'hui ?...

Une demi-heure peut-être s'écoula, puis j'entendis au loin une sorte de psalmodie... Le son devint plus distinct, c'était la voix de Yongden. Il revenait en chantant un hymne de la liturgie lamaïste. S'il revenait seul et en chantant, c'était donc que...

Un espoir soudain, mieux, une certitude surgit en moi : nous allions continuer notre route.

Le jeune lama m'avait rejointe ; un sourire narquois aux lèvres, il ouvrit sa main et me montra une pièce d'argent.

— Il m'a fait l'aumône d'une roupie, dit-il. Maintenant filons vite.

Pendant sa visite au fonctionnaire, Yongden avait appris que ce dernier était spécialement commis au soin de surveiller les voyageurs et de voir que nul ne pénètre plus avant dans l'intérieur du Tibet, par le chemin du col, sans avoir été interrogé et examiné. Nous pouvions nous féliciter de notre bonne chance, mais nous étions loin d'en avoir fini avec les incidents de ce genre. Nos nerfs allaient bientôt être mis à une plus rude épreuve encore.

Ce même matin, un peu plus haut sur la montagne, nous croisâmes un homme qui descendait précipitamment le sentier et nous dit qu'il allait préparer le relai pour un *pönpo* de Lhassa qui arrivait par le col de To.

Cette nouvelle nous terrifia. Le chemin était coupé dans un versant très raide et n'offrait aucun endroit où l'on pût se cacher. Le fonctionnaire attendu nous verrait tous les deux, cette fois, et, sans nul doute, nous questionnerait.

Nous passâmes les heures qui suivirent dans les tourments de l'agonie, l'oreille aux aguets pour surprendre un bruit qui pût nous annoncer l'approche du personnage redouté, regardant désespérément à droite et à gauche si, comme dans les vieux contes, un rocher ou un arbre ne s'ouvriraient pas pour nous abriter. Mais, hélas ! aucun miracle ne se produisit. Les génies locaux restaient, en apparence, indifférents à notre misère.

Vers le milieu de l'après-midi, nous entendîmes soudain un tintement de clochettes. Immédiatement, au-dessus de nous, sur le sentier en lacets, nous aperçûmes un homme corpulent, habillé de façon cossue, suivi par quelques soldats et par des serviteurs conduisant les chevaux. Tous les voyageurs descendaient la montagne à pied.

Le gentilhomme s'arrêta, paraissant surpris à notre vue. Yongden et moi, conformément à l'étiquette tibétaine, nous nous précipitâmes vivement sur le bas-côté du chemin pour témoigner notre respect. Le fonctionnaire s'avança et s'arrêta de nouveau devant nous, entouré de sa suite.

Alors commencèrent les questions habituelles concernant notre pays natal, notre voyage et autres sujets. Et lorsque tout eut été dit et redit, le *pönpo* demeura sur place, continuant à nous regarder en silence, tous ceux de sa suite l'imitant.

Il me semblait que des aiguilles me transperçaient le cerveau tant la tension de mes nerfs était violente. Ces gens jugeaient-ils notre apparence ou nos réponses suspectes ? A quoi réfléchissaient-ils ? Ce silence devait être brisé ou quelque chose de mauvais pour nous allait en surgir. Comment y parvenir ?... Ah ! j'avais trouvé...

De la voix pleurnicharde des mendiants tibétains, un peu assourdie par ce qui devait paraître un sentiment de révérence, j'implorai une aumône.

— *Koucho rimpotché, nga tso la sölras nang rogs nang !* (Noble sire, faites-nous la charité, s'il vous plaît !)

Le bruit rompit la concentration de pensées du groupe.

Il me sembla sentir une détente physique. Les Tibétains avaient modifié leurs regards scrutateurs ; quelques-uns riaient tout haut. Le brave fonctionnaire tira une pièce de monnaie de sa bourse et la tendit à mon compagnon.

— Mère ! s'exclama ce dernier, feignant une joie extrême, regardez ce que le *pönpo* nous donne.

Je manifestai ma reconnaissance d'une manière seyant à la personnalité que j'avais adoptée, souhaitant — très sincèrement d'ailleurs — prospérité et longue vie à notre bienfaiteur. Celui-ci me sourit et moi, délivrée de ma frayeur, pour terminer la comédie en vrai style tibétain, je lui fis — avec quelle secrète gaieté — le plus respectueux des saluts du pays ! Je lui tirai la langue.

— Jétsunema [1] me dit Yongden quelques minutes plus tard, vous ne vous trompiez pas lorsque vous m'assuriez, dans les forêts du *Kha-Karpo,* que vous « leur enverriez des rêves et feriez voir des mirages ». Certainement ce gros homme et les gens de sa suite ont été ensorcelés.

Debout, près du cairn au sommet du col, nous nous exclamâmes joyeusement de toute la force de nos poumons :

— *Lha gyalo ! Dé Tamtché pham !...*

Les dieux triomphent, les démons sont vaincus !

Mais la mention des démons, dans la forme familière, ne devait point s'entendre comme une allusion aux deux *pönpos* généreux que nous avions rencontrés. Bien au contraire. Puissent le bonheur et la prospérité être leur lot jusqu'au dernier jour de leur vie terrestre et par-delà !

---

1. *Jétsunema* : révérende dame.

## Chapitre III

Notre nouvelle victoire nous avait remplis de joie, — il n'est nul besoin de le dire — mais cette joie ne laissait pas que d'être amoindrie par l'effet d'une pénible tension nerveuse. Nous étions continuellement en éveil, l'œil et l'oreille aux aguets, nous attendant à voir apparaître un *pönpo* à chaque tournant du chemin.

Comme nous descendions du col de To, le tintement d'une sonnette s'approchant lentement nous causa une nouvelle émotion : n'était-ce point encore un fonctionnaire ou un soldat en voyage ? Ce n'était ni l'un ni l'autre, mais une innocente chèvre, chargée de quelques petits sacs remplis de provisions [1]. Ses maîtres : un vieux Khampa et sa femme se rendaient en pèlerinage au Kha-Karpo.

Las de corps et d'esprit, nous ne nous sentions disposés ni à marcher toute la nuit, ni à demander l'hospitalité dans une ferme et à y passer la soirée parmi des paysans bavards, si, ce qui était fort probable nous rencontrions des habitations sur notre route. Cette route suivait, en forêt, le versant de la montagne qui ne recevait que rarement les rayons du soleil, les ruisseaux y étaient bordés

1. Dans certaines parties du Tibet l'on se sert parfois de chèvres ou de moutons comme bêtes de somme pour transporter de légers fardeaux.

de glace et le sol profondément gelé. Nous ne pouvions espérer trouver un endroit agréable pour camper, néanmoins, faute de mieux, nous nous arrêtâmes dans une vallée transversale, d'aspect mélancolique, aboutissant à des pentes couvertes de neige. Une grande quantité de bois mort gisait, heureusement, parmi les broussailles, mais les troncs d'arbres flambant que nous empilions n'arrivaient pas à nous réchauffer ; nous restions grelottants et transis, le morne paysage qui nous entourait semblant encore ajouter à la sensation pénible de froid glacial qui nous pénétrait jusqu'aux os.

Le lendemain, dans l'après-midi, nous atteignîmes un village situé au pied de la Koula [1]. Yongden entra dans quelques maisons pour acheter des vivres. Les braves campagnards l'invitèrent à demeurer avec eux jusqu'au matin suivant parce que, disaient-ils, il était trop tard pour pouvoir franchir le col avant la nuit. Nous n'y comptions pas, mais nous avions voyagé si lentement jusque-là que je souhaitais allonger les étapes. Il ne m'était pas encore arrivé non plus, depuis mon départ de Yunnan, de dormir chez des Tibétains et je croyais sage d'attendre que nous soyons plus loin dans l'intérieur du pays pour me risquer à tenir de longues conversations avec les indigènes et leur donner l'occasion de m'examiner de près. Pour ces dernières raisons, j'avais poursuivi ma route, tandis que mon compagnon s'arrêtait au village. Ce dernier trouva là un prétexte très plausible pour décliner les invitations qui lui étaient adressées. Il les aurait acceptées avec reconnaissance, disait-il, mais sa vieille mère étant déjà loin, il ne pouvait pas la faire retourner sur ses pas.

Nous fîmes de la soupe sur le chemin même et montant à travers d'épaisses forêts nous franchîmes le col vers minuit.

L'ascension avait eu pour double résultat de nous tenir chauds et de nous fatiguer, de sorte que je me sentis tentée de planter notre tente entre les grands sapins croissant en massifs touffus sur un minuscule plateau couvert d'herbe rase qui séparait les deux versants. Mais aux premiers mots que je lui dis, Yongden se récria : « Jamais un voyageur, affirmait-il, ne campe au sommet

---

1. Col de Kou.

d'un col ; nous risquerions d'être gelés si nous commettions l'imprudence de nous endormir à cet endroit. »

Il est bien vrai que les Tibétains ne campent jamais aux environs immédiats d'un col et, d'une façon générale, l'altitude de leurs montagnes et la température de leur pays justifient pleinement cette coutume.

Toutefois, dans le cas présent, les objections de mon fils n'avaient guère de raison d'être, il n'était point question de geler dans cette forêt qui nous protégeait du vent.

Cependant je n'insistai pas et nous nous engageâmes dans la descente. Celle-ci était passablement difficile à cause des nombreuses racines émergeant du sol, que la nuit très noire ne nous permettait pas de distinguer et dans lesquelles nos pieds s'accrochaient à chaque instant.

Une heure environ plus tard, nous arrivions à un large espace de terrain gazonné, ombragé par de grands arbres et tout à fait libre de broussailles. Un torrent coulait bruyamment contre un mur de rocs blancs qui limitait cette sorte de clairière. Nous avions trouvé une place idéale pour camper et les nombreux *mi deussa* que nous découvrîmes en l'explorant nous prouvèrent que d'autres que nous en appréciaient le charme.

Nous nous étendîmes sur le sol sans planter notre tente. Pendant qu'il faisait ses emplettes au pied de la Kou la, Yongden avait entendu parler de brigands rôdant dans les parages et nous ne voulions pas risquer d'attirer leur attention. Nous allumâmes cependant un peu de feu pour faire un thé, mais l'éteignîmes sitôt que l'eau eut bouilli.

Nous nous accordâmes un matin de paresse pour nous reposer de notre marche nocturne. Nous dégustions une bouillie de farine que mon excellent appétit naturel, encore accru par l'air vivifiant des hautes cimes et les longues étapes quotidiennes, me faisait paraître délicieuse, lorsqu'un homme apparut. Je le reconnus aussitôt. C'était l'un des villageois chargés du transport des bagages du *pönpo* que nous avions rencontré en montant vers la To la. Lui aussi, bien entendu, nous reconnut. Il s'avança immédiatement vers nous et s'assit auprès du feu. Comme il avait été témoin de la générosité du fonctionnaire à notre égard, nous ne pouvions lui être suspects en aucune façon, de sorte que je restai tranquillement à ma place et bavardai avec lui, tandis que Yongden l'invitait à sortir son bol de sa poche afin de partager notre repas. Les Tibétains du peuple ne boudent jamais de semblables occasions, ils sont pourvus d'estomacs complaisants et peuvent manger n'importe quand et n'importe quelle quantité.

Comme l'on peut s'y attendre, Yongden fut prié de consulter le sort — il commençait à en prendre l'habitude — et l'homme s'en alla après nous avoir fait promettre de loger chez lui au prochain village nommé Gyatong.

Ce même matin, nous traversâmes encore un petit col, puis une descente continue, par un bon sentier, nous amena dans une zone cultivée. Un peu plus tard, nous rencontrâmes une nombreuse bande de pèlerins. Quelques-uns arrêtèrent mon compagnon pour l'inévitable et monotone besogne de prédire l'avenir. L'objet du *mo* consistait à savoir s'il était bon d'emmener jusqu'au Kha-Karpo un âne minuscule chargé de bagages ou s'il valait mieux le laisser au monastère de Pedo où son maître le reprendrait en retournant chez lui.

Le compatissant devin ne pouvait hésiter à épargner au pauvre bourricot les fatigues d'un pénible voyage par d'âpres sentiers et des cols qui devaient, à cette époque, être couverts d'une neige épaisse. Il déclara que, sans le moindre doute, l'animal mourrait s'il était seulement amené en vue du Kha-Karpo et que cette mort, survenant au cours d'un saint pèlerinage, diminuerait grandement les mérites et les résultats heureux que chacun des pèlerins attendait de son pieux voyage.

Yongden fut grandement loué et remercié pour son très précieux conseil et quelques présents manifestant, de façon tangible, la reconnaissance des voyageurs, entrèrent dans nos sacs à provisions.

Tandis que le jeune homme s'occupait charitablement du sort de l'innocente bête de somme, un lama tout rutilant en des vêtements de satin jaune, apparut entouré de quelques serviteurs, tous montant de superbes chevaux. Comme il passait près de nous, je remarquai qu'il jetait des regards furtifs dans la direction de mon fils adoptif. Peut-être qu'en son esprit se posaient aussi des questions angoissantes qu'il eût souhaité voir résoudre, par ce « voyant » en bonnet rouge qui savait lire les secrets du destin. Mais sa grandeur ne lui permettait pas d'humilier la brocatelle jaune de ses belles robes de voyage en mettant pied à terre sur la piste poussiéreuse. Deux fois il tourna la tête pour regarder du côté de Yongden, mais il m'aperçut qui l'épiais. Alors, probablement honteux d'avoir été surpris accordant son attention à un vulgaire *ardjopa,* il se remit droit en selle et je ne vis plus que son dos, couleur de soleil et le chapeau de bois doré qui le coiffait d'un petit toit quelque peu semblable à ceux du monastère dont il était le seigneur.

L'après-midi était à peine commencée, nous ne désirions pas nous arrêter de si bonne heure et, quant à l'invitation que nous avions reçue, nous préférions de beaucoup l'esquiver. Donc au lieu de chercher la maison de celui qui souhaitait être notre hôte, nous nous efforçâmes de traverser rapidement le village.

Nous touchions à la limite de la zone habitée et longions le mur d'une cour de ferme, lorsqu'une porte s'ouvrit. Celui que nous cherchions à éviter surgit devant nous, semblant sortir de la muraille, comme un farfadet. Il devait nous guetter et, malgré les excellentes raisons que j'avais de croire cet homme parfaitement convaincu de notre origine tibétaine, ce détail me donna de l'inquiétude. Yongden tenta vainement de discuter avec lui, le brave fermier ne voulut rien entendre. Pourquoi donc, disait-il, tenions-nous tant à continuer notre route puisque nous ne pouvions pas espérer arriver avant la nuit au prochain village. Ne valait-il pas mieux dormir bien au chaud dans sa maison ? Notre résistance l'étonnait et elle était, en effet, très singulière, allant tout à fait à l'inverse des habitudes du pays. Quand ils sont assez chanceux pour être invités à entrer dans une maison, les *ardjopas* authentiques ne refusent jamais cette bonne aubaine.

L'insistance du bonhomme m'ennuyait, mais je craignais que ma conduite ne semblât par trop étrange si je persistais dans mon refus. Je fis donc un signe à Yongden qui se rendit aux bonnes raisons qu'on lui donnait et nous passâmes la porte en proférant à voix très haute, suivant la coutume des pauvres, toutes sortes de remerciements et de souhaits pour la prospérité des hôtes. Nous fûmes conviés à monter à l'étage où se trouvait l'appartement de la famille, le rez-de-chaussée, selon l'usage du Tibet, étant occupé par les étables.

Ce fut la première fois que je logeai chez les indigènes dans mon déguisement de pauvresse. Un intérieur tibétain n'était pas une nouveauté pour moi, mais la personnalité que j'avais adoptée y rendait ma situation très différente de ce qu'elle avait été pendant les années précédentes.

J'allais maintenant expérimenter par moi-même nombre de choses que j'avais jusque-là observées seulement à distance. Je m'assoirais à même le plancher raboteux de la cuisine sur lequel la soupe graisseuse, le thé beurré et les crachats d'une nombreuse famille étaient libéralement répandus chaque jour. D'excellentes femmes, remplies de bonnes intentions, me tendraient les déchets d'un morceau de viande coupé sur un pan de leur robe ayant, depuis des années, servi de torchon de cuisine et de mouchoir de poche. Il me faudrait manger à la manière des pauvres hères, trempant mes doigts non lavés dans la soupe et dans le thé, pour y mélanger la *tsampa* et me plier enfin à nombre de choses dont la seule pensée me soulevait le cœur.

Mais cette dure pénitence aurait sa récompense. Mon vêtement banal de dévote nécessiteuse me permettrait d'observer maints détails inaccessibles aux voyageurs occidentaux et même aux Tibétains des classes supérieures. Aux connaissances que j'avais déjà acquises parmi les lettrés du Tibet, j'en ajouterais d'autres, non moins intéressantes, glanées au milieu des masses populaires. Cette perspective valait bien le sacrifice de mes répugnances.

L'homme chez qui nous nous trouvions était un villageois aisé, ce qui ne l'empêcha pas de nous laisser préparer notre repas avec nos propres provisions. La soupe étant prête, il ne fit pas, non plus, la moindre façon pour en manger sa part, estimant, peut-être, que c'était là son dû pour avoir fourni quelques navets qu'il avait coupés en tranches et jetés dans la marmite sans les laver.

Plusieurs voisins se montrèrent dans la soirée et notre hôte ne manqua pas de leur raconter la générosité des deux fonctionnaires à notre égard. Sur quoi Yongden affirma hardiment que ces nobles Messieurs des provinces d'U et de Tsang, étant des gens instruits et pieux, ne manquaient point d'honorer les religieux et qu'il avait l'habitude d'en recevoir des secours.

Je profitai de cette occasion pour m'enquérir des endroits où nous pourrions encore espérer rencontrer des *pönpos* de Lhassa. J'expliquai qu'ayant épuisé notre argent au cours de nos longs pèlerinages nous nous reposions sur la charité de ces dévots seigneurs pour assurer notre subsistance, jusqu'à ce que nous ayons regagné notre pays.

J'avais inventé cette manière d'obtenir, sans éveiller de suspicions, des renseignements aussi précis que possible sur les endroits où résidaient des fonctionnaires du gouvernement de Lhassa. L'insistance que je mettais à connaître les moindres détails concernant la situation des *dzongs* [1], les routes qui y conduisaient, celles par lesquelles on demeurait hors de leur vue, s'expliquait ainsi par la crainte que j'éprouvais de passer, sans m'y rendre, dans le voisinage d'un de ces *dzongs* bénis d'où la mâne tombait dans les sacs des pauvres *ardjopas.*

Des gens qui recherchaient avec tant d'ardeur la rencontre des autorités ne pouvaient inspirer aucun soupçon, et certains, eussent-ils conçu des doutes sur ma nationalité, que la gratitude que j'affectais pour les libéralités souvent imaginaires de tous les préfets dont j'avais traversé le territoire, les eût immédiatement dissipés.

Ce même soir, j'appris que le recrutement militaire s'effectuait dans la vallée du Nou tchou d'une façon à peu près analogue à celle en usage dans la région septentrionale de Kham. Un certain nombre de villageois étaient enrôlés, ils continuaient à vivre chez eux et à vaquer à leur travail habituel, mais devaient se tenir prêts à répondre immédiatement à tout appel des autorités pour faire campagne et rendre d'autres services rentrant dans les devoirs d'un soldat tibétain. Ces demi-soldats jouissaient de certains avantages, tels qu'exemption complète ou partielle d'impôts, exemption des corvées et, quelquefois, recevaient un petit salaire payé, la plupart du temps, en nature.

Quant à l'armée proprement dite, elle est composée de professionnels à gages qui, à tour de rôle, sont exercés à Gyantzé par les soins de l'Angleterre. Suffisamment bien armés avec des fusils européens de modèle ancien, ces hommes sont très capables de tenir en respect et de vaincre les troupes mal organisées des généraux chinois du

---

1. *Dzong,* originairement un château fort, mais, de nos jours, n'importe quelle demeure d'un haut fonctionnaire du gouvernement ou d'un chef de tribu, lorsque celle-ci n'est pas dénommée *podang* : « palais ».

Szetchouan, mais les soldats d'une nation occidentale les auraient tôt réduits à l'impuissance.

Nous quittâmes, au lever du jour, nos braves hôtes, les premiers dont nous ayons reçu l'hospitalité dans notre aventureux voyage et nous continuâmes notre route le long de la vallée.

***

Peu de paysages possèdent à un égal degré la majesté sereine et charmante que respire la vallée du Nou tchou. Après avoir longtemps serpenté sous les bois à l'aspect riant, notre sentier débouchait de temps en temps sur des pelouses naturelles, ornées, comme à dessein, de rochers aux formes variées. Parfois, l'un de ceux-ci se dressait isolé et nu comme un monument, au milieu du gazon, tandis qu'ailleurs, d'autres se dissimulaient sous des écharpes de plantes ou pointaient de façon bizarre entre des groupes d'arbres verts. De grands sapins solitaires dessinaient leur silhouette imposante sur un arrière-plan de feuillage automnal dont l'or imitait un fond de mosaïque byzantine. Des cyprès s'alignaient en avenue mystique, close, au loin, par la ligne turquoise de la rivière. Un air de gracieux mystère enveloppait toutes choses. Il me semblait marcher à travers les images d'un vieux livre de légendes et je n'aurais été que modérément étonnée, eussé-je surpris un conciliabule d'elfes siégeant sur les rayons du soleil, ou atteint le palais de la Belle au bois dormant.

Le temps continuait à être merveilleux et, chose singulière, bien que les mares et les ruisselets fussent gelés, les nuits n'étaient pas vraiment froides.

Les lueurs étranges de feux cachés qui nous avaient tant intrigués dans la forêt du Kha-Karpo réapparurent dans les recoins sombres de ce parc naturel. Elles devinrent même une partie si habituelle des paysages nocturnes que nous ne leur prêtâmes plus guère d'attention, quelle que pût être la cause qui les engendrait : les rayons de la lune ou les *mi ma yins,* comme le prétendait Yongden.

Nous rencontrions maintenant, chaque jour, des bandes de pèlerins se dirigeant vers le Kha-Karpo. Les villages se trouvaient situés assez près les uns des autres pour nous permettre de passer les nuits à l'abri, si nous l'avions souhaité, mais je préférais dormir sous les arbres, enveloppée de silence et de sérénité.

Les animaux sauvages ne semblaient pas nombreux dans la vallée. Un soir où j'étais restée éveillée assez tard, je vis un loup passant à côté de nous. Il nous vit bien aussi, étendus sur les feuilles sèches, au clair de lune, mais ne manifesta aucune curiosité à notre égard et poursuivit son chemin.

Une autre fois où nous avions marché très tard dans la nuit, et fait halte entre des rochers près d'un pont, jeté sur un large torrent, un gros loup gris descendit le sentier dans notre direction. Il daigna s'arrêter quelques secondes pour nous examiner, puis se remit en marche d'un air indifférent.

Ce sont les deux seuls animaux de cette espèce que j'ai rencontrés dans cette région, tandis que lors de mes pérégrinations dans les solitudes du Tibet septentrional, les loups se montraient, au contraire, assez fréquemment et par bandes, dans le voisinage de mes camps.

Une aventure amusante m'advint dans un village de la vallée du Nou. Ainsi que je l'ai déjà relaté, je me servais d'encre de Chine pour noircir ma chevelure. De temps en temps je rafraîchissais le bâton d'encre humidifié et mes doigts, cela va sans dire, se noircissaient fortement pendant cette opération.

La chose ne se remarquait guère, car la personnalité de vieille pauvresse que j'avais assumée exigeait une peau aussi sale que possible et je me frottais fréquemment les mains et la figure avec la suie grasse empruntée au fond de notre marmite pour m'appareiller à la couleur des paysannes du pays [1]. Cependant, un jour...

Ce jour-là, j'avais mendié en chantonnant des formules pieuses de porte en porte, suivant la coutume des pèlerins nécessiteux. Une brave femme nous fit entrer chez elle, Yongden et moi, pour nous donner à manger. Le repas se composait de lait caillé et de *tsampa*. L'usage veut que le lait d'abord, la *tsampa* ensuite, soient versés dans l'écuelle de bois que tout Tibétain pauvre porte toujours avec lui, et le mélange se fait alors avec les doigts.

1. Non qu'elles aient naturellement le teint si foncé, mais parce que les Tibétaines des campagnes ne se lavent presque jamais et s'enduisent le visage de beurre, de noir de fumée et de diverses laques et résines qui les transforment à peu près en négresses.

Oubliant l'opération à laquelle je m'étais livrée quelques heures auparavant, je plonge résolument mes doigts dans le bol et commence à triturer la farine. Mais qu'y a-t-il donc dans celle-ci ? Elle salit le lait, des traînées noirâtres apparaissent... Je comprends enfin, mes doigts déteignent. Si je pouvais jeter le contenu de mon écuelle ! Mais il n'y faut point penser, des mendiants ne gaspillent pas les bonnes choses qu'ils reçoivent. Que faire ?... Mon jeune compagnon vient de jeter un regard de mon côté et s'aperçoit de la catastrophe. La situation, si comique qu'elle soit en réalité, est grave pour nous ; ces doigts qui noircissent la blanche bouillie pourraient donner lieu à des questions et me trahir. Yongden ne s'attarde pas à chercher le moyen de sortir d'embarras, il en est un très simple : « Avalez ! » murmure-t-il. J'essaie. Quel goût infect !... J'hésite à continuer. « Avalez !... avalez donc vite !, répète-t-il d'un ton impératif, la *nemo* [1] revient de ce côté. » Et fermant les yeux... j'avale.

***

De villages en forêts et de forêts en villages nous remontâmes la charmante vallée dans la direction du monastère de Dayul [2]. Bien que mes précédentes rencontres avec des *pönpos* eussent fini agréablement pour moi, je n'avais pas le moindre désir de multiplier les incidents de ce genre. Aussi, sachant qu'un fonctionnaire résidait à Dayul, je décidai de traverser cet endroit nuitamment.

La chose paraissait aisée, à première vue, cependant comme nous ne connaissions pas le pays, que le chemin manquait de bornes kilométriques et que nous avancions à travers des bois, la vue bouchée de tous côtés, il nous était passablement difficile d'évaluer la distance à franchir et de régler notre pas de façon à atteindre le monastère à l'heure que nous avions choisie.

Un matin, des paysans nous avaient dit : « Vous arriverez à Dayul aujourd'hui. » C'était un renseignement, mais combien vague ! Devait-on se hâter ou marcher à son aise pour arriver avant la nuit ? Nous ne pouvions le deviner.

---

1. *Nemo* : hôtesse, maîtresse de maison, en parlant de femmes du peuple.
2. Dayul et quelquefois Drayul est le nom porté sur les cartes, mais les indigènes appellent l'endroit Téyou et quelquefois Déyou.

Craignant d'émerger des bois en face de la gompa, avant la tombée du soir, nous passâmes une partie de la journée cachés sous les arbres près de la rivière, mangeant, buvant, et rêvant. Le résultat de cette flânerie fut assez fâcheux. Nous trouvant beaucoup plus loin de Dayul que nous ne l'avions supposé, nous marchâmes longtemps dans la nuit sans découvrir la moindre trace du monastère.

Le long de la vallée édénique rendue encore plus romantique par l'obscurité, nous avancions craintivement dans la solitude la plus complète, nous fatiguant les yeux à essayer de distinguer des formes de bâtiments sur la rive opposée de la rivière, où nous savions que le monastère était bâti. Nous étions presque convaincus que notre long arrêt, au cours de la journée, avait causé l'échec de notre plan et que nous n'atteindrions Dayul qu'après le lever du jour. Au fur et à mesure que le temps s'écoulait, mon anxiété croissait.

Je marchais nerveusement en tête, lorsque j'entrevis, au milieu du sentier soudainement élargi et déboisé, des structures blanchâtres ressemblant à des murs. Quelques pas de plus nous conduisaient auprès de deux *mendongs* séparés par des *chörtens.* Une longue file de hautes bannières montaient une garde silencieuse autour des monuments : dans la nuit, l'effet était vraiment impressionnant.

Nous ne pouvions toujours entrevoir aucune habitation de l'autre côté de l'eau ; mais le groupe des *mendongs* et des *chörtens* indiquait que nous nous trouvions en face du monastère. J'étais trop familiarisée avec les coutumes du Tibet pour ne pas le comprendre. D'ailleurs, un peu plus loin, nous vîmes le grand pont dont nous avions entendu parler et il nous fut impossible de conserver le moindre doute : nous étions à Dayul.

Il s'agissait de nous en éloigner aussi rapidement que possible. Rien ne paraissait plus facile ; cependant, à notre insu, un vent d'aventure se levait sur notre route, la fin de cette nuit allait être presque tragique.

Tout d'abord, nous nous aperçûmes que la piste que nous suivions depuis notre entrée dans la vallée du Nou finissait brusquement contre des rochers auprès d'un second pont dont nul ne nous avait signalé l'existence. A l'entrée de ce dernier se dessinait un mur percé d'une ouverture en forme de porte.

Ne voyant aucun passage, nous traversâmes ce pont. Il nous amena en face d'une maison abritée par de gros arbres, devant laquelle la rivière débordée coulait sur de gros galets.

Malgré ses volets clos, cette maison cachée dans l'ombre nous effrayait, il fallait passer vivement sans nous faire entendre, et malheureusement les pierres se heurtant sous nos pas résonnaient bruyamment dans le grand silence.

Au bout de quelques minutes, je me persuadai que nous nous étions trompés de chemin. Jamais, pensais-je, le sentier bien marqué que nous venons de quitter ne peut se transformer brusquement en un tel casse-cou. Nous nous trouvons sur le chemin de quelque moulin. Il faut retourner sur nos pas.

Je tâchai de me remémorer très exactement tout ce que je savais concernant la topographie de l'endroit. Une route partait de Dayul allant à Dowa, elle ne m'intéressait pas. La piste principale vers Tsawa Tinto où je comptais me rendre suivait la rive gauche du Nou tchou. D'autres sentiers menaient vers le même village par la rive droite. Je pouvais donc, à mon gré, traverser ou non la rivière — tous les paysans me l'avaient répété — je préférais demeurer sur le sentier de la rive gauche pour ne pas approcher du monastère, donc j'avais fait fausse route.

Tout en pensant, j'avais rebroussé chemin, suivie par Yongden. Nous approchions de l'extrémité du pont, lorsque nous entendîmes du bruit. Quel genre de bruit ? Produit par quoi ? Hommes, bêtes ou choses ? Nous ne nous attardâmes pas pour approfondir la question. Du bruit disait un danger possible, le seul que nous redoutions qui comptât pour nous : être vus, reconnus, arrêtés dans notre randonnée vers Lhassa. Un mouvement instinctif nous jeta dans l'espèce de porte béante que j'avais remarquée peu avant et nous nous aplatîmes dans le recoin le plus sombre du petit enclos où nous avions pénétré. Après une minute d'immobilité, n'entendant plus rien, nous nous hasardâmes à regarder autour de nous. Epouvante !... nous étions dans la cour d'une habitation dont nous distinguions la porte basse à deux pas de nous. Des gens dormaient là, sans doute, ils pouvaient s'éveiller, sortir, ou bien un chien n'allait-il pas nous sentir et aboyer... Aussi rapidement que nous nous y étions introduits, nous nous précipitâmes hors de cet abri dangereux et nous nous retrouvâmes sur le sentier par où nous étions venus.

La nuit était claire mais sans lune, et les étoiles, toutes brillantes qu'elles fussent, n'éclairaient pas suffisamment le paysage pour nous permettre de nous orienter. Nous essayâmes encore une fois de trouver un autre passage, mais dûmes nous convaincre qu'à part les deux ponts il n'y en avait point.

Nous ne savions que penser. Tous les renseignements que nous avions recueillis étaient-ils donc inexacts ? Plus vraisemblablement, c'était nous qui les avions mal compris. Quoi qu'il en pût être, nous ne pouvions continuer à errer à proximité de maisons et en vue du monastère d'où l'on nous apercevrait dès les premières lueurs du jour. Nous devions, et très rapidement, aller ailleurs, n'importe où, quittes à chercher notre route le lendemain, si nous nous trompions maintenant de direction, ou même à modifier complètement notre itinéraire, si la prudence ne nous permettait pas de revenir sur nos pas.

Yongden décida, alors, de s'en aller seul, en éclaireur, reconnaître le terrain au-delà du grand pont. La situation de ce dernier, en face d'une gompa dont j'avais, à la longue, fini par découvrir la masse blanchâtre dans un recoin de la montagne, très haut au-dessus de la rivière, me rappelait le *tchagdzam*[1] et l'échec subi dans son voisinage. Ce souvenir, à ce moment même, n'avait rien d'agréable ni d'encourageant.

Sous les pieds du jeune lama, les planches du tablier firent un terrible tapage, puis le silence tomba et pendant longtemps je n'entendis plus rien que le murmure de l'eau contre la rive. Puis, de nouveau, le clac clac des planches s'entrechoquant résonna dans la nuit. Yongden revenait. Il est impossible, pensai-je, que ce bruit ne soit pas entendu. Des gens vont s'éveiller, des domestiques, des soldats vont venir. Je m'attendais à un appel demandant

---

1. Le « pont de fer ». Un pont suspendu sur le Dji-tchou, un gros affluent du Mékong. Il est formé de chaînes sur lesquelles des planches sont simplement posées les unes à côté des autres sans être nullement fixées. Je le franchis nuitamment, au cours d'un précédent voyage. Cet épisode compte parmi les plus dramatiques de ceux qui ont émaillé mes pérégrinations en pays tibétain. Le domestique qui m'accompagnait, l'esprit égaré par la peur, fut pris d'une crise de folie soudaine et je dus lutter avec lui sur le pont qui se balançait comme une escarpolette, pour le faire continuer son chemin et empêcher que nous soyons tous deux précipités dans les rapides qui écumaient au-dessous de nous.

qui rôdait ainsi dans la nuit, commandant à l'étrange voyageur de se montrer et d'expliquer pourquoi il errait à cette heure insolite ; je craignais pire encore : des coups de feu striant les ténèbres, une balle qui, par hasard, pourrait atteindre mon fils...

Mes craintes, heureusement, ne se réalisèrent point ; la nuit resta silencieuse et mon éclaireur revint sain et sauf. Son rapport était désolant. Il n'avait découvert qu'un sentier montant de la rivière vers le monastère. Très probablement, les divers autres chemins partaient derrière celui-ci. Nous n'avions aucune envie d'aller nous en assurer.

Le bruit fait par mon compagnon, bien que n'ayant attiré aucune réponse immédiate, avait rendu notre fuite encore plus pressante.

Nous courons de nouveau vers le second pont, passons encore une fois devant les deux maisons, barbotons dans l'eau parmi les galets et atteignons une petite chapelle construite sous un arbre. Là, le chemin branchait. Nous tournons à gauche parce qu'il nous semble que le terrain est plus ouvert de ce côté, grimpons un raidillon, droit comme une échelle, et arrivons à un village. Au-delà de celui-ci, nous nous égarons parmi des canaux d'irrigation et des champs bâtis en terrasses... Où pouvions-nous aller, maintenant ?...

Yongden, après avoir déposé son fardeau à côté de moi, repartit à la découverte et je m'assis sur les pierres. J'attendis longtemps, puis, plus haut sur la montagne, un chien se mit à aboyer avec persistance. Le lama était-il de ce côté ? Trouverait-il un chemin ? Il ne revenait pas. Plus de deux heures s'écoulèrent ; je regardais avec angoisse tourner les aiguilles lumineuses de ma montre. Que lui était-il arrivé ?...

Au loin, il y eut une chute de grosses pierres... Qu'était-ce ? Un éboulement naturel ou un accident ? La nuit, une ombre induisant en erreur sur le niveau du sol, un faux pas, sont suffisants pour envoyer le pauvre chemineau rouler au bas de la pente, se fracasser la tête sur des rochers ou se noyer dans la rivière. Je me levai, prête à me mettre à la recherche du jeune homme. Il tardait trop longtemps, je pressentais un malheur.

Je fis quelques pas, l'obscurité était complète. Comment pourrais-je découvrir mon compagnon ? Et si, par miracle, j'arrivais à le rejoindre, réussirions-nous aussi à retrouver la place où nos sacs étaient déposés ? Ne fallait-il pas qu'un signal, même presque imperceptible, dirigeât celui qui, je l'espérais tout de même, allait bientôt revenir.

La sagesse m'ordonnait de demeurer où je me trouvais et mon inactivité ajoutait à l'anxiété qui me tourmentait.

Yongden arriva. J'avais deviné juste : il avait glissé et été entraîné avec les pierres qui s'écroulaient. Arrêté par des buissons croissant sur une petite plate-forme naturelle, il avait vu un quartier de roc rebondir à côté de lui et continuer sa course, le manquant de peu. Son récit, quoique fait à voix basse, dénotait l'excitation de quelqu'un qui vient de l'échapper belle, mais sa préoccupation principale restait le chemin à découvrir. Il n'en avait trouvé aucun. Il rapportait cependant un renseignement intéressant. Nous n'avions pas franchi le Nou tchou. Des deux ponts, celui qui aboutissait au pied du monastère traversait cette rivière, l'autre était jeté sur l'un de ses affluents. Nous aurions dû nous en apercevoir immédiatement en comparant leur longueur, mais l'obscurité, notre hâte, les craintes qui agitaient notre esprit avaient quelque peu troublé notre jugement. Bref, nous nous trouvions toujours sur la rive gauche et pouvions espérer suivre la route que tant d'excellentes gens nous avaient minutieusement décrite. Toutefois, nous n'osions plus tenter aucune reconnaissance dans les ténèbres, la dernière avait failli tourner trop mal. Il nous était également impossible de demeurer sur la pente dénudée où nous nous étions arrêtés. Comment y expliquer notre présence aux villageois qui se montreraient, sans doute, dès que le jour se lèverait ? L'endroit n'était pas de ceux où l'on campe.

— Nous devons redescendre, dis-je à Yongden, retourner s'il le faut jusqu'aux *mendongs* en face de la Gompa. Si quelqu'un nous découvre là, à l'aube, du moins notre conduite ne semblera-t-elle pas bizarre, maints *ardjopas* couchent à l'abri des *mendongs,* le long des routes. Rien d'autre ne peut être tenté maintenant.

Nous retraversâmes de nouveau le village ; mais, durant toutes nos pérégrinations, la longue nuit hivernale s'était écoulée. Une ligne pâle se dessina à l'horizon comme nous atteignions la dernière ferme : le jour se levait.

Il devenait inutile de descendre plus bas. L'aube faisait de nous d'honnêtes pèlerins s'étant mis en marche « avant que le coq chante » comme disent les Tibétains. Rien de plus ordinaire. Il ne nous restait plus qu'à savoir de quel côté nous devions nous diriger et à filer à pas accélérés.

De nouveau Yongden me laissa assise contre une haie et, remontant le village, alla frapper à la porte d'une maison. Un homme à demi éveillé ouvrit un volet à l'étage et mon compagnon apprit de lui que nous n'avions qu'à retourner vers l'endroit où nous avions passé une partie de la nuit et que, de là, nous regagnerions le chemin principal, celui que nous avions laissé à notre droite, au pied de la chapelle, pendant la nuit précédente.

Dès que mon compagnon eut rapporté cette heureuse nouvelle, nous rechargeâmes nos sacs et nous traversâmes une fois de plus ce bienheureux hameau. Nous marchions avec précaution et aussi rapidement qu'il nous était possible, jugeant préférable d'éviter les regards des habitants. Ceux-ci ne se montraient pas encore ; quant à l'homme à qui Yongden avait demandé son chemin, il ne m'avait pas vue et ne pourrait jamais parler que d'un lama pèlerin voyageant seul. Cette circonstance concordait tout à fait avec mon désir d'éviter les moindres incidents capables d'aider à suivre ma trace.

Au sommet de la montée, nous trouvâmes un second groupe d'habitations beaucoup plus important que le premier.

Du point élevé que nous avions gagné, nous pouvions parfaitement voir la gompa située beaucoup plus bas, près de la rivière. Teintés de rose par l'aurore, ses nombreux bâtiments blanchis à la chaux se détachaient joliment sur le fond sombre des forêts. Mais ce n'était pas le moment d'admirer le paysage.

Des gens sortaient déjà pour aller puiser de l'eau. Une femme me regarda et je jugeai convenable de faire pieusement le tour d'un *chörten* se dressant à l'intersection de deux routes.

Yongden qui me suivait ne remarqua qu'une de celles-ci et, me voyant circuler autour du monument, il se méprit sur mon geste et crut que j'avais trouvé le passage fermé en face de moi. Ceci le confirma dans l'idée qu'il n'existait qu'un seul chemin : celui qu'il avait vu et il s'y élança à grande allure.

Je le suivis aussi rapidement que je pus pour l'avertir qu'il tournait le dos au Nou tchou, mais avant que je l'aie rejoint, un homme s'arrêta devant lui. Poliment, mais en le dévisageant avec un regard inquisiteur qui me fit frissonner, il lui posa différentes questions sur le pays d'où il venait, son voyage, son identité, etc. A mon grand et joyeux étonnement, le questionneur ne m'accorda pas un regard.

Nerveux, exténué par toutes les allées et venues de la nuit précédente, Yongden répondait gauchement. A la fin il se mit à rire bêtement sans que rien dans ce qu'il disait justifiât son hilarité. Je me sentais mourir de peur.

L'homme nous dit, ce que j'avais déjà compris, que nous marchions vers Tchiamdo et non vers Dzogong où nous disions vouloir nous rendre. Nous retournâmes donc en arrière jusqu'au *chörten* et prîmes le sentier qui suivait la vallée du Nou.

Voilà le résultat auquel avait abouti toute une nuit de fatigues... Nous avions été vus, examinés de près et ce villageois, qui avait toutes les allures d'un soldat ou d'un intendant au service d'un *pönpo*, savait où nous allions.

Le soleil s'était levé, nous regardâmes encore une fois le monastère de Dayul, charmant dans son nid verdoyant de grands bois, et nous continuâmes à marcher sans plus forcer notre pas habituel. A quoi bon maintenant !...

Cet homme qui avait tant interrogé Yongden, pensais-je, va prévenir le fonctionnaire de Lhassa du passage de gens suspects. Je calculais mentalement le temps nécessaire pour se rendre du village à la gompa, être admis devant le « grand homme », seller un cheval et nous rejoindre. Cela ne pouvait pas être excessivement long — le cavalier certainement ferait diligence — une heure à peine.

Cependant, personne ne se montre du côté de Dayul... Mais si, un paysan... il porte un sac sur son épaule, il est à pied... Le *pönpo* n'enverrait pas un homme chargé d'un fardeau... Il nous rejoint, il passe. Le chemin est vide derrière nous. Nous continuons.

Un tintement de grelots me fait sursauter. Un cavalier arrive. Je me raidis, je ne veux pas m'évanouir bien que je sente le sang se retirer de mon cerveau et que tout autour de moi s'obscurcisse. J'ai tout juste le temps de quitter le milieu du sentier pour éviter d'être renversée par le cheval... Le cavalier est déjà loin, le bruit des grelots diminue et s'éteint.

Il s'en faut que nous soyons complètement rassurés,

mais l'émotion, la fatigue et le manque de sommeil ont raison de notre énergie. Nous sommes à bout de force.

En contre-bas du chemin que nous suivons, la montagne présente une série de larges terrasses naturelles, toutes boisées, qui s'échelonnent jusqu'à ce que les plus basses d'entre elles touchent à la rivière.

Le paysage a repris son aspect de parc seigneurial. Or et pourpre, les feuilles d'automne flamboient parmi les bouquets d'austères sapins et jonchent le gazon saupoudré de neige légère. Jamais empereur, en aucun palais, n'eut tentures et tapis aussi somptueux.

Je dis à Yongden de me suivre. Nous avons tôt fait de trouver une salle charmante auprès de gros rochers. Notre thé est bouilli rapidement et nous dévorons de la *tsampa* avec un appétit féroce. Les pires émotions, je l'avoue, n'ont jamais eu le pouvoir de m'empêcher de manger ou de dormir. Dormir ! Voilà ce dont nous avons le plus impérieux besoin. Le soleil monte glorieux, ardent, il va nous tenir chaud. Je m'allonge sur l'herbe rousse, attire mon sac pour y appuyer ma tête... Ai-je achevé le geste ?... Le Tibet et le monde n'existent plus pour moi.

Nous nous remîmes en marche dans le courant de l'après-midi. Nous commencions à croire que la dernière alerte, comme les précédentes, n'aurait aucune suite fâcheuse et que nous en serions encore une fois quittes pour la peur. Nous arrivâmes bientôt à une abondante source chaude dont l'eau s'échappait de divers côtés autour d'une proéminence rocheuse et je me réjouis à l'idée de prendre un bain chaud.

Une sorte de bassin primitif, enclos de pierres, avait précisément été construit là à cet effet, à l'abri d'un mur de roc. Je n'avais qu'à attendre l'obscurité, lorsque je pourrais me déshabiller sans craindre de montrer la couleur de ma peau, si d'aventure des passants survenaient.

Quel ne fut donc pas mon ennui quand je vis arriver une famille de pèlerins : le père, la mère et trois enfants qui s'installèrent pour camper près de nous. Je n'avais pas le moindre doute sur ce qui allait arriver ! Tous iraient immédiatement s'asseoir dans le bassin, car s'ils méprisent, en général, les soins quotidiens de la simple propreté, les Tibétains ont une extrême confiance dans la vertu des eaux chaudes naturelles et s'y plongent avec enthousiasme chaque fois qu'ils le peuvent [1]. Ainsi, si je persistais dans mon projet de baignade, il me faudrait à la nuit, entrer dans l'eau où toutes ces peaux crasseuses auraient déjà trempé. Bien qu'un courant continu passât à travers la piscine et en renouvelât quelque peu le contenu, cette idée m'était franchement désagréable.

Evidemment, tout se passa comme je l'avais prévu et Yongden, que je pressai d'aller profiter de l'eau claire, me rapporta que son bain avait été coupé court par l'entrée, dans le bassin, du père et de ses trois rejetons.

Je ne pouvais qu'attendre et j'attendis longtemps. La sensation agréable produite, en un pays froid, par l'immersion dans l'eau chaude retint les quatre Tibétains sous son charme pendant plus d'une heure. La nuit était complète ; il gelait, un vent froid balayait la vallée promettant peu de plaisir pour le moment où, sortant du bain, je devrais m'essuyer en plein air avec mon unique serviette qui mesurait environ trente centimètres carrés. Un nouveau retard fut occasionné par mon désir de laisser l'eau se renouveler, mais je partis enfin, après que Yongden m'eut pathétiquement adjurée d'éviter avec le plus grand soin de me laver la figure, celle-ci étant, à la longue, presque devenue de la couleur orthodoxe d'une face de paysanne tibétaine.

***

Quelques jours plus tard, nous suivions en flânant le bord de la rivière quand deux lamas en habits de voyage nous rejoignirent. Ils s'arrêtèrent, nous questionnèrent sur notre pays natal et diverses autres choses, l'un des deux me regardant avec une insistance particulière. Ils nous dirent qu'ils étaient au service du gouverneur de Menkong et portaient une lettre de sa part à l'officier résidant à Dzogong.

Yongden avait remarqué, comme moi, les regards que l'un de ces hommes avait attachés sur moi et, ainsi que l'auraient probablement fait d'autres voyageurs se trou-

---

1. Il existe, au Tibet, de rustiques stations thermales où des piscines sont bâties dans des maisonnettes. Les baigneurs y viennent souvent d'assez loin et il en est qui y font des cures annuelles régulières.

vant dans notre condition, dès que les lamas eurent disparu, notre imagination se mit à travailler. Parmi les diverses hypothèses, plus terrifiantes les unes que les autres, qui germaient dans notre esprit, nous avions à peu près accueilli celle-ci : des rumeurs avaient circulé après notre passage dans la région de Menkong ; le *keugner* de Lhakhangra ou les gens de Wabo avaient conçu des doutes à notre sujet. Ces bruits n'étaient que tardivement parvenus aux oreilles du gouverneur et il avait envoyé ces deux hommes pour en informer son collègue de Dzogong afin que ce dernier puisse s'assurer de notre identité. Ou bien encore, partis de Menkong pour une tout autre affaire, c'était à Dayul que les voyageurs avaient entendu parler de deux pèlerins suspects.

Jusque-là une prompte solution était intervenue après chacune des rencontres inquiétantes que nous avions faites, mais celle-ci laissait derrière elle une terreur tenace. Dzogong où nous pourrions connaître si nos craintes étaient ou non fondées, se trouvait encore loin et chaque jour ramenait la même question : ne marchions-nous pas vers un désastre, la ruine de nos plans, la mise à néant de tout ce que nous avions enduré de fatigues, de tribulations et de tourment d'esprit depuis neuf mois que nous avions quitté le Gobi et la lointaine frontière mongole ?

Nous en revînmes aux courses nocturnes, redevenus le gibier affolé rêvant du chasseur. Un matin, à l'aube, une bande de pèlerins nous croisa et quelques-uns d'entre eux s'arrêtèrent pour parler à Yongden. Suivant mon habitude, je continuai ma route en retardant le pas. Lorsque mon compagnon me rejoignit, il était plus terrifié que je ne l'avais jamais vu :

— Ce sont des gens de Riwotché [1], me dit-il, qui sait s'ils ne vous ont pas vue quand vous y avez passé avec Thobgyal ?... Vous êtes célèbre dans cette région.

Notre frayeur redoubla. Elle s'accrut d'heure en heure. A la vue de chaque homme, de chaque femme que nous rencontrions, nous tremblions, pensant que l'ultime catastrophe approchait. En vérité, nous étions sur le chemin qui mène à la folie.

Dans cet état d'esprit, nous arrivâmes à un pont traversant le Nou près d'une bourgade nommée Porang.

---

1. Riwotché, un endroit situé dans le Tibet oriental.

Je connaissais l'existence de ce pont mais, d'après les renseignements que j'avais recueillis, il menait à une région déserte et accidentée, difficile à parcourir. Cependant, il me fit l'effet d'un ami se trouvant là à point pour nous sauver.

— Risquons l'aventure, dis-je à Yongden. Sur la route où nous nous trouvons, nous courons le danger de rencontrer des gens qui nous connaissent. Ceux de Jakyendo, de Dirgi et les *dokpas* du sud du désert d'herbe passent presque tous par ici pour se rendre au Kha-Karpo et nous sommes au plus fort de la saison du pèlerinage.

— Si nous continuons à remonter la vallée du Nou tchou nous arriverons aussi à Dzogong et il se peut que ces lamas, même si la lettre dont ils étaient chargés ne nous concerne en rien, y aient bavardé à notre sujet. Voici un pont bien construit, il indique qu'il existe, sur l'autre rive, une piste d'une certaine importance. Le Giamo nou tchou [1] coule dans cette direction, tâchons d'abord de l'atteindre et, ensuite, nous verrons quel itinéraire nous pourrons adopter.

Ainsi fut fait. Renonçant à acheter des vivres à Porang afin de ne pas nous y montrer, nous passâmes le pont et, bravement, nous nous mîmes à grimper le sentier qui lui faisait suite, sans trop savoir où il nous conduirait.

A la nuit tombée, nous frappions à la porte d'une ferme isolée située parmi des champs nouvellement défrichés, au milieu d'une forêt de sapins. Deux femmes, les deux sœurs, vivaient là avec quelques domestiques. Elles nous accueillirent cordialement.

Le lendemain, nous continuâmes à gravir la montagne à travers des forêts d'un aspect sauvage et franchîmes un col appelé Ka *la.* Les fermières chez qui nous avions couché nous avaient appris que leur demeure confinait à une région complètement déserte fréquentée seulement par quelques *dokpas* errant avec leurs troupeaux dans les vallées encloses entre deux hautes chaînes de montagnes : celle que la piste traversait par le col de Ra et une autre, plus élevée, vers le sommet de laquelle nous atteindrions un autre col nommé Pang *la.*

Le second jour après avoir quitté la vallée du Nou tchou,

1. Le cours supérieur de la Salouen.

nous eûmes la bonne fortune d'arriver devant un camp de pasteurs. Ils nous apportèrent, au-dehors, du lait caillé, de la *tsampa* et un petit morceau de beurre, mais ne nous permirent pas de coucher dans leur hutte. Tant à l'intérieur qu'autour de celle-ci, une quarantaine d'hommes se trouvaient assemblés, chacun d'eux porteur d'un fusil. Leurs allures permettaient de deviner qu'ils préparaient une expédition de brigandage, chose tout à fait dans les mœurs du pays et, bien naturellement, le plan de celle-ci ne devait pas être discuté devant des passants inconnus.

Une tournée faite à d'autres camps, dans les environs, fut particulièrement fructueuse. Peut-être l'expédition projetée était-elle pour quelque chose dans la générosité dont nous bénéficiions et les familles des braves qui allaient courir l'aventure voulaient-elles, par ces aumônes données à un lama, leur assurer bonne chance et profit. Mystère ! Bref, fromage, beurre et *tsampa* gonflèrent nos sacs de façon réjouissante et, après avoir passé la nuit en plein air, nous repartîmes, ployant sous le poids de nos fardeaux mais pleinement rassurés, quant à notre subsistance, pour un bon nombre de jours.

Le pays que nous traversions n'avait rien du charme de la vallée du Nou. Il était froid, souvent aride et les pistes, en maints endroits, ne se distinguaient qu'après d'assez longues recherches.

En quittant le camp des *dokpas* nous traversâmes une jolie rivière, grimpâmes un affreux raidillon, puis nous trompâmes de direction. Nous avions déjà parcouru un très long bout de chemin sur le flanc de la montagne, lorsque quelques jeunes pâtres au regard perçant nous découvrirent. Ils se trouvaient presque immédiatement au-dessous de nous dans la vallée, mais à une distance considérable. Leurs appels nous arrivaient indistincts, à peine audibles et nous ne comprîmes pas, tout d'abord, qu'ils s'adressaient à nous. En prêtant attentivement l'oreille nous parvînmes à saisir quelques mots : nous devions retourner sur nos pas et monter à travers la forêt.

J'ouvrirai une parenthèse ici, pour indiquer que l'acte de montrer le chemin à un voyageur ou de le guider, s'il s'égare, est considéré au Tibet comme très méritoire au point de vue religieux. D'après les croyances lamaïstes, celui qui, sciemment, dirige faussement un passant, et surtout un pèlerin ou un lama, ou ne l'avertit pas s'il se trompe de route, erre, après sa mort, dans les *Bardos* [1], ombre misérable, incapable de trouver la voie de la renaissance en aucun monde.

Dûment renseignés, nous franchîmes le col de Pang et, là, commença une interminable descente en forêt par un sentier de chèvre, très raide, parfois transformé en glissoire par la neige qui y avait partiellement fondu, puis gelé de nouveau.

Vers le soir, nous rencontrâmes de vastes cavernes servant d'habitation estivale aux pasteurs qui transhument dans ces parages. Ces demeures primitives me tentaient. J'y aurais volontiers passé la nuit, mais le lit du ruisseau qui leur fournissait de l'eau était à sec en hiver et Yongden faisait triste mine à l'idée de s'endormir sans avoir soupé. Nous étions partis à jeun le matin avant l'aube. Continuant à descendre, nous atteignîmes, à la nuit, un espace défriché où se trouvaient deux fermes. L'attitude des hommes qui sortirent pour nous examiner et s'enquérir de nos bêtes et de nos bagages n'était pas des plus rassurantes, mais, finalement, bien que passablement rudes dans leurs manières, ils nous traitèrent tout à fait bien.

Je ne sais si j'ose relater jusqu'où alla la bonté de ces simples montagnards... Avant de m'étendre dans un coin de la cuisine pour dormir, je sortis un instant. Mon hôtesse m'avait bien recommandé de ne point tenter de descendre l'échelle menant à la cour, à cause des chiens de garde qui me mettraient en pièces. Il suffisait, m'avait-elle dit, de m'asseoir contre le bord du toit-terrasse. Je connaissais de longue date cette habitude et d'autres encore plus singulières et allais m'y conformer, lorsque deux jeunes géants, les fils de la maison, s'étant aperçus de ma disparition, accoururent derrière moi et me saisissant fortement chacun par un bras, me dirent le plus amicalement du monde : « Il fait obscur, bonne mère, vous pour-

1. *Bardo* signifie littéralement : « entre les deux ». D'après les croyances populaires, c'est le temps qui s'écoule entre la mort et la renaissance, durant lequel le « namchés », c'est-à-dire la « conscience-énergie », conditionnée par les actions accomplies pendant des vies antérieures, cherche la voie de sa réincarnation. Les enseignements des lettrés et des sectes ésotériques, à ce sujet, sont très compliqués et diffèrent grandement des conceptions du commun des lamaïstes. Certaines sectes parlent de six différentes espèces de Bardo ,d'autres de sept, d'autres de quatre seulement.

riez tomber[1]. Asseyez-vous, nous allons vous soutenir. » Yongden dut s'entremettre pour les convaincre qu'il était préférable de me laisser seule. Quelques jours auparavant, dans une circonstance analogue, des femmes avaient eu, à mon égard, une attention encore plus touchante. Les braves Tibétains seraient bien étonnés d'apprendre que ces choses nous font rire.

Pendant la soirée, tandis que nous devisions avec nos hôtes autour du feu, un des hommes parla de Lhassa et, incidemment, des *philings*. Les gens de la ferme avaient entendu raconter beaucoup d'histoires à leur sujet et étaient convaincus qu'un grand nombre d'entre eux résidaient, à présent, dans la capitale[2] mais nul étranger n'était encore passé dans leurs parages.

Yongden, qui ne perdait pas une occasion de s'égayer, se vanta d'avoir vu deux *mig kar*[3] en Amdo et, pour ne pas demeurer en reste de plaisanterie avec lui, je confessai humblement que je n'en avais jamais entrevu aucun.

Après la traversée de nouvelles montagnes, cette fois complètement arides, un matin nous découvrîmes — à peut-être quinze cents mètres ou même davantage — au-dessous de nous un mince ruban scintillant : c'était le Giamo Nou tchou.

D'après nos renseignements, il existait dans cette région un endroit où l'on pouvait traverser la rivière. Nos derniers hôtes avaient confirmé ceux-ci et parlé de *toupas*, ce qui signifie bateliers. Nous nous attendions donc à trouver un bac ou des canots de cuir, mais comme nous nous rapprochions du fleuve, une ligne d'abord indistincte s'entrevit, puis grossit et, bientôt, nous ne pouvions plus conserver aucun doute : c'était un câble attaché aux deux rives qui remplissait l'office de pont.

Les voyageurs sont rares dans ce pays perdu, les passeurs — improprement dénommés « bateliers » — habi-

1. Dans cette région, les toits plats des maisons de paysans n'ont point de garde-fou.

2. Un grand nombre de Tibétains des provinces et même de Lhassa le croient aussi. A Lhassa, les gens du petit peuple tiennent pour étrangers tous les Hindous, Népalais ou gens de L'Himâlaya qui portent le costume européen.

3. *Mig Kar* : yeux blancs, un sobriquet d'usage courant par lequel les Tibétains dénomment les étrangers qui, à ce qu'ils croient, ont tous des yeux pâles — bleus ou gris — une chose qui leur semble le comble de la laideur.

taient, nous avait-on dit, de l'autre côté de l'eau, dans un village nommé Tsawa et ne se dérangeaient que lorsqu'un nombre suffisant de clients requéraient leurs services. Nous — pauvres pèlerins solitaires — aurions pu demeurer là pendant des semaines, contemplant l'autre rive, si, par une heureuse circonstance, un lama n'était arrivé avec une suite d'une douzaine de personnes.

Nous n'eûmes donc qu'un jour à patienter et il se passa agréablement. Nous avions trouvé comme logis une charmante petite caverne dans un magnifique massif de roches rouges ; le temps était splendide et la température, de nouveau, très douce.

⁂

Traverser une rivière en étant suspendue à un crochet n'était point chose absolument nouvelle pour moi. J'attendis donc sans émotion le moment de mon départ, bien qu'en des endroits aussi reculés, la solidité du « pont » reste toujours quelque peu douteuse. J'avais entendu raconter plus d'une histoire dramatique à ce sujet.

Le système de passage ne différait que peu de celui dont j'avais fait l'expérience au Mékong, à ceci près qu'au lieu d'être en paille, le câble était fait de lanières de cuir tordues en cordes.

Le poids très élevé de ces câbles produit un affaissement considérable au milieu de ceux-ci, de sorte que si le passager glisse rapidement au fond de la poche ainsi formée, il lui est, par contre, très difficile d'en sortir. Seuls, les hommes extrêmement robustes osent s'aventurer sans aide sur ces ponts-cordes, car en remonter la pente à la force des poignets exige une vigueur peu commune. Les mortels ordinaires sont halés — comme le sont aussi les bagages et les animaux — par des passeurs de profession.

Dans les parties reculées de la Chine où il existe des ponts de cette espèce, les cordes sont généralement établies par paires, les passagers empruntant l'une ou l'autre de celles-ci, suivant la rive d'où ils partent. Le départ s'effectue d'un point beaucoup plus élevé que le lieu d'atterrissage, la courbure du câble est ainsi diminuée et la vitesse acquise dans la descente, tout comme aux montagnes russes, fait remonter le voyageur et l'amène en terre ferme à l'autre extrémité du pont.

Ici, bien entendu, il n'existait qu'un seul câble.

Lorsque mon tour vint je fus attachée, avec une jeune fille, au crochet dont je viens de parler et une vigoureuse poussée nous envoya, filant avec la rapidité de l'éclair, jusqu'au milieu du câble où nous demeurâmes, nous balançant très au-dessus de la rivière, comme deux misérables marionnettes. Les hommes se mirent alors à l'œuvre en tirant sur la corde attachée à notre crochet. A chaque secousse que donnaient les vigoureux gaillards, nous dansions une sorte de gigue fort peu agréable. Les choses allèrent ainsi pendant quelques minutes ; nous avancions, lorsque soudain je sentis un choc, j'entendis le bruit de quelque chose tombant dans l'eau et nous redescendîmes, à toute vitesse au milieu du câble. Tout cela s'était passé à la fois, dans l'espace d'une moitié de seconde. La corde avec laquelle on nous halait s'était rompue.

L'accident ne présentait, par lui-même, aucun danger. Un des hommes viendrait, rattacherait la corde, ce n'était qu'une affaire de temps ; il s'agissait seulement d'éviter le vertige tandis que nous restions suspendues au-dessus de cette eau qui courait rapide, à cinquante ou soixante mètres au-dessous de nous. Ficelées comme nous l'étions, nous ne craignions rien tant que nous demeurerions droites, tenant ferme, entre nos mains, la courroie attachée au crochet, mais si la tête nous tournait, si nous nous évanouissions, notre corps penchant en arrière... dame !... cette attitude n'avait pas été prévue par ceux qui nous avaient suspendues. J'ai les nerfs solides, je sentais que je pourrais demeurer là une heure et même bien davantage s'il le fallait, sans faiblir, mais ma compagne ?... Elle était très pâle.

— N'ayez point peur, lui dis-je, j'ai invoqué mon *tsaouaï lama* [1]. Il nous voit et nous protégera.

— La courroie se dénoue, murmure-t-elle.

La courroie se dénoue !... mais... c'est l'effet du choc quand la corde s'est cassé et, alors, nous allons tomber dans la rivière...

J'examine les nœuds, ils paraissent solides et notre poids doit les serrer... Cette petite a la berlue.

— Allons, dis-je, vous avez le vertige, fermez les yeux, les nœuds tiennent bon.

---

1. *Tsaouaï lama,* père spirituel.

— Ils se défont, répète-t-elle tremblante, et avec une telle conviction que j'en suis impressionnée.

Qu'y a-t-il ? Le cuir s'est peut-être coupé, il se déchire lentement en un endroit que je ne vois point ou bien autre chose s'est produit ; cette Tibétaine, qui a traversé tant de fois la rivière de cette façon, doit s'y connaître mieux que moi.

Donc, nous allons nous noyer, à moins que les passeurs ne nous amènent à terre avant que les derniers nœuds se soient défaits. Cela pourrait constituer le sujet d'un pari ; cette idée me fait sourire, puis, il me revient à la mémoire un conte — d'Edgar Poe, je crois — où il est question d'un homme suspendu à une corde qui s'effiloche au-dessus de la cage d'un ours. La Salouen vaut bien l'ours.

Les passeurs s'agitent, crient beaucoup et leur besogne n'avance guère. Enfin, l'un d'eux, renversé sur le dos travaillant des mains et des pieds, à la façon des mouches courant au plafond, se met en marche le long du câble. Les secousses qu'il lui imprime nous font de nouveau gigoter.

— La courroie se dénoue, lui dis-je, dès qu'il nous a atteintes, cette fille s'en est aperçue.

— *Lama Kiéno*[1] *!* s'exclame-t-il.

Il donne un coup d'œil hâtif dans la direction du crochet.

— Je ne puis pas bien voir, dit-il, j'espère que cela tiendra jusqu'à ce que vous arriviez à terre.

Il espère !... Les dieux le bénissent ! Nous aussi, nous « espérons ».

Il s'en va comme il est venu, et après une nouvelle attente ,ses camarades recommencent à nous haler. Les nœuds desserrés résisteront-ils à ces chocs répétés ? Nous continuons à l'espérer...

Voici que nous débarquons saines et sauves sur une projection rocheuse de la falaise. Une demi-douzaine de villageoises s'emparent de nous, exprimant leur sympathie et leur compassion par de bruyantes exclamations. Les passeurs ont pu s'assurer, en nous déliant, que les nœuds de nos courroies étaient parfaitement solides et leur dialogue m'apprend, ce qui m'avait échappé au départ, que la jeune fille et moi étions suspendues d'une façon indépen-

1. *Lama Kiéno !* « Sache-le, ô lama ! » adjuration à son père spirituel.

dante, de sorte que la chute de l'une de nous n'eût pas nécessairement entraîné celle de sa compagne. Je n'ai, du reste, pas grand temps à donner à des réflexions à ce sujet ; les hommes invectivent et maudissent la petite paysanne qui leur a causé une terrible frayeur. Celle-ci, qui n'avait nul besoin que l'on aggravât l'état de surexcitation dans lequel elle se trouve, se met à pleurer, à hurler, en proie à une attaque de nerfs. Yongden profite de l'émotion générale pour mendier en faveur de sa pauvre vieille mère, qui a souffert tous les tourments de l'agonie tandis qu'elle était suspendue dans le vide et a besoin d'un repas substantiel pour se remettre. Tous les voyageurs ouvrent leurs sacs à provisions et donnent libéralement. Nous repartons de là amplement fournis de vivres pour une semaine.

## Chapitre IV

J'avais déjà remarqué que ma vieille coiffure plus ou moins à la mode du Loutzé Kiang attirait l'attention des gens que nous rencontrions. Nous nous trouvions, maintenant, loin de la région où elle est portée, elle semblait singulière et l'on s'informait de mon pays natal.

Après ma traversée mouvementée du Giamo Nou tchou nous passâmes, sans nous arrêter, au village appelé Tsawa et continuâmes jusqu'à une ferme où Yongden alla mendier. La maîtresse de la maison nous invita à demeurer chez elle jusqu'au lendemain et nous fit faire un repas copieux. Comme il était encore de bonne heure, nombre de gens vinrent bavarder avec nous et ce fut l'occasion de maintes remarques, souvent fort embarrassantes, concernant mes cheveux et mon turban. Je compris nettement que ce dernier mettait mon incognito en péril. Il ne trahissait pas directement mon origine mais les questions qu'il provoquait pouvaient conduire sur un terrain dangereux et, de toute façon, la singularité de mon costume, me sortant de l'uniformité des *ardjopas*, laissait une empreinte dans la mémoire de ceux qui me voyaient et devenait un moyen de suivre mes traces.

Il m'aurait absolument fallu un chapeau tibétain, mais il était impossible d'en trouver un dans la région que je traversais, paysans et paysannes y demeurant toujours tête nue. Les imiter ne me convenait guère. Je préférais cacher mes cheveux qui, en dépit de l'encre de Chine, n'arrivaient pas à égaler le beau noir de ceux des Tibétaines et je redoutais aussi une insolation au cours de mes longues marches sous un soleil ardent.

Le temps était venu où le misérable bonnet, ramassé un soir dans la forêt et soigneusement conservé, après un lavage consciencieux, allait me devenir utile. D'une forme familière à tous les Tibétains, porté par des milliers de femmes de l'est et du nord du pays, il n'éveillerait aucune curiosité. En fait, dès que, le lendemain, je l'eus substitué à mon plus pittoresque mais trop compromettant turban rouge, les gens cessèrent de me dévisager le long des routes et toutes les questions concernant mon origine cessèrent comme par enchantement.

Il devait me devenir plus précieux encore à la traversée des hauts cols, parmi la neige, au cœur de l'hiver, lorsque le terrible vent des cimes me glaçait jusqu'aux os. Je lui dois sans doute d'avoir échappé à une congestion.

Comment donc aurais-je encore pu douter qu'un mystérieux et prévoyant ami l'avait fait tout exprès tomber devant mes pas ?... Yongden et moi souriions en parlant de cet invisible bienfaiteur, comme l'on sourit des bonnes fées, mais je n'oserais pas affirmer que, dans le secret de mon cœur, je ne me sentais pas de plus en plus convaincue d'avoir été l'objet de quelque occulte sollicitude. Au surplus, j'aimais à me l'imaginer.

***

La région que nous traversions en remontant la rive droite de la Salouen était beaucoup plus peuplée que celles que nous avions parcourues depuis notre entrée au Tibet. Nous rencontrions d'assez nombreux villages et les cultures couvraient la majeure partie des terres basses. Les forêts avaient disparu ; les hauteurs ne montraient que des pentes arides. Souvent le fleuve s'engageait dans de gigantesques brèches de la montagne, entre des falaises à pic ; des contreforts de la chaîne que nous longions s'en venaient aussi finir à pic près de son lit, coupant ainsi la vallée par une série d'obstacles qu'il nous fallait franchir. Chaque étape nous réservait le plaisir d'une ascension de plusieurs centaines de mètres avec descente obligée sur le versant opposé et, parfois, cette gymnastique se répétait deux fois au cours de la même journée.

Cette contrée très différente d'aspect des régions boisées du Kham comme des solitudes herbeuses du Nord ou des plateaux arides avoisinant l'Himâlaya, nous faisait découvrir un nouveau Tibet et quelle que pût être notre fatigue, nous jouissions plus que jamais du charme de notre belle aventure et de notre vie de chemineaux.

Cependant, après une heureuse période de calme, un nouveau sujet d'anxiété vint agiter notre esprit. Nous apprîmes que le gouvernement de Lhassa avait expédié des fonctionnaires dans les coins les plus reculés de ce pays perdu pour y établir de nouveaux impôts. Ces *pönpos* se transportant de côté et d'autre, accompagnés de nombreux serviteurs de tous grades, tous beaucoup plus curieux et arrogants que leurs maîtres, constituaient un véritable danger pour nous et la majeure partie de notre temps s'écoulait, maintenant, à discuter les meilleurs moyens d'éluder ces rencontres indésirables.

La chose n'était pas des plus aisées. Deux routes s'offraient à nous pour gagner le pays de Po que je désirais explorer avant de me rendre à Lhassa. Nous pouvions passer par Sang ngags tchös dzong [1], ou faire un long détour en franchissant le col de Sepo Khang, mais Sang ngags tchös dzong était le siège d'une sorte de préfet et, sur l'autre chemin, les émissaires du ministère des Finances tibétain se promenaient dans le voisinage d'Oubè.

Le préfet assis dans sa demeure paraissait plus facile à éviter que ses collègues que nous risquions à tous moments de trouver chevauchant sur notre route. Cette raison eût dû me décider à me diriger de ce côté, mais je savais que des voyageurs étrangers s'étaient déjà rendus à Sang ngags tchös dzong [2] tandis que je n'avais jamais ouï dire qu'aucun eût jamais traversé le col de Sepo Khang et la région avoisinante [3]. Il me paraissait raisonnable de choisir les chemins inexplorés.

---

1. *Sang ngags tchös dzong* : « le fort de la doctrine des charmes magiques », appelé par d'autres : *Tsang kha tchou dzong,* « le fort de la source pure ».

2. Le colonel Bayley en 1911 et, sauf erreur, avant lui le R.P. Desgodin ou un autre missionnaire français.

3. Les renseignements qui me furent fournis, plus tard, confirmèrent que nul étranger n'avait encore exploré cette région.

Cependant, je demeurais encore un peu indécise. Tout en réfléchissant, j'arrivais à Yu, un village situé dans un site charmant, près d'un monastère de Bönpos[1]. Dans cette localité, il m'arriva une aventure fréquente au Tibet, et qui pourrait tourner mal pour des gens de constitution délicate : une famille pauvre nous avait invités et régalés d'une soupe, ma foi, très appétissante. Nous avions bavardé, mon lama s'était acquitté dignement de son métier — devenu habituel — d'oracle et de voyant et, ceci, tout en nous rôtissant dans une cabane exiguë à côté d'un véritable brasier. Enfin, chacun éprouvant le besoin de dormir, notre hôte, toujours avec une amabilité extrême, nous invita à le suivre. Je m'attendais à quelque hutte glaciale en guise de chambre à coucher, le brave Tibétain, sans y mettre la moindre malice, nous réservait mieux encore... Il nous offrit son toit. Nous passerions la nuit sous la voûte du grand ciel, scintillante, merveilleuse... il gelait à pierre fendre !

Le jour suivant, nous montions vers un col au-delà duquel se croisaient les routes entre lesquelles il nous fallait choisir : celle de Sang ngags tchös dzong et celle de Lanka-dzong. Le soir vint comme nous nous trouvions loin du sommet sur un versant froid dont tous les ruisseaux étaient convertis en blocs de glace. Heureusement nous aperçûmes, à quelque distance de la piste, une cabane servant d'abri pendant l'été aux gardiens de troupeaux et nous eûmes, du moins, un toit sur notre tête et un bon feu flambant à côté de nous.

Le lendemain nous franchissions le col. Un ouragan terrible se leva dans la soirée et fit rage jusqu'au matin. La nuit était d'un noir d'encre. Il nous fut impossible de découvrir le chemin d'un village, pourtant peu éloigné, dont nous entendions aboyer les chiens.

La violence du vent ne nous permit pas de délier nos sacs pour en tirer notre tente-couverture et la jeter sur nous. Cette nuit que nous passâmes accroupis l'un près de l'autre contre un buisson épineux, claquant des dents, sentant le froid nous pénétrer par le cerveau, est une des plus dures que j'aie passées au cours de ce voyage. Vers

1. Les sectateurs de la religion existant au Tibet avant l'introduction du bouddhisme.

l'aube, la tempête s'apaisa et nous vîmes, alors, que nous nous trouvions à moins d'une demi-heure de marche d'un village situé à l'entrée d'une gorge sombre dans laquelle s'enfonçait le chemin conduisant à Sang ngags tchös dzong.

Le moment était venu de me décider. Je me tournai de nouveau vers la Salouen. Cette région et ses habitants m'intéressaient ; j'avais l'occasion — qui ne se représenterait vraisemblablement jamais — d'en parcourir une plus grande étendue, je ne voulais point abréger mon voyage. Quant aux messieurs d'Oubè, je risquerais la partie.

⁂

Depuis que nous avions atterri sur la rive droite de la Salouen, notre existence ressemblait en tous points à celle de vrais chemineaux tibétains. Nous ne nous dissimulions plus dans les endroits déserts ; bien au contraire, flâner dans les villages était devenu notre grand plaisir. Chaque étape nous amenait auprès d'autres paysans. Nous passions la nuit chez eux, couchés dans la cuisine ou partageant la chambre de quelques-uns de nos hôtes, étudiant leurs habitudes de près, écoutant leurs conversations, leurs réflexions à propos des événements survenant au Tibet.

Ces bonnes gens qui nous tenaient pour appartenant au petit peuple comme eux, parlaient et agissaient tout à fait librement en notre présence et j'en profitai pour noter mille détails que nul voyageur étranger n'eût été à même de soupçonner.

Une telle vie n'allait point, on s'en doute, sans entraîner des aventures d'une nature bien inattendue. Presque chaque jour apportait sa contribution, tantôt agréable, tantôt déplaisante, mais toujours pleine d'humour, à ce chapelet d'épisodes. J'ai amassé dans cette région un trésor de gaieté de quoi tenir quelqu'un en joie pendant une vie entière.

Que ne puis-je relater *in extenso* ces nombreux incidents. La plupart d'entre eux le mériteraient par leur originalité, mais à eux seuls ils exigeraient un volume. Le peu qu'il est possible d'en narrer au cours de ce récit pourra, tout au moins, faire saisir certains aspects de la vie, dans les campagnes du Tibet.

Un jour, tandis qu'agenouillée sur les galets, je puise de l'eau dans mon écuelle, j'entends parler derrière moi :

— D'où venez-vous, lama ?

Je tourne la tête et j'aperçois un paysan arrêté près de mon fils adoptif. Quelques questions sont posées, toujours les mêmes, répétées à chaque rencontre :

— De quel pays êtes-vous ?

— Où allez-vous ?

— Avez-vous quelque chose à vendre ?

Mais cette fois, ayant satisfait sa curiosité par les réponses qui lui ont été données, l'homme ne s'en va pas. Il demeure quelques instants silencieux, crache, puis commence :

— Lama, savez-vous consulter le sort ?

Bon ! un de plus. Consulter le sort, nous ne faisons que cela le long de notre route et nous n'avons, du reste, pas trop sujet de nous en plaindre ; s'il est monotone, notre métier d'augure n'est pas sans comporter d'utiles profits et dissimule admirablement notre identité.

Yongden se fait prier. Oui, il connaît l'art des « *mos* »[1] mais il n'a pas le temps, il est pressé...

Le paysan s'obstine et explique :

— Lama, il y a trois jours, une de mes vaches a disparu. Nous l'avons vainement cherchée. Est-elle tombée dans un précipice ? A-t-elle été volée ?

Il soupire et, baissant le ton, continue :

— Les gens de l'autre rive sont d'affreux brigands.

Je pense, à part moi, que ces derniers doivent avoir la même flatteuse opinion de ceux de leurs compatriotes qui leur font vis-à-vis et que chacune des deux parties possède, sans nul doute, mille bonnes raisons pour justifier sa façon de voir.

— Ils sont fort capables, poursuit l'homme, d'avoir tué et dépecé ma bête et de l'avoir, ensuite, emportée par morceaux chez eux pour la manger... Lama, consultez le sort. Dites-moi ce qu'est devenue ma vache et si je la retrouverai... Je n'ai rien à vous offrir maintenant, mais si vous allez jusqu'à ma maison, je vous y ferai donner à manger ainsi qu'à votre mère et vous pourrez y coucher tous les deux cette nuit.

La mère, c'est moi. Les gens de ce pays sont d'une pers-

1. *Mo*, pratiques divinatoires.

picacité étonnante ! Il est inutile de leur mentir. Ils inventent d'eux-mêmes, à notre sujet, des histoires bien plus merveilleuses que celles que nous voulions leur débiter.

Des pèlerins mendiants ne refusent jamais une invitation du genre de celle qui nous est faite. Je ne veux point paraître suspecte, surtout depuis que j'ai appris la présence, dans cette région, des fonctionnaires de Lhassa.

Je fais signe à Yongden d'accepter l'offre du bonhomme. Il dépose son fardeau sur une roche plate, et dit d'un air condescendant :

— Allons, il faut que je vous rende ce service. N'est-ce point le devoir d'un lama d'être compatissant ?

D'autres phrases édifiantes suivent, puis la cérémonie commence. Marmottant les formules consacrées, les écourtant autant qu'il est possible, mon jeune compagnon compte et recompte les grains de son chapelet. Je puis suivre ses pensées. Il se demande : « Où peut se trouver cette bienheureuse vache ? Je n'en sais rien. Là n'est pas la question, mais quelle est la meilleure réponse à donner à ce nigaud qui m'interroge ? »

Le vieux Tibétain s'est accroupi, silencieux et attentif, attendant l'arrêt du destin.

L'oracle enfin se prononce :

— Votre vache, dit-il, n'a pas été mangée. Elle est en vie mais court le risque d'un accident. Si vous vous mettez à sa recherche sans tarder, en descendant la rivière, vous la retrouverez. Tout dépend de votre adresse.

Le vague des dernières expressions laisse de la marge pour des interprétations diverses. Un augure ne gagne rien à être trop précis. Le jour n'est pas loin où nous en ferons l'expérience amusante.

Un peu rassuré, le bonhomme nous décrit minutieusement sa demeure que nous trouverons, dit-il, sur le bord de la rivière, et nous nous remettons en marche, remontant le courant tandis qu'il se hâte dans la direction opposée. Environ une demi-heure plus tard, nous apercevons la maison indiquée.

Un peintre eût trouvé un joli sujet de paysage dans cette ferme tibétaine accotée à des roches grisâtres, au milieu d'un bosquet aux feuilles jaunies et toute baignée de lumière.

Devant elle, la Salouen roulait des eaux hivernales opalines et paisibles, qui se frangeaient de glace. Très probablement, nul voyageur de race blanche ne l'avait encore vue en cette partie de son cours, la sauvage Salouen serpentant entre ses rives dénudées et ses falaises géantes dont les crêtes aiguës pointaient haut, en plein azur.

Je me serais volontiers assise là, sur les pierres ensoleillées, pour jouir du charme du décor, savourer la joie de l'heure présente, l'ivresse de l'aventure qui m'avait amenée là et devait me conduire plus loin encore, beaucoup plus loin, si les dieux propices continuaient à veiller sur moi. Mais il ne s'agissait pas de rêver. Le personnage de pauvresse décrépite, que j'avais assumé, comporte peu de poésie.

Des femmes, attirées par les appels de mon compagnon, se montrent sur le toit plat en terre battue ; elles écoutent, défiantes, le récit de notre rencontre avec le maître du logis et comment il a été conduit à nous offrir l'hospitalité. Après nombre d'explications, elles finissent par se laisser convaincre. Nous sommes admis à pénétrer dans la cour d'abord, puis, après un nouvel examen de notre physionomie et un supplément de questions, on nous permet de grimper une échelle qui nous mène sur le toit-terrasse où le premier étage est construit. Celui-ci sert d'habitation à la famille, le rez-de-chaussée est occupé par les étables.

Un coussin en lambeaux est apporté pour Yongden, le lama ; quant à moi, la vieille mère sans importance, je m'assoirai par terre tout simplement. Il nous faut nommer, aux femmes qui nous entourent, tous les lieux saints que nous avons visités et ceux où nous nous rendons et leur assurer que nous n'avons aucune marchandise à vendre, ne possédant même pas une couverture.

Le temps est beau mais froid, je commence à frissonner assise immobile, en plein air. Nos hôtesses, elles, ne sentent pas la morsure de la petite bise aigre qui s'est levée. Afin de travailler plus aisément elles ont sorti le bras droit hors de leur houppelande de peau de mouton qu'une ceinture retient à la taille, et découvrent des seins crasseux qu'aucune ablution n'effleura jamais.

Nous sommes là depuis deux heures environ lorsqu'un incident se produit. Le maître de la maison apparaît, chassant devant lui sa vache retrouvée. L'émotion est générale.

— Oh ! lama, s'exclame le paysan, dès qu'il nous a rejoints sur la terrasse, vous êtes un véritable, un grand *nieu-*

*nechés* [1]. Toutes vos paroles, sans exception, se sont réalisées. La vache se trouvait dans un endroit dangereux. Elle s'était engagée dans un sentier étroit coupé par un glissement de la montagne ; elle ne pouvait ni continuer, ni se retourner pour revenir en arrière, ni grimper vers le haut de la falaise... J'ai dû m'y prendre adroitement pour la tirer de là, tout comme vous l'aviez prévu... Oui, sans aucun doute, vous êtes un savant *nieunechés tchen.*

Nous savourons ce triomphe inattendu, un repas va probablement le suivre. Pour le moment, on apporte du thé : thé tibétain, beurré et salé, soupe, peut-être, plutôt que breuvage, mais cordial délicieux pour le voyageur fatigué et transi. Un sac de *tsampa* est posé à côté de nous, nous pouvons y puiser à discrétion. J'en mange autant que je puis.

Notre hôte est demeuré pensif. Il interroge Yongden :

— Lama, savez-vous lire ?

— Certes, répond fièrement l'interpellé, lire et écrire aussi.

— Oh ! oh ! vous êtes véritablement savant, un *géchés* [2] peut-être... je m'en doutais un peu...

Il se lève, entre dans une des chambres de l'habitation et en rapporte un énorme volume qu'il pose avec respect sur une table basse devant mon compagnon de route.

— Lama, dit-il, regardez ce livre. C'est un ouvrage dont la lecture appelle les plus puissantes bénédictions et tous les genres de prospérité sur ceux pour qui il est récité... Vous allez le lire pour moi.

Yongden tourne la tête de mon côté, il a l'air désolé. Où sommes-nous tombés ? La corvée qu'on veut lui imposer ne lui sourit en aucune façon ; il est harassé et voudrait se reposer... dormir. Cependant, il lui faut répondre au bonhomme qui l'interroge des yeux.

— Le volume est épais, dit-il, sa lecture demande plusieurs jours et je dois repartir demain, mais je puis l'ouvrir [3] et la bénédiction sera tout aussi efficace.

---

1. Celui qui pratique l'art de la divination.
2. *Géchés* : docteur ès lettres et en philosophie.
3. Littéralement : « en ouvrir la bouche », c'est-à-dire sortir le livre de l'étoffe qui le recouvre et en lire les premières pages ou la première ligne de chaque page. Les livres tibétains sont formés de feuillets détachés ; on les conserve enveloppés dans un carré d'étoffe soigneusement ficelé qui est inséré entre deux planchettes serrées par une courroie. L'étoffe, parfois très riche, qui enveloppe le volume, est appelée sa « robe ».

Comme cette pratique est courante au Tibet, nul n'élève d'objection. Le livre est cérémonieusement débarrassé de sa « robe », de l'encens brûlé, on verse de nouveau du thé chaud dans nos bols, et Yongden commence à lire à voix très haute, après m'avoir ordonné d'un ton impératif :

— Mère, récite « Dölma [1] » !

Obéissant, j'entonne une psalmodie qui n'a aucun rapport avec le texte récité par mon fils adoptif et dont le but est, simplement, de m'occuper afin d'empêcher que les femmes ne m'ennuient et ne m'embarrassent avec leurs questions.

C'est par des injonctions de cette sorte que Yongden m'épargne, habituellement, l'épreuve fatigante des longues causeries au cours desquelles, soit ma prononciation, soit l'emploi — dont je suis coutumière — de termes du langage littéraire, pourraient étonner les villageois.

Au tapage que nous faisons, des voisins apparaissent qui hochent la tête d'un air pénétré et approbateur. Je dois avoir répété au moins vingt fois *Dölma* et peut-être cinq cents fois la formule du *Kyapdo*. Le sens des phrases que je récite arrête mes pensées...

« *...Afin d'atteindre le terme de la crainte et de la douleur, tournez vos pas vers le savoir...* », dit le *Kyapdo*. Je réfléchis et interromps mon pieux ronronnement. Le lama s'en aperçoit, tourne la tête vers moi et me lance, d'une voix tonitruante : « *De même que, dans le ciel, les nuages se forment et se disolvent sans que l'on puisse dire d'où ils viennent et où ils vont et sans qu'il existe nulle part une demeure des nuages, ainsi les phénomènes apparaissent-ils par la combinaison de causes et s'évanouissent par l'œuvre d'autres causes, sans que l'on puisse assigner à aucun d'eux un lieu où il réside ?... Impermanents, par essence, sont tous les agrégats d'éléments...* »

C'est de la lecture de traités de ce genre, dont, bien entendu, ils ne comprennent pas un mot, que les campagnards du Tibet attendent la multiplication de leur bétail, la guérison de leurs malades et le succès de leurs transactions commerciales. Etrange peuple et étrange pays !

J'ai sursauté, tirée de ma songerie par l'accent belliqueux dont le lecteur a empreint les déclarations des Saintes Ecritures, et je repars avec : *Aum mani padme hum !*

---

1. Voir page 71.

Les oreilles me tintent, je n'en puis plus ; si je pouvais dormir !

Le soir vient ; il y a plusieurs heures que nous récitons cette sorte d'office. Le chef de la famille apparaît de nouveau, apportant un plat de grains d'orge et un bol d'eau claire qu'il pose près du livre.

— Lama, recommence-t-il, il ne fait plus assez clair pour lire, je vous prie de bénir ma maison et mes biens afin qu'ils prospèrent et de nous donner, à tous, l'eau bénite pour que nous soyons préservés des maladies.

Il est décidément tenace, le bonhomme ! L'aventure de la vache retrouvée doit lui avoir inspiré une confiance absolue dans le pouvoir magique de Yongden et la foi en un lama se manifeste toujours, au Tibet, par des dons dont l'importance se mesure au degré de cette foi. Le vieux fermier est aisé, cela se voit au nombre de ses bestiaux qui viennent de rentrer des pâturages ; sans nul doute, nous allons être libéralement pourvus de vivres pour la route et quelques pièces d'argent s'ajouteront au cadeau.

Je vois à l'expression du visage de mon compagnon qu'il entre dans l'esprit de la plaisanterie et se réjouit malicieusement à l'idée de l'aubaine qui nous attend.

Le voilà, grave comme un évêque, qui chemine à travers les quelques chambres de l'habitation, récitant les paroles liturgiques de bénédiction. Parfois il s'interrompt un instant et, durant ce bref silence, je sais qu'il fait des vœux sincères pour le bien-être matériel et spirituel de nos hôtes. S'il sourit des croyances enfantines de ses compatriotes illettrés, Yongden est profondément religieux et adepte d'une secte mystique de son pays. Le tour de l'appartement terminé, le paysan montre le chemin des étables. Elles s'étendent loin, fangeuses, jamais nettoyées ; cette promenade dans la boue visqueuse finit par agacer l'officiant. L'aventure a cessé d'être drôle. Il lance le grain bénit à la volée sur la tête des moutons et des chèvres qu'il effraie, des chevaux qui se cabrent et des vaches indifférentes, comme dédaigneuses de tous rites. Puis, croyant en avoir enfin terminé, il se dirige vers l'échelle et en gravit les premiers degrés ; mais le propriétaire, qui l'a accompagné, portant des bâtons d'encens, se précipite derrière lui, le saisit par un pied et lui remontre que les porcs n'ont pas eu leur part de bénédiction. Il faut redescendre. L'infortuné lama en termine aussi vite qu'il le peut avec les malodorants animaux qui hurlent comme des démons lorsqu'il les cingle rageusement d'une grêle de grains. Les bottes boueuses, les pieds humides et glacés il revient enfin sur le toit. Au tour des humains à présent. L'eau contenue dans le bol est bénite, selon les règles orthodoxes, puis, le chef de famille en tête, chacun s'avance vers le lama pour en recevoir quelques gouttes dans le creux de sa main. L'eau est bue et, ce qui reste d'humidité dans la paume sert à humecter la tête. Des voisins se joignent au défilé.

Les dévotions terminées, on sert le repas du soir : une soupe aux orties séchées, sans viande. Nous sommes loin du festin que nous escomptions et j'en augure mal pour le cadeau qui doit nous être offert à notre départ. Il sera maigre, sans doute, comme la soupe. Cependant, on ne sait jamais, les paysans tibétains ont des idées singulières. Je m'amuse *in petto* de la mentalité de mendiante que j'ai acquise depuis que je joue le rôle de pauvresse errante. Mais tout n'est pas plaisanterie dans notre mendicité, les aumônes qui remplissent nos sacs nous dispensent d'acheter de la nourriture, de montrer que nous possédons de l'argent et elles sauvegardent grandement notre incognito.

Nous allons, enfin, pouvoir dormir. Dans la pièce où l'on nous permet, maintenant, d'entrer, il y a, sur la terre battue, un lambeau de vieux sac de la grandeur d'une serviette, c'est la couche qui m'est destinée. Yongden, grâce à son caractère clérical, est mieux traité. Il aura l'usage d'un tapis en guenilles qui le préservera jusqu'aux genoux, environ, du contact de la terre nue. Quant aux jambes, on ne s'en préoccupe pas. Les petites gens du Tibet dorment repliés sur eux-mêmes, presque en boule, comme les chiens, et ne possèdent jamais de tapis ou de coussins de la longueur de leur corps. Dormir étendu de tout son long est considéré comme un luxe appartenant aux seules personnes de qualité.

Je me couche après avoir simplement dénoué la ceinture de mon épaisse robe. Au Tibet, les pauvres ne se déshabillent pas pour dormir, surtout lorsqu'ils reçoivent l'hospitalité dans une maison étrangère. Peu après mon fils me rejoint et, avec aussi peu d'apprêts de toilette de nuit que moi-même, il s'allonge sur son bout de tapis. Nous dormions quand un bruit et une vive lueur nous réveillent. Mais sommes-nous bien réellement éveillés ? La scène pittoresque que nous apercevons entre nos paupières à demi closes, feignant le sommeil, nous en fait presque douter.

La chambre où nous nous trouvons est celle où dorment les deux filles de la maison et la servante. Elles viennent d'entrer toutes trois et, pour s'éclairer — lampes et chandelles sont inconnues dans ce pays — elles ont jeté des copeaux de bois résineux dans le brasero placé au milieu de la pièce. Je les vois dénouer leur ceinture, agiter leurs bras noirs hors de leurs manches, traîner de-ci, de-là, des peaux de mouton crasseuses qui leur serviront de matelas et de couvertures. Elles se remuent, caquettent, leurs colliers d'argent tintent sur leur poitrine dénudée. La flamme qui tour à tour s'élance claire et dansante, puis s'obscurcit jusqu'au rougeoiement sombre, les enveloppe d'un éclairage singulier : on dirait trois jeunes sorcières s'apprêtant pour le sabbat.

Avant que le jour soit levé je pousse discrètement Yongden pour l'éveiller. Nous devons faire notre toilette avant que la clarté permette à autrui d'en saisir les détails. Celle-ci consiste d'abord, pour moi, à m'enduire légèrement le visage de noir de fumée que je me procure en frottant avec la main le fond de notre marmite [1]. Puis il faut que nous rajustions, sous nos robes, les ceintures contenant notre or et notre argent, les cartes, le thermomètre, les boussoles minuscules, les montres et d'autres objets qui, à aucun prix, ne doivent être aperçus.

Nous avons à peine terminé que la maîtresse de la maison paraît. Elle appelle ses filles et la servante ; le feu est ranimé, la marmite contenant le reste de la soupe de la veille est placée sur le brasero et, quelques instants après, nous sommes invités à tendre nos bols pour la distribution. Ceux-ci n'ont pas été lavés le soir précédent ; ce n'est pas l'usage. Chacun possède son écuelle individuelle qu'il ne prête à personne ; il la lèche consciencieusement après chaque repas et cela tient lieu de nettoyage. Pauvre de moi ! Je manque de pratique dans l'art de lécher mon bol, il est encore tout enduit de soupe et de

1. Le noir de fumée avait remplacé, pour le maquillage, la poudre de cacao, décidément trop peu adhérente et dont il ne me restait, d'ailleurs, qu'une très petite quantité que je préférais consommer sous forme de boisson.

thé qui ont gelé pendant la nuit. Mais il faut savoir dompter les nerfs qui protestent et le cœur qui se soulève, la réussite de mon voyage en dépend. Fermons donc les yeux et buvons la soupe plus nauséabonde encore que la veille, à cause de l'eau qu'on y a ajoutée pour l'allonger.

Nos ballots sont bientôt ficelés.

Aucun cadeau n'apparaît ; je regarde, amusée, la mine déconfite de mon lama qui a tant béni, tant psalmodié, tant officié de toutes manières. Il est inutile de nous attarder davantage. Toute la famille vient encore une fois se faire bénir par l'imposition des mains et je devine que Yongden allongerait, avec plaisir, une vigoureuse taloche au vieux grigou sur la tignasse de qui il pose ses doigts.

Nous redescendons l'échelle, repassons devant les chevaux qui nous regardent singulièrement, les chèvres décidément goguenardes et les vaches toujours placides.

Une fois dehors, nous marchons quelque temps en silence ; puis, hors de portée de voix et de vue, Yongden se retourne subitement et, esquissant des gestes cabalistiques dans la direction de notre hôte, il éclate :

— Ah ! coquin, misérable trompeur, mécréant pour qui je me suis fatigué tout un jour !... Dire qu'il m'a fait redescendre de l'échelle pour aller bénir ses cochons !... Pouah !... Je les reprends, mes bénédictions, indigne avare. Puisse la laine ne pas croître sur le dos de tes moutons, les femelles de tes bêtes demeurer stériles et tes abricotiers ne produire que des noyaux !...

Son indignation comique, qui n'était qu'à moitié feinte, m'amusait extrêmement. Après tout, mon compagnon est un lama authentique et il avait été frustré d'honoraires légitimement gagnés. Mais Yongden ne put, lui-même, résister longtemps au comique de l'aventure et, tous deux, nous éclatâmes de rire en face de la bénigne Salouen hivernale qui chantait à nos pieds, dans les galets, semblant dire :

— C'est ainsi que vont les choses au beau pays du Tibet ; petits étrangers aventureux, vous en verrez bien d'autres !...

Ce même jour, après avoir franchi un col de plus, nous arrivâmes dans le voisinage du redouté Oubè. Nous nous arrêtâmes auprès d'une rivière pour boire du thé afin de ne traverser le village qu'une fois la nuit tombée. Quelques heures plus tard, ayant laissé derrière nous un groupe de maisons dans l'une desquelles nous supposions le gros personnage endormi, nous élûmes, pour chambre à coucher, une crevasse de la montagne.

Nous ne nous accordâmes pas un long repos ; aux premières lueurs du jour nous étions debout. Nous n'avions pas marché pendant dix minutes que nous vîmes devant nous un bâtiment décoré de feuillage et précédé d'une sorte d'avenue bordée de pierres blanches, qui, sans que nous en puissions douter, était la demeure actuelle du fonctionnaire. Grâce à l'heure très matinale, nous eûmes la chance de ne rencontrer personne sur notre chemin. Nous allongeâmes vigoureusement le pas et lorsque le soleil parut, nous avions déjà mis environ trois kilomètres entre nous et l'endroit dangereux. Nous pouvions, à bon droit, nous congratuler de nous être si bien tirés de ce mauvais pas. Nous n'y manquâmes point et, tout joyeux, poursuivîmes notre route.

Vers le milieu de l'après-midi, nous étions toujours d'une humeur charmante, lorsque des passants nous apprirent que le *pönpo* avait quitté Oubè trois jours auparavant pour se rendre dans un autre village situé plus loin, sur la piste que nous devions suivre.

Nous y allâmes d'une nouvelle marche sous les étoiles et parfaitement convaincus que, cette fois, nous pouvions être rassurés, nous nous endormîmes paisiblement vers une heure du matin, dans un chaos de rocs éboulés, entremêlés de buissons épineux.

Le lendemain, nous repartions à l'aube. A quelques pas de l'endroit où nous avions passé la nuit nous nous heurtions à un bâtiment dissimulé dans un recoin de la montagne. Une trentaine de beaux chevaux étaient attachés au-dehors, de nombreux paysans arrivaient déjà apportant du grain, de l'herbe, de la viande, du beurre.

Nous nous trouvions en face de la maison même où logeait le *pönpo*. Une sorte d'intendant, homme majestueux, de haute stature, surveillait l'entrée des provisions apportées par les villageois. Il arrêta Yongden et, après un instant de conversation qui me parut interminable, il commanda à un domestique de nous donner à déjeuner du thé et de la *tsampa*. Nous ne pouvions décliner une offre aussi aimable, des voyageurs pauvres devaient, au contraire, se réjouir grandement d'une pareille aubaine.

Nous fîmes de notre mieux pour paraître enchantés, assis au-dehors, sur les marches de l'habitation du noble sire, alors que nous nous sentions beaucoup plus tentés de prendre nos jambes à notre cou.

***

Ce qui était le plus fatigant et devenait même parfois pénible à l'excès dans l'existence que je menais, c'était le rôle qu'il me fallait constamment jouer pour ne pas trahir mon incognito. Dans un pays où tout se fait en public, je devais, jusque dans les actes les plus intimes, affecter des manières locales qui me gênaient affreusement.

Il en résultait une pénible tension nerveuse qui, heureusement, se trouvait relâchée pendant les jours de vie plus libre dont je jouissais en traversant les vastes étendues de terre presque inhabitées se trouvant sur ma route.

Dans ces régions solitaires j'évitais surtout, à ma grande joie, les innombrables ratatouilles dont nous gratifiaient les pauvres hères généreux qui nous hébergeaient et qu'il fallait avaler en souriant pour éviter des commentaires dangereux. Une seule fois je m'étais départie de mon attitude de mendiante affamée, pour qui tout est bon, mais ce jour-là...

Nous étions arrivés à la tombée du soir dans un petit village voisin du district de Daichine. Il faisait très froid, les environs dénudés n'offraient point d'abri. On venait de nous refuser l'entrée de plusieurs maisons, lorsqu'une femme nous ouvrit sa porte : la porte branlante d'une très misérable demeure. Nous entrons ; il y a du feu dans la masure et, par ce gel, cela seul est déjà du confort. Le mari de la pauvresse revient peu après rapportant quelques poignées de *tsampa* au fond d'une besace de mendiant ; nous comprenons que nul souper n'est à espérer de gens qui n'ont pas, eux-mêmes, assez de quoi manger à leur faim. Yongden, après un préambule célébrant la générosité d'un chef imaginaire qui lui a donné une roupie, déclare qu'il achètera de la viande, s'il y en a à vendre dans le village.

— Je connais un endroit... dit immédiatement notre hôte, flairant une aubaine.

Du coin où je me suis accroupie, j'insiste sur la qualité requise. Les Tibétains mangent sans répugnance les charognes des animaux morts de maladie. Je pourrais expliquer les raisons de cette coutume, mais la place me manque.

— Ne rapportez pas de la viande d'une bête morte d'elle-même, ni un morceau pourri, dis-je.

— Non, non, affirme l'homme, je m'y connais, vous aurez quelque chose de bon.

Dix minutes environ s'écoulent, le village n'est pas grand, le mendiant revient.

— Voilà ! fait-il d'un air triomphant en tirant une sorte de paquet de sous sa houppelande de fourrure.

Qu'est-ce que cela ?... La chambre n'est éclairée que par les bûches flambantes du foyer, je ne distingue pas bien. L'homme semble défaire quelque chose : un chiffon, sans doute, dans lequel il a enveloppé son achat.

Oh !... une odeur épouvantable emplit soudainement la pièce, un relent de charnier, c'est atroce.

— Ah ! dit Yongden d'une voix un peu tremblante décelant les nausées qu'il s'efforce de réprimer, ah !... c'est un estomac !...

Je comprends. Les Tibétains ont l'affreuse habitude, lorsqu'ils tuent une bête, d'enfermer dans l'estomac les rognons, le cœur, le foie et les entrailles de l'animal ; ils cousent ensuite cette sorte de sac et son contenu y macère pendant des jours, des semaines, voire et même davantage.

— Oui, un estomac, répète l'acheteur dont la voix chevrote un peu aussi, mais de joie, en voyant s'écrouler hors de la poche ouverte un amas de victuailles. Il est plein, plein !... s'exclame-t-il. Oh ! quelle quantité !...

Il a posé cette horreur sur le plancher, y plonge les mains, dévide les boyaux gélatineux. Trois enfants, qui sommeillaient sur des guenilles, se sont éveillés et, maintenant, accroupis devant leur père, écarquillent des yeux pleins de convoitise.

— Oui... oui, un estomac... redit machinalement Yongden consterné.

— Là, mère, voici une marmite, dit obligeamment la femme en s'adressant à moi, vous pouvez préparer votre repas.

Moi, je tripoterais cette ordure ! Je murmure précipitamment à mon fils : « Dis-leur que je suis malade. »

— C'est toujours votre tour d'être malade lorsqu'un malheur arrive, grommelle Yongden entre ses dents.

Mais le garçon a du ressort, il a déjà reconquis son sang-froid.

— La vieille mère est souffrante, annonce-t-il. Pourquoi ne cuiriez-vous pas la *toupa*[1] vous-mêmes ?... J'entends que tous en aient leur part.

Le couple de mendiants ne se le fait pas dire deux fois et les mioches, qui ont compris qu'un festin se prépare, demeurent bien sages près du feu, n'ayant plus aucune envie de dormir. La mère s'est armée d'un couperet et taille la charogne en morceaux ; de temps en temps l'un de ceux-ci lui échappe et tombe sur le plancher, les enfants se précipitent alors comme de jeunes chiens et les dévorent tout cru.

Maintenant, cette soupe infecte bout, on y ajoute de la farine d'orge. Voilà, le bouillon est à point.

— Buvez, mère, cela vous remettra, me conseillent les deux époux.

Je me borne à geindre, étendue dans mon coin.

— Laissez-la dormir, intervient Yongden.

Lui ne peut pas s'excuser. Des *ardjopas* qui achètent pour une roupie de viande et n'y touchent pas : pareille chose ne s'est jamais vue, demain tout le village en parlerait. Il doit déguster un plein bol du malodorant liquide, mais ne peut aller au-delà et déclare que lui-même, maintenant, ne se sent pas bien... Je n'en doute nullement. Les autres se régalent longuement, goulûment, en silence, tout à la joie de cette bombance inespérée ; le sommeil me prend, tandis que toute la famille mastique encore bruyamment.

A travers monts et vallées, nous avançâmes vers le col de Sepo khang. Au pied de celui-ci nous attendait un de ces incidents mystérieux, inexplicables, qui parfois, au Tibet, confondent le voyageur.

Une très longue descente nous avait conduits au fond d'une gorge sans caractère particulier. Une petite rivière y coulait sur un lit de galets, ses eaux limpides allant rejoindre la Salouen invisible, mais peu éloignée, dont notre sentier s'était de nouveau rapproché à travers le labyrinthe des montagnes.

---

1. Soupe épaisse.

Sur la rive qui nous faisait face, au-delà d'un pont peint en rouge, un chemin montait tout droit, entre des champs parmi lesquels se voyaient quelques fermes. Il était à peine midi ; attendre au lendemain pour entreprendre l'ascension du col c'était perdre, dans un hameau n'offrant aucun intérêt, six ou sept heures qui pourraient être mieux employées ailleurs. D'après les renseignements qui nous avaient été donnés, nous savions qu'il nous serait impossible de franchir la chaîne de montagnes dans le cours d'une seule journée, même si nous nous mettions en marche avant l'aube. Donc, puisque de toute façon il nous faudrait passer la nuit en route, il valait mieux ne pas nous arrêter maintenant. Si le froid trop vif ou le manque de combustible nous empêchait de camper à l'altitude que nous aurions atteinte lorsque le soir viendrait, nous en serions quittes pour continuer notre route jusqu'au matin, comme cela nous était arrivé souvent. Cependant, avant de partir pour une longue étape, je jugeai prudent de faire un bon repas. L'eau se trouvait, à présent, à nos pieds, et nous ne pouvions deviner quand nous en rencontrerions d'autre sur notre chemin. Yongden m'approuva avec empressement et, aussitôt que nous atteignîmes le bord même de la rivière, nous déposâmes nos fardeaux sur les galets et mon compagnon alluma du feu avec de menues branches mortes que je ramassai sous quelques arbres croissant au bord des champs.

Alors, un petit garçon qui était assis sur la rive opposée, au moment de notre arrivée, traversa le pont en courant et vint se prosterner par trois fois aux pieds de Yongden, comme les Tibétains ont coutume de le faire devant les grands lamas. Nous fûmes extrêmement étonnés. Pourquoi cet enfant donnait-il cette haute marque de respect à un misérable déguenillé. Mais, sans nous laisser le temps de l'interroger, le petit s'adressait à mon fils adoptif :

— Mon grand-père, dit-il, est très malade. Il nous a annoncé, ce matin, qu'un lama allait arriver, descendant de cette montagne, et s'assoirait près de la rivière pour faire du thé. Il désire le voir sans retard. Aussi, dès que le soleil a été levé, mon frère et moi nous avons veillé à tour de rôle près du pont pour prier le lama d'entrer chez nous. Maintenant que vous êtes venu, ayez la bonté de me suivre.

Il y avait évidemment erreur.

— Ce n'est pas mon fils que ton père attend, répondis-je au garçonnet, nous sommes des gens d'un pays très éloigné, ton père ne peut pas nous connaître.

— Il a bien dit : le lama qui ferait du thé sur les pierres, insista l'enfant et, comme nous ne paraissions pas disposés à l'accompagner, il retraversa la rivière en grande hâte et disparut entre les haies séparant les champs.

Nous venions de commencer à manger notre *tsampa* lorsque le petit paysan reparut accompagné d'un novice *trapa.*

— Lama, dit ce dernier à Yongden, après l'avoir salué en se prosternant, comme l'avait fait le jeune garçon, faites-moi la grâce de venir voir mon père qui vous attend avec impatience. Il répète qu'il est sur le point de mourir et que vous seul êtes capable de le diriger dans le Bardo et de le conduire à une heureuse renaissance.

Le *trapa* nous redit ensuite ce que nous savions déjà, que le malade avait annoncé l'arrivée d'un lama par le chemin d'où nous venions et, pour nous convaincre qu'il s'agissait bien de Yongden, il ajoutait :

— Tout s'est exactement passé comme mon père l'avait prévu. Il savait que vous feriez du thé sur les pierres près de la rivière, et, voyez, vous ne vous êtes pas assis à côté du *mi deussa* [1], au bord du chemin où des voyageurs s'arrêtent parfois, mais vous avez tout de suite allumé votre feu sur les galets mêmes.

Mon compagnon et moi ne savions que penser. Nous persistions à croire que le malade avait songé à quelque lama de sa connaissance dont, pour une raison ou une autre, il attendait le passage sur ce chemin. Néanmoins, voyant le *trapa* pleurer, je conseillai à Yongden de faire une visite au vieux paysan. Il promit donc qu'il se rendrait auprès de lui dès que nous aurions eu terminé notre repas.

Le petit garçon et le novice *trapa* — son oncle d'après ce que j'avais compris — s'en allèrent rapporter cette réponse à la ferme et, bientôt, je remarquai un autre enfant assis près du pont, observant nos mouvements. Décidément, ces gens craignaient que Yongden ne s'esquivât sans entrer chez eux, il n'était pas possible de leur échapper ; d'ailleurs, pourquoi aurions-nous affligé inutilement un vieillard malade. Il reconnaîtrait lui-même son

1. Voir p. 42.

erreur et notre halte chez lui ne nous causerait pas plus de dix minutes de retard.

A la porte de la ferme, la famille du maître et les domestiques nous accueillirent avec les marques de la plus dévotieuse révérence. Nous fûmes conduits, ensuite, dans la chambre où le fermier reposait, couché sur des coussins et, tandis que mon compagnon s'avançait vers lui, je demeurai à l'entrée de la pièce avec les femmes de la maison.

Le vieux paysan ne semblait pas être près de sa fin. Sa voix ferme et claire, son regard intelligent dénotaient que ses facultés mentales n'étaient nullement affaiblies. Il voulut se lever pour se prosterner, mais Yongden l'empêcha de quitter les couvertures dans lesquelles il était enroulé, lui disant que l'intention respectueuse de ce salut suffit aux malades.

— Lama, dit alors le vieillard, je vous attends depuis bien des jours, mais je savais que vous viendriez, et je ne voulais pas mourir sans vous avoir vu. Vous êtes *mon* [1] lama, mon réel *tsaouaï lama,* et vous seul avez le pouvoir de me conduire dans un séjour heureux au-delà de ce monde. Je vous en prie, ayez de la compassion pour moi, ne me refusez pas votre aide.

Ce que le malade désirait, c'était que Yongden récitât pour lui l'office spécial qui, d'après la coutume tibétaine, doit être lu ou répété par cœur, au lit de mort de tout lamaïste — moine ou laïque — qui n'a pas été initié aux enseignements ésotériques des sectes mystiques. Il consiste non point en prières, en appels à la miséricorde d'une divinité, mais en conseils donnés aux moribonds, lorsque ceux-ci se trouvent déjà privés de mouvement et apparemment inconscients, ou même, à des morts, pendant les premières heures qui suivent le décès. Cet office est destiné à tenir lieu, en quelque sorte, d'initiation élémentaire *in extremis*. Grâce à lui, les «consciences-éner-

1. Cet adjectif possessif précédant le mot lama peut indiquer le lama fondateur ou le chef actuel de la secte à laquelle la personne qui l'emploie appartient, ou bien encore le lama chef du monastère auquel elle se rattache, soit comme bienfaiteur, tenancier, serf ou moine. Mais il a aussi une autre acception : dans le cas présent, mon lama signifie un directeur, un père spirituel (celui que les Hindous nomment « gourou »), avec qui l'on a entretenu des relations de disciple à maître pendant le cours de plusieurs existences successives.

gies [1] » libérées de leur enveloppe charnelle, étant dûment renseignées sur les régions où elles pénètrent, ne s'égarent pas dans le dédale compliqué des sentiers du Bardo. La récitation liturgique s'achève par le *Powa* proprement dit [2], c'est-à-dire l'ordre bref prononcé par le lama, commandant au *namchés* principal [3] de « renaître » en telle ou telle condition bienheureuse — généralement au Paradis occidental de la grande béatitude : *Noub déoua tchen.* Les théories ayant cours à ce sujet font dépendre l'efficacité de cet ordre non point tant de l'obéissance de celui à qui il est adressé que du degré de force mentale du lama officiant et de la profondeur de ses connaissances touchant la réelle nature des *namchés,* des paradis et du monde des phénomènes en général [4].

Le vieux Tibétain, je l'ai dit, ne paraissait point près d'expirer et, pour certaines raisons d'ordre religieux, Yongden hésitait fortement à souscrire à son étrange désir. Il s'efforça de chasser les idées funèbres qui le hantaient et de lui redonner de l'espoir, lui proposant de réciter à son intention les formules magiques qui « réparent » la vie et lui communiquent une nouvelle force. Mais il s'évertuait en pure perte à vaincre son obstination.

Le malade continuait à l'adjurer de le conduire à la demeure de Tchenrézigs [5], l'appelant son véritable, son unique lama, et répétant que la certitude de recevoir sa visite avait seule retardé son départ de ce monde.

Finalement, il commanda à tous ceux présents de se jeter aux pieds de mon fils et d'unir leurs supplications aux siennes, le conjurant de lui accorder la faveur suprême qu'il réclamait.

Ce fut une scène extraordinaire et poignante au-delà de toute expression. Yongden dut céder. Au milieu de toute la famille prosternée et en pleurs, il prononça les paroles rituelles que souhaitait entendre, de sa bouche, l'homme « qui avait attendu son passage pour mourir ».

---

1. *Namchés,* qu'il ne faut, en aucun cas, traduire par âme et qui est multiple.

2. La cérémonie entière est dénommée — bien qu'improprement — *Powa* c'est-à-dire « changer de lieu », se déplacer, « transmigrer ».

3. J'emploie le terme « principal » faute d'en trouver un autre, mais il est loin d'être adéquat.

4. L'on comprendra que je ne puis m'étendre sur ce sujet. Il comporte de longues explications qui ne peuvent trouver place que dans un ouvrage d'orientalisme.

5. *Noub déoua tchen,* voir page 69.

Lorsque nous quittâmes la ferme, la face du vieux maître exprimait une sérénité profonde, un détachement complet de tout souci terrestre ; il semblait déjà être entré dans le bienheureux Paradis qui n'est nulle part, bien que partout, résidant en chacun de nous.

Je ne tenterai pas d'expliquer ce singulier incident. En maintes circonstances de ce genre, il semble plus sage de confesser notre ignorance que de nier *a priori* ou de se hâter, au contraire, d'échafauder des théories et des dogmes que nulle expérience scientifiquement valable ne vient étayer.

J'ai relaté ce curieux épisode de mon voyage à cause du cas singulier de clairvoyance manifestée par les détails minutieux de l'arrivée du lama, tels que : il ferait du feu, non pas à la place habituelle marquée par un *mi deussa,* mais ailleurs, sur les galets mêmes du lit partiellement à sec de la rivière.

Quant à la question du lien antérieur qui pouvait exister entre le fermier et Yongden, elle ne soulève aucune difficulté pour ceux qui, comme les Tibétains, croient aux existences successives.

Dans tous les cas, je serais véritablement désolée qu'un fait rapporté à titre de document propre à intéresser ceux qui poursuivent des recherches concernant les phénomènes psychiques, devînt l'occasion de commentaires déplacés.

La mort et les mourants, quelles que puissent être les singularités dont s'entoure leur dernière heure, ne doivent point prêter à des bavardages oiseux ni servir de prétexte aux railleries.

Ceux qui nous avaient avertis que nous aurions à fournir une longue course avant d'atteindre le col de Sepo Khang n'avaient point exagéré.

Après avoir passé la nuit dans une ferme située à quelque distance de celle du malade, nous étions partis à l'aube. Le chemin que nous devions suivre s'enfonça bientôt dans un massif montagneux extrêmement pittoresque et sauvage, coupé par de vastes vallées intérieures. Nous marchâmes pendant toute la journée sans nous arrêter, ne rencontrant personne et nous trompant plusieurs fois de route parmi les alpages complètement déserts en cette saison.

Le crépuscule vint, tandis que les hautes chaînes qui se dressaient de toutes parts devant nous indiquaient clairement que nous étions encore fort loin du col. Un ouragan s'éleva alors soudainement : un de ces vents terribles, spéciaux aux altitudes élevées qui balaient les sommets, jetant parfois des caravanes entières dans les précipices [1]. Nous gravissions, à ce moment, un versant très raide. L'obscurité se faisait rapidement. Continuer notre marche sous cette rafale devenait dangereux. Je me disposais à retourner en arrière pour chercher un abri plus bas, quand nous entendîmes un tintement de clochettes, et trois hommes apparurent conduisant des chevaux. C'étaient des marchands se rendant de l'autre côté de la montagne. Ils nous engagèrent à continuer avec eux, disant que nous rencontrerions bientôt une ferme dont les maîtres passaient tout l'hiver sur la montagne.

Il faisait complètement nuit depuis longtemps lorsque nous arrivâmes. Je compris, en voyant les vastes étables encadrant la cour de l'habitation, que cet endroit servait d'auberge pour les voyageurs traversant le col à une saison où camper en plein air pouvait être fatal aux hommes comme aux bêtes.

Nous fûmes admis dans la cuisine avec les marchands, et ceux-ci nous régalèrent d'un excellent souper composé de soupe, thé, *tsampa* et fruits séchés.

Ces gens appartenaient à un village peu éloigné de celui où demeurait le malade que nous avions visité la veille. Passant devant l'habitation de ce dernier, dans le courant de la matinée, ils avaient appris tout ce qui concernait Yongden et le fermier, et nous rapportèrent qu'aux premières lueurs du jour, alors que nous-mêmes nous quittions le hameau ,le vieillard avait souri et était mort sans agonie.

Les marchands paraissaient très impressionnés par ce qu'ils avaient entendu touchant les derniers moments de leur ami, et les pensées de tous se trouvant, ce soir-là, tournées vers les choses de la religion, ils prièrent Yongden de prêcher un sermon, ce qu'il fit avec simplicité et d'une manière convenant parfaitement à la mentalité de ses auditeurs.

---

1. J'eus un jour l'occasion de voir ainsi les cadavres dispersés, parmi les buissons et les pierres, de quarante mules que la bourrasque avait jetées à bas du sentier. Trois de leurs conducteurs avaient péri de la même manière.

La cuisine, l'unique chambre du chalet était une sorte de boyau exigu et court ; étroitement resserrés entre la cloison en planches et le foyer où flambaient des bûches énormes, nous y avions littéralement rôti toute la soirée. Cependant, lorsque le moment de dormir fut arrivé, je compris que l'hôte et sa femme ne nous conserveraient pas auprès d'eux et qu'une fois de plus il nous faudrait coucher dehors.

Les marchands descendirent s'installer près de leurs bêtes. Nous aurions pu les imiter : le toit au-dessus de notre tête et une couche de crottin sec pour matelas nous eussent quelque peu protégés du froid. Mais, dans les ténèbres, il était impossible de se rendre compte du degré de dessiccation de la litière durcie par le gel, et nous aurions pu, la chaleur de notre corps aidant, nous réveiller, le matin, fâcheusement maculés. Les Tibétains n'attachent pas une grande importance aux accidents de cette nature ; quant à nous, nous n'avions pas encore atteint ce degré de philosophique indifférence. Restait le toit plat au-dessus des étables dont l'on nous invita à nous accommoder.

Quelle transition ! Plonger, de cette cuisine à la température de four, dans l'air froid d'une nuit de gel à quelque 4 500 mètres d'altitude, alors qu'une tempête fait rage ! Je ne pus m'y résigner, et je priai les fermiers de nous permettre de demeurer dans une sorte de petite remise fermée de trois côtés qui servait d'entrée à la cuisine. Cette permission nous fut immédiatement accordée.

Le lendemain, nous franchîmes le col qui est très ouvert, dans un site magnifique, parmi des alpages. La neige y était peu épaisse.

Vers la fin de l'après-midi nous arrivions au monastère de Sepo, romantiquement posé dans une sorte de nid formé par la montagne, avec une immense étendue de prairies en pente douce devant lui et un bois de pins à sa gauche : une vraie retraite de Bénédictins ou de Franciscains de la première heure. Le Tibet est le dernier pays où l'idéal cénobitique soit encore en honneur.

Les marchands voyageant à cheval nous avaient de beaucoup devancés et, ayant fait halte à la *gompa*, ils s'étaient empressés de raconter aux lamas tout ce qu'ils savaient de Yongden, du fermier mort la veille et du sermon prêché dans la soirée. Aussi, lorsque mon compagnon se présenta pour acheter des vivres, fut-il accueilli très cordialement et invité à s'arrêter pendant quelques jours pour discuter certains points de la philosophie bouddhique avec les Lettrés du lieu. Quant à moi, un logement m'était aussi offert dans une maison réservée aux visiteurs [1].

Mais j'étais déjà loin, ayant continué mon chemin, tandis que Yongden allait aux provisions. Celui-ci s'excusa de ne pouvoir demeurer en prétextant notre hâte d'arriver à Lhassa où nous étions attendus et se dépêcha de me rejoindre. Je regrettai tout d'abord d'avoir laissé passer cette occasion d'entendre les lamas considérés comme érudits dans ce pays, mais je réfléchis que, très probablement, mes habits laïques et mon sexe m'eussent tenue à l'écart de la pièce où les tournois philosophiques des Lettrés auraient eu lieu, et je me consolai aisément.

Assez tard dans la journée, nous traversions une lande déserte formant le sommet aplati d'une croupe de montagne, lorsque nous croisâmes une femme. Elle nous dit que nous trouverions un abri pour une nuit dans une ferme à demi ruinée que nous apercevrions de la route même. Le renseignement avait sa valeur, la région était toujours complètement déserte et nous ne pouvions songer à atteindre les vallées avant le lendemain. Ce que l'on nous avait dit sur la longueur de la route à parcourir se vérifiait de plus en plus.

Nous marchâmes encore pendant plus d'une heure ; il faisait presque nuit lorsque nous arrivâmes à la ferme dont la Tibétaine nous avait parlé.

Nous nous installâmes dans une grande pièce ayant probablement servi, autrefois, de cuisine et nous avions presque achevé notre repas lorsque la femme à qui nous devions notre gîte, reparut accompagnée d'un petit garçon.

Elle était la propriétaire de la ferme abandonnée et l'avait quittée à la suite d'un événement dramatique survenu quelques années auparavant.

Une nuit, tandis que les paysans dormaient, une bande de pillards du pays de Po avait envahi l'habitation. Les

1. Les femmes et les hommes n'appartenant pas à l'ordre religieux ne sont pas admis à séjourner pendant la nuit dans l'enceinte des monastères lamaïstes. C'est en vertu d'autorisations très spéciales qu'il m'a été permis d'occuper une maison particulière dans quelques-uns de ceux-ci. La même règle s'applique aux hommes et aux femmes laïques dans les monastères de religieuses.

malheureux fermiers, bien que complètement isolés et ne pouvant espérer aucun secours, opposèrent une énergique résistance. Assaillants et attaqués se poursuivirent longtemps de chambre en chambre et d'étable en étable, les bêlements et les meuglements des animaux effarés se mêlant au fracas de la fusillade. Puis, peu à peu, le tumulte s'apaisa. Le maître de la maison, les deux frères de sa femme et quelques-uns de leurs domestiques gisaient morts ou mourants.

Alors, les troupeaux encadrés de cavaliers et chassés à grands coups de fouet furent emmenés en hâte et, le bruit sourd de leur piétinement s'étant éteint au lointain, l'on n'entendit plus dans la ferme saccagée que les pleurs des femmes et les gémissements des blessés.

Les Popas laissaient aussi quelques cadavres des leurs sur le terrain : le prix de leur victoire, souvent payé en des aventures semblables.

Depuis lors, la malheureuse veuve et sa famille vivaient dans un hameau près du monastère de Sepo. La crainte qu'une attaque du même genre pût encore se produire et la terreur, bien plus grande encore, d'influences occultes redoutables, la retenaient éloignée de ses champs, maintenant incultes, et de sa ferme qui bientôt tomberait en ruine.

Les gens du pays croyaient l'endroit hanté par de mauvais esprits. La mort violente de tant d'hommes, les sentiments de fureur et de haine s'étant exhalés avec leur dernier souffle y avaient attiré les démons et, mêlés à ceux-ci, disaient les paysans, les fantômes des brigands et de leurs victimes rôdaient aussi autour de l'habitation désertée.

C'était afin de prier Yongden d'exorciser la place que la malheureuse femme avait refait, dans la nuit, le long trajet du monastère à son ancienne demeure.

Sans nul doute, certains d'entre les lamas de Sepo avaient déjà célébré les cérémonies rituelles en usage dans les cas semblables, mais la couleur du bonnet de mon compagnon avait inspiré confiance à la fermière. Les lamas appartenant aux sectes des «bonnets rouges» jouissent comme exorcistes et magiciens d'une réputation très supérieure à celle de leurs collègues des « bonnets jaunes ».

La compassion que mon fils éprouvait pour l'infortunée victime de ce drame sauvage ne lui permettait pas de rejeter sa demande. Lorsque la cérémonie fut terminée il dit à la fermière qu'elle pourrait, si elle le souhaitait, cultiver de nouveau sa propriété sans redouter aucun être des autres mondes, mais que, quant aux bandits Popas, elle devrait s'entourer de précautions sérieuses, selon ce que les usages du pays et l'expérience d'hommes avisés lui conseilleraient.

*
**

Le jour suivant, nous entrions sur le territoire de Dainchine et, de nouveau, comme sur les bords de la Salouen, je fus l'hôte d'un grand nombre de gens de caractères différents. Que ne puis-je raconter une à une toutes mes étapes ! Un soir, un villageois astucieux, avec toutes les apparences de la plus cordiale honnêteté, ne nous fit-il pas coucher dans une chambre hantée, où des démons affamés avaient, croyait-on, élu domicile. Cela tout simplement pour voir si nous en sortirions vivants le matin et s'il pouvait se risquer à l'habiter de nouveau.

Une grande partie de la vallée où coule la rivière de Dainchine est bien cultivée, l'aspect en est riant. On y rencontre des monastères importants, les villages sont bien bâtis et leurs habitants, en général, d'un commerce très agréable.

Je traversai aussi, dans cette région, des champs de soda que les Tibétains appellent *pulthog*. Ces derniers ne manquent jamais de jeter une pincée de ce soda dans l'eau où bout le thé pour donner au breuvage une jolie couleur rosée et un goût plus prononcé.

Un après-midi, un voyageur opulent, allant porter des offrandes à un monastère, s'arrêta spontanément pour nous donner à chacun deux roupies et passa son chemin sans nous poser aucune question, nous laissant tout ébahis de cette aubaine inattendue.

En vérité, nous ne prenions pas très au sérieux notre rôle de mendiants, bien qu'il nous procurât parfois d'assez notables profits. Dès que nous eûmes gagné le cœur du Tibet, nous préférâmes la méthode plus expéditive d'acheter ce dont nous avions besoin. Cependant, maintes fois, comme dans le cas précédent, les aumônes vinrent à nous sans avoir été sollicitées.

Jamais de toute ma vie je n'avais fait un voyage aussi

peu coûteux. Yongden et moi riions souvent, le long des routes, en nous remémorant les détails que nous avions lus dans les ouvrages des explorateurs, concernant les nombreux chameaux, yaks ou mules composant leurs caravanes, les centaines de kilogrammes de vivres qu'ils transportaient au prix de dépenses considérables et, tout cela, pour échouer plus ou moins près de leur but.

J'aurais pu parcourir toute la route sans un sou, mais comme nous nous conduisions en mendiants sybarites, nous régalant de gâteaux de mélasse, de fruits secs, de thé de première qualité, et consommions énormément de beurre, nous arrivâmes au bout de quatre mois — nous étant rendus du Yunnan à Lhassa — à dépenser, pour nous deux, à peu près cent roupies.

Il n'est pas nécessaire de rouler sur l'or pour voyager et vivre heureux sur la bienheureuse terre d'Asie.

## Chapitre V

L'on m'avait dit à Tachi tsé : deux routes mènent, d'ici, au pays des Popas ; l'une suit les vallées, l'autre s'enfonce au cœur des montagnes. Le long de la première se trouvent d'assez nombreux villages et plusieurs monastères ; les brigands n'y sont point à craindre, tout au plus peut-on y rencontrer quelques voleurs mesquins. Il est aussi facile, dans ces parages, de se pourvoir de vivres, soit en mendiant, soit en les achetant.

La seconde route traverse des régions complètement désertes. Jusqu'à ce que vous ayez atteint les premiers hameaux du Po yul[1], vous ne verrez que des cimes nues ou des forêts. En hiver, nul voyageur ne s'aventure de ce côté à cause des deux cols[2] très élevés qu'il faut franchir ; seuls y circulent, parfois, des brigands Popas s'en allant en expédition dans les provinces voisines. Le contenu de vos sacs d'*ardjopas* ne les tenterait certainement pas ; mais contrariés d'avoir été aperçus et craignant que vous ne bavardiez à leur sujet, ils pourraient fort bien vous tuer tous les deux ou s'arranger pour vous faire tomber, comme par accident, dans quelque précipice, s'ils tenaient

1. *Yul* : « pays », *Po yul* : « pays de Po ».
2. La Déou la et la Po Gotza la.

à éviter le crime d'ôter la vie à un lama et à une femme accomplissant un pèlerinage.

Comme il n'est encore tombé que très peu de neige cette année, il est possible que les cols soient praticables, mais de fortes chutes sont à prévoir dans le courant de ce mois ; il vaut donc mieux que vous envisagiez le pire. Il pourrait arriver que la neige survenant après que vous ayez passé la première chaîne fermât le passage derrière vous, tandis que vous trouveriez bloqués, en avant, les sentiers franchissant la chaîne suivante. Ne manquez pas de vous munir d'une ample provision de vivres. Vous rencontrerez peut-être quelques *dokpas* hivernant parmi les alpages, au fond de la vallée séparant les deux chaînes de montagnes, mais ils ne vous donneront ni ne vous vendront rien à manger, n'ayant eux-mêmes que tout juste ce qu'il leur faut pour se nourrir jusqu'au printemps prochain.

Je ne m'attardai pas longtemps à peser la valeur de ces renseignements. La route suivant les vallées se trouvait indiquée sur plusieurs cartes ; au contraire, l'autre voie était totalement inexplorée. Evidemment, je devais choisir cette dernière. Toutes deux, du reste, d'après ce que l'on m'avait assuré, se rejoignaient au pays de Po, dans la vallée conduisant vers Lhassa. Cette même vallée dont m'avait parlé, à Jakyendo, le général anglais à qui j'étais en partie redevable d'avoir levé mes dernières hésitations quant à l'exploration du pays des Popas que je songeais à effectuer en me rendant dans la capitale tibétaine.

Son nom était sir George Pereira ; je parlais souvent de lui avec Yongden, et nous nous proposions de lui narrer nos prouesses après la fin de notre voyage. J'étais bien loin de penser que vers l'époque où nous entrerions au pays de Po il mourrait à l'extrême-ouest de la Chine.

Le général Pereira était arrivé à Jakyendo comme je venais d'y retourner, après un voyage des plus intéressants dans la partie du pays de Kham qui s'étend de la limite sud du désert d'herbe à la grand-route [1] de Tchiamdo à Lhassa. Mes pérégrinations brusquement interrompues, ainsi que je l'ai déjà relaté, j'avais été contrainte de revenir à mon point de départ et j'en étais à élaborer le plan d'un nouveau voyage qui devait venger mon échec. C'est

1. Cette grand-route est, bien entendu, une simple piste non carrossable.

alors que les divinités tutélaires du « Pays des Neiges », peut-être irritées par l'obstination que l'on mettait à les priver de la visite d'une de leurs bonnes amies, se plurent à m'aider de façon assez piquante, par l'intermédiaire d'un distingué compatriote de ceux qui ferment le Tibet.

Sir George Pereira demeura environ quinze jours à Jakyendo et y logea dans un appartement situé à côté du mien, dans une cour. C'était un homme charmant, appartenant à la haute société de son pays ; géographe, érudit et globe-trotter infatigable. Il se rendait à Lhassa et n'en faisait pas mystère. Bien que, quelques semaines auparavant un voyageur danois eût été arrêté à la frontière tibétaine et contraint de rebrousser chemin [1], le général paraissait certain que l'ordre avait été donné au gouvernement du Dalaï Lama de le recevoir avec les plus grands égards, et les choses se passèrent, d'ailleurs, exactement ainsi.

A Jakyendo, le bruit courait que le voyageur était chargé d'une mission secrète par son gouvernement ; beaucoup de choses étaient racontées à son sujet. Je ne cherchai point à découvrir la part de vérité qui pouvait exister dans ces rumeurs : les affaires de mon voisin ne m'intéressaient point.

Le général possédait une grande quantité de cartes et lui-même relevait celle des régions qu'il traversait, travaillant assidûment tout le jour et même tard dans la nuit, à rédiger des notes. Très aimablement il mit ses cartes et une partie de ses notes à ma disposition. J'y puisai nombre de renseignements utiles, et certaines des esquisses rudimentaires que je fis alors, d'après ces documents, m'ont accompagnée à Lhassa. Un après-midi, après avoir pris le thé ensemble, nous parlions de mes voyages : une carte demeurait déployée sur la table. Du bout du doigt, sir Pereira suivit le trait marquant le cours supposé du Po Tsangpo.

— Personne n'a jamais été par là, dit-il, ce serait une route intéressante vers Lhassa.

Parlait-il avec intention, pour me suggérer cet itinéraire ou bien ses paroles exprimaient-elles une simple réflexion ? Je me le suis souvent demandé.

Parcourir le mystérieux pays de Po, sujet de tant de

1. Voir les détails donnés à son sujet dans l'introduction.

légendes, j'y avais certainement songé. C'était même une idée déjà ancienne dans mon esprit et je l'avais longuement discutée avec Yongden .pendant plusieurs années, lorsque nous habitions le monastère de Koum-Boum. Toutefois, les vagues renseignements recueillis sur cette région, auprès de marchands du Tibet central ou de gens du Kham ne laissaient pas que d'être un peu inquiétants. Beaucoup prétendaient que les Popas étaient cannibales. De plus modérés réservaient leur opinion sur ce point, mais tous s'accordaient pour affirmer que quiconque n'appartenant pas aux tribus popas, s'aventurait dans les forêts habitées par ces dernières, ne reparaissait jamais.

J'hésitais donc un peu à tenter l'aventure, les paroles du général me décidèrent. « Personne n'était jamais passé par là !... » Mon voisin n'eût pas pu choisir de meilleurs mots pour me tenter. Dès ce jour, ma décision fut prise, je verrais ce pays où « nul n'était encore passé ». Ce serait, en effet, « une route intéressante vers Lhassa ». Un grand merci à vous, général, volontairement ou non, vous m'aviez rendu un véritable service.

Tachi tsé, où devint définitif le choix d'un itinéraire qui devait me conduire vers une singulière série d'aventures, est une bourgade située dans une large vallée, proche d'un *dzong* bâti sur une colline isolée. Tachi tsé signifie le « sommet prospère » ou le « sommet de la prospérité », l'une ou l'autre de ces traductions peut se défendre au tribunal de la grammaire. Comme le fond de vallée qui a été dénommé ainsi ne répond en rien à l'idée géographique d'une cime, l'on semble forcé d'opter pour la seconde interprétation qui, hélas ! paraît aussi inexacte que la première.

Je quittai Tachi tsé un peu avant le lever du jour, me trompai de route dans l'obscurité et ne traversai pas la rivière à l'endroit où j'aurais dû le faire. Quand je m'aperçus de mon erreur, le pont était loin derrière moi. Revenir sur mes pas aurait pu attirer l'attention de l'un ou de l'autre des domestiques du *pönpo*. Je tenais à ne pas en courir le risque et, dès lors, il ne me restait qu'à passer dans l'eau. Je remontai le cours d'eau, cherchant un gué et arrivai à un endroit où il se partageait en deux branches. La plus petite s'étalait largement, sans profondeur et presque entièrement gelée ; cette circonstance nous en rendit la traversée pénible. Nous avions enlevé nos bottes qu'il importait de conserver sèches, et la mince surface glacée se rompant sous notre poids formait des débris tranchants comme du verre, qui nous coupaient cruellement. Ensuite vint le véritable bain, les vêtements haut retroussés et de l'eau presque jusqu'aux hanches.

Combien une chaude serviette-éponge aurait été la bienvenue lorsque nous atteignîmes la rive ! Nous devions nous contenter d'y rêver, cet article de luxe nous était refusé depuis longtemps. Les Tibétains ne s'essuient point après avoir traversé les rivières et, s'ils en esquissent le geste, c'est en usant un pan de leur large robe. J'essayai de les imiter, mais dès qu'elle devint humide, ma houppelande de grosse serge se raidit, gelant sur moi. Je ne pouvais compter que sur une marche à pas accélérés pour me sécher et me réchauffer.

Jusque vers midi nous longeâmes le Dainchine tchou. La promenade nous mit en appétit et nous jugeâmes sage de faire un bon repas avant de quitter la vallée, car nous ne pouvions pas deviner quand nous trouverions de l'eau dans la montagne. Des expériences antérieures nous avaient initiés à la torture de demeurer trente-six heures sans boire, et nous préférions nous prémunir autant que possible contre une nouvelle épreuve de ce genre.

Un torrent tributaire de la rivière de Dainchine coupait notre route. Un jour, trop gonflé par la fonte des neiges sur les sommets, il avait emporté une montagne et couvert la plaine, sur une grande distance, avec d'innombrables fragments de rochers. Maintenant, ses basses eaux hivernales, gênées dans leur course par les obstacles accumulés lors du cataclysme, se divisaient en plusieurs ruisselets serpentant, loin l'un de l'autre, à travers les éboulis.

Rapidement je ramassai les branches et la bouse de vache sèche que je pus trouver aux alentours, et Yongden alluma le feu. Prévoyant de plus grandes fatigues qu'à l'ordinaire sur la route déserte des hauts cols, un menu spécialement réconfortant nous parut nécessaire ; nous aurions donc d'abord une soupe, et ensuite du thé. L'ordre des services était de mon invention : les Tibétains commencent par le thé et finissent par la soupe.

La soupe ?... Sous quel nom pourrait-elle paraître sur une carte ? — Potage Vatel serait-il bien choisi ? — A tout hasard, je divulgue la recette. D'un sac à la mode locale la plus orthodoxe, c'est-à-dire noir à force d'être crasseux, j'extrais un tout petit morceau de lard séché, cadeau d'un fermier généreux. Mon jeune compagnon le débite en une dizaine de menues pièces qu'il jette dans la marmite pleine d'eau bouillante, une pincée de sel ensuite, et un soupir : « Ah ! si nous avions un radis ou un navet !... » Mais ces friandises nous font défaut et les minuscules lamelles de lard à demi fondues dansent seules une gigue vivace dans le bouillon en ébullition — un liquide trouble dont l'odeur fade rappelle celle de l'eau de vaisselle. Toutefois, ce parfum est loin d'offusquer les narines des vagabonds que nous sommes devenus.

Maintenant, quelques poignées de farine délayée dans une tasse d'eau froide sont versées dans la marmite, et quelques minutes après, celle-ci est enlevée et posée à côté du feu. C'est le moment de se servir.

— La soupe est vraiment excellente, aujourd'hui...

— Délicieuse...

Mais, en dépit de mon long séjour au Tibet, je garde encore un vague souvenir du goût de la cuisine française et j'ajoute :

— Les chiens de mon père n'auraient jamais voulu avaler un pareil brouet !

Je ris et tends mon bol pour que Yongden le remplisse de nouveau.

Le tour du thé est venu. J'arrache un petit morceau de la brique compressée, aussi dure qu'une pierre, faite d'autant de bois que de feuilles de l'arbrisseau. Ceci est quelque peu broyé dans la main, puis jeté dans l'eau : sel et beurre sont ajoutés après une courte ébullition. En fait, c'est une seconde soupe, d'autant plus que nous ajoutons de la *tsampa* dans nos bols.

Voici le lunch terminé, nous nous sentons pleins de vigueur et d'entrain, prêts à escalader le ciel. Notre fardeau sur le dos et notre bâton ferré à la main, nous regardons hardiment en face la première chaîne de montagnes qui se dresse sur la route du pays inconnu. En route !

Non loin de l'endroit où nous avions fait halte, nous aperçûmes encore quelques petites fermes isolées dans une immense vallée supérieure qui montait en pente douce vers les cimes lointaines, puis ce fut le désert.

D'abord nous pûmes distinguer des sentiers suivis, en

été, par les gardiens de troupeaux, mais bientôt leurs traces disparurent sous l'herbe ou cessèrent d'être visibles dans les endroits pierreux et nous en fûmes réduits à notre seule habileté pour trouver notre chemin.

Le vaste plateau incliné sur lequel je m'avançais était loin de présenter un sol uni ; de petites collines, des ravins s'élevaient et le coupaient de-ci de-là. Nous plongeâmes dans un de ces derniers et en trouvâmes le fond rempli par un torrent gelé dont la surface glissante rendit notre marche difficile. Lorsque nous émergeâmes de la crevasse, nous vîmes que le plateau branchait en deux vallées. D'après les indications qui nous avaient été données, nous devions remonter une rivière mais nous en voyions deux ; l'une loin de nous, coulant au fond d'une gorge profonde, qui n'était autre que le torrent auprès duquel nous avions pris notre repas, et une autre, à nos pieds, serpentant parmi l'herbe rase et la mousse. Nos renseignements signalaient aussi, sur notre route, un camp de *dokpas*, déserté en hiver, où nous pourrions nous abriter pendant la nuit. J'étais très désireuse de l'atteindre car, à cette altitude, en décembre, la température nocturne est rude à supporter pour des gens insuffisamment couverts comme nous l'étions.

Je décidai de suivre le plus important des deux cours d'eau et nous continuâmes à avancer.

Le soleil se coucha bientôt ; une bise aigre et perçante se mit à souffler ; nous ne découvrions aucune trace de camps ni de huttes isolées. Il fallait songer à allumer du feu dans un endroit abrité pour y passer la nuit, car plus nous nous élèverions sur la montagne, plus le froid s'accroîtrait et le combustible, déjà réduit à des broussailles, au lieu où nous nous trouvions, pouvait venir à manquer tout à fait. Tandis que nous nous consultions au sujet de l'endroit à choisir, je remarquai loin devant nous, sur le banc opposé de la rivière, une tache jaunâtre qui ne pouvait être produite par un arbre portant des feuilles desséchées, car nous avions dépassé la zone des arbres et qui me paraissait — autant que je pouvais en juger à cette distance — ne point ressembler à un objet naturel, mais plutôt à une chose construite par la main de l'homme : peut-être un toit de chaume.

La curiosité, plutôt qu'un réel espoir de trouver un gîte, nous poussa en avant. Peu à peu la tache jaune grandit, sans que nous puissions toutefois discerner ce qu'elle pouvait être ; il nous apparut, ensuite, que nous voyions de la paille supportée par une charpente. C'était donc un toit ; nous avions atteint le camp dont on nous avait parlé... Mais lorsque, enfin, nous arrivâmes en face de l'objet qui nous intriguait, nous comprîmes qu'il n'y avait là qu'une provision de foin rangée sur une construction en madriers afin de la mettre hors de la portée des animaux sauvages qui auraient pu la manger en hiver, alors que le camp était abandonné. Quant à des huttes, pas une n'était visible.

— N'importe, dis-je à Yongden, même si nous ne trouvons aucune cabane de ce côté, ce foin nous sera utile. Nous en ferons tomber quelques bottes à l'aide de nos bâtons et nous dresserons un abri avec un épais lit d'herbe sèche ; ainsi, nous ne sentirons pas le froid du sol glacé et le vent sera fortement atténué. En traversant la petite rivière, nous remplirons aussi notre marmite et nous pourrons boire du thé chaud avant de nous endormir.

Descendre de la hauteur où nous nous trouvions jusqu'au fond de la vallée et remonter, de là, une haute falaise presque à pic, jusqu'au camp, nous prit longtemps et fut passablement fatigant ; mais la récompense qui nous échut nous dédommagea amplement de notre peine. En arrivant au petit promontoire, à la pointe duquel se trouvait le foin jaunissant qui avait attiré notre attention, nous eûmes l'heureuse surprise de découvrir, un peu en retrait, un véritable hameau de *dokpas* comprenant de vastes étables couvertes et, dans l'une d'elles, une chambre pour les gardeurs de troupeaux. Cette dernière consistait en un simple enclos séparé de l'espace réservé aux animaux par une solide cloison, en partie à claire-voie, et pourvu d'un foyer placé sous une ouverture percée dans la toiture. Tout autour de la demeure des hommes, dans cette maison des bêtes, l'on enfonçait jusqu'à la cheville dans une couche poussiéreuse de crotte de chèvre et de bouse de vache séchées, indiquant suffisamment le degré de propreté qui devait y régner lorsque les troupeaux y rentraient chaque soir. J'imaginais l'odeur qui parfumait, alors, le logis où j'allais passer la nuit ; mais, pour le moment, entouré de tant de combustible, il me semblait un véritable paradis.

Très probablement, nous étions les seuls êtres humains

sur cette montagne. Toutefois, nous souvenant des avertissements que l'on nous avait donnés au sujet des brigands, nous dressâmes, avant de nous endormir, une sorte de piège entre nous et l'entrée béante de l'étable. Un homme venant du dehors, pendant la nuit, n'aurait pas pu faire trois pas en avant sans se prendre les pieds dans les cordes tendues invisibles au ras du sol et le bruit causé par sa chute nous aurait réveillés. Nous ne pouvions rien demander de plus. Ce qui importait c'était de n'être point surpris dans notre sommeil.

Malgré le froid qui me faisait frissonner, je demeurai longtemps dehors, errant à travers cette sauvage station estivale merveilleusement éclairée par une énorme et brillante pleine lune.

Combien je me sentais heureuse d'être là, en route vers le mystère de ces cimes inexplorées, seule, enveloppée de silence, « savourant les délices de la solitude et du calme », comme dit un passage des Ecritures bouddhiques.

Nous aurions dû quitter le camp des *dokpas* au milieu de la nuit afin de franchir le col vers midi, mais nous étions fatigués après la longue course fournie la veille et l'agréable chaleur qui émanait du brasier, auprès duquel nous étions couchés, nous avait tenus endormis plus longtemps que nous ne l'avions projeté. Je reculai aussi devant l'idée de partir sans manger ni boire du thé chaud, car sur les hauts sommets que nous allions aborder, nous pouvions être certains que nous ne trouverions aucun combustible. Et puis, qu'allait-il advenir là-haut ? Combien de temps devrions-nous marcher avant de descendre sur l'autre versant ? — Nous ne pouvions pas le deviner. Le col était-il même praticable ? — Les paysans dans la vallée nous avaient seulement dit qu'il se pouvait qu'il le fût.

Yongden, bien naturellement, se fit un peu tirer l'oreille pour aller jusqu'à la rivière. La course était longue ; le petit cours d'eau qui coulait à peine, la veille, devait s'être entièrement gelé pendant la nuit, il faudrait rapporter des morceaux de glace qui demanderaient beaucoup de temps pour fondre... Mon fils me donnait toutes sortes d'excellentes raisons pour esquiver la corvée. Enfin il en prit son parti, trouva un peu d'eau sous la glace, entre les rochers, et nous bûmes notre thé ; mais le jour se leva avant que nous eussions quitté la place.

Un *latza*[1] que nous aperçûmes, tard dans la matinée, nous fit croire que nous allions atteindre le col. Il était, hélas ! bien loin d'en être ainsi. Derrière la petite crête sur laquelle il était érigé, s'étendait une longue allée aride enclose entre de hautes pentes raides, couvertes d'éboulis de teinte rougeâtre et une falaise rocheuse présentant une jolie variété de colorations grises et mauves. Je cherchai en vain les traces d'autres camps de pasteurs. Il me parut, d'après l'aspect complètement nu du paysage, que les troupeaux n'étaient probablement jamais conduits à une aussi haute altitude.

En face de nous, paraissant bloquer la vallée, une cime presque horizontale, couleur de brique, traçait une ligne dure sur le ciel d'un bleu sombre. Tout semblait indiquer que nous atteindrions, à son sommet, le point culminant de notre route. La distance à franchir, sans être énorme, comptait cependant pour des gens gravissant une pente en portant un fardeau, dans l'air raréfié de ces hautes régions, mais apercevoir la fin de la montée nous donnait du courage et nous nous efforcions d'accélérer le pas.

Cependant une chose m'inquiétait. Je ne découvrais aucun *latza* sur cette crête et les Tibétains qui, parfois, en construisent aussi à d'autres points d'une route montant vers un col, ne manquent jamais d'en élever un de plus grandes dimensions au sommet même de ce dernier. L'explication de cette absence de *cairn* vint d'elle-même lorsque nous arrivâmes au point d'où nous supposions pouvoir descendre sur le versant opposé.

Comment exprimer ce que je ressentis à ce moment ? C'était un mélange d'admiration et d'angoisse, j'étais à la fois émerveillée, stupéfaite et terrifiée. Soudainement, un formidable paysage, qu'enfermés dans la vallée nous n'avions pu entrevoir, se révélait à nous.

Imaginez une immensité couverte de neige, un plateau terminé très loin, à notre gauche, par un mur vertical de glaciers glauques et de pics drapés de blancheur immaculée. A notre droite, une large ondulation de terrain, bordée par deux chaînes basses, montait en pente douce

1. Voir la note page 55.

jusqu'à ce qu'elle se nivelât, à la ligne d'horizon, avec les sommets qui l'encadraient.

En face de nous le vaste plateau s'élevait aussi, graduellement, et s'évanouissait dans le lointain, sans que nous puissions distinguer s'il conduisait au sommet du col ou à un autre plateau sans issue.

Nulle description ne peut donner une idée d'un tel décor. C'était un de ces spectacles écrasants qui agenouillent les croyants, comme devant le voile cachant la Face Suprême.

Mais Yongden et moi, dès que notre premier émerveillement se fut calmé, nous regardâmes simplement l'un l'autre, en silence. Les mots étaient inutiles, nous avions clairement compris la situation.

Dans quelle direction devions-nous poursuivre notre route ? Nous n'en savions rien. Le col pouvait tout aussi bien se trouver en face de nous, qu'à notre droite. L'après-midi était déjà très avancée, une erreur de direction nous ferait errer toute la nuit sur ces sommets glacés et notre expérience d'alpinistes au Tibet datait d'assez loin pour nous rendre conscients du danger que nous y courrions. Notre exploration se terminerait probablement à son début et les explorateurs ne raconteraient jamais leur histoire.

Bien que nous fussions dans les jours les plus courts, il nous restait encore pas mal de temps avant le crépuscule et, heureusement, la lune brillerait toute la nuit. Nous n'avions encore aucune raison d'être véritablement alarmés, la chose importante était de ne pas nous tromper de route et de nous dépêcher.

Je regardai encore une fois à ma droite, inspectant le pays de ce côté, puis je décidai : marchons droit devant nous et nous repartîmes.

Le piquant de l'aventure m'excitait et quoique la couche de neige devînt de plus en plus épaisse, je progressais assez rapidement.

Dominée par le désir d'atteindre le col ou de découvrir si nous étions engagés dans une fausse direction, je devançai rapidement Yongden plus lourdement chargé que moi.

Après avoir parcouru une assez grande distance, voulant m'assurer que le jeune homme ne s'attardait pas, je me retournai dans sa direction.

Jamais je n'oublierai le tableau qui surgit devant moi.

Très loin, parmi la silencieuse immensité blanche, un minuscule point noir se mouvait lentement, semblable à un insecte lilliputien grimpant avec effort le long de l'énorme plateau incliné. Plus qu'aucun des nombreux sites grandioses et terrifiants que j'avais contemplés jusque-là au « Pays des Neiges », ces glaciers géants et cette vaste étendue morne soulignaient la disproportion écrasante existant entre la fantastique région des hautes cimes et les chétifs voyageurs qui avaient osé s'y aventurer, seuls, au cœur même de l'hiver.

Un inexprimable sentiment de pitié m'envahit. C'était moi qui avais amené là le fidèle compagnon de tant de mes randonnées téméraires. Pouvait-il se faire qu'il pérît dans ces solitudes comme ces pèlerins égarés dont l'on rencontre, parfois, les corps raidis sur les hauts sommets du Tibet ? Une telle fin, qui m'eût peut-être souri, était inadmissible pour lui. Je trouverais le chemin, j'en avais le devoir. Sans aucun doute, nous nous tirerions de ce pas difficile comme nous l'avions fait de bien d'autres.

C'était, moins que jamais, le moment de s'abandonner à une émotion inutile. Déjà le soir atténuait la blancheur aveuglante du paysage ; nous aurions dû, à cette heure, être descendus loin sur l'autre versant.

Je me remis en marche, bondissant parfois en m'aidant de mon long bâton ferré, avançant je ne sais trop comment, mais sans arrêt.

Enfin, je distinguai un monticule couvert de neige. Il en émergeait un buisson de branches sèches portant de petites banderoles raidies et frangées de glace qui cliquetaient au vent avec un bruit sec. C'était le *latza*, le sommet du col.

Je fis des signaux à Yongden qui m'apparaissait plus lointain et plus minuscule que jamais, semblant près de se dissoudre dans l'ombre crépusculaire. Il ne les aperçut pas tout d'abord mais, après quelques instants je le vis agiter son bâton. Il avait compris que j'étais arrivée.

Comme je l'attendais auprès du cairn, la lune se leva. Ses rayons touchèrent les glaciers, les pics vêtus de neige, toute l'immense plaine blanche et, dans la direction que j'allais prendre, quelques vallées inconnues que le gel argentait.

Le paysage impassible, contemplé dans la journée, paraissait s'éveiller sous la clarté qui le métamorphosait.

De fugitives étincelles s'allumaient sur le tapis de neige, répondant aux éclats lumineux partant des cimes, des murmures passaient, portés par le vent, d'indéchiffrables messages semblaient être échangés.

Peut-être les elfes et les fées de ces montagnes vierges, les lutins et les gnomes, gardiens de cavernes mystérieuses, allaient-ils s'assembler, jouer et danser sur le blanc plateau solitaire doucement illuminé. Ou bien quelque grave conseil devait-il se tenir entre les glauques géants casqués de froide lumière montant la garde au seuil des régions inviolées.

Qui sait les mystères qu'aurait pu pénétrer le passant assez audacieux pour demeurer là, caché, immobile jusqu'à l'aurore... Mais le froid nous interdisait cette veille téméraire et la nuit ensorcelante garda son secret.

Les Tibétains ne crient pas *Lha gyalo* pendant la nuit. Je suivis la coutume et me bornai à jeter dans les six directions le vieux mantra sanscrit : *Çoubham astou sarvadja gatam* (Que tous les êtres soient heureux).

Yongden qui avait repris courage et accéléré le pas en comprenant le sens des signaux, me rejoignit bientôt et, sans nous attarder davantage, nous commençâmes la descente.

La piste se distinguait sans difficulté. La neige n'était pas épaisse sur ce versant et le sol — un gravier jaunâtre — apparaissait fréquemment.

Quelle pouvait être l'altitude du col de Déou ? Je n'oserais pas m'aventurer à le dire n'ayant pu me livrer à aucune observation précise à ce sujet. Toutefois, lorsque pendant des années l'on a parcouru de nombreuses hautes chaînes d'une même région, l'on peut, à l'aide de certains indices et de leur comparaison avec les remarques faites sur les sommets dont la hauteur est connue, se faire une idée approximative de l'élévation que l'on atteint. Pendant mon ascension j'avais attentivement observé les plantes et les lichens et noté divers autres détails. J'en déduisais que l'altitude du col égalait probablement, si elle ne l'excédait pas, celle de la Dokar *la* que j'avais franchie deux mois auparavant et, probablement aussi, celle de la Nagou *la* et de différents autres cols que je connaissais, dont l'altitude varie entre 5 489 mètres et

5 555 mètres. Mais, je le répète, je n'ai sur ce sujet, que de simples présomptions.

Nous n'ignorions point qu'il nous faudrait marcher pendant une partie de la nuit avant de gagner la zone où nous trouverions du combustible, mais ceci nous importait peu. Nous avions trouvé le col et l'avions franchi sans accident, cet heureux début de notre exploration nous rendait tout joyeux.

Dans cet agréable état d'esprit, nous atteignîmes une vallée dont une petite rivière congelée avait rempli le fond d'une couche de glace polie comme un miroir. Aucune trace de piste n'était, naturellement, plus visible et nous en fûmes réduits, encore une fois, à errer de droite et de gauche, cherchant à découvrir un signe quelconque nous indiquant la direction à suivre. Enfin, je trouvai la piste au pied de la montagne et nous n'eûmes plus, dès lors, qu'à la suivre, descendant une pente très douce sur un terrain uni qui rendait la marche aisée.

La promenade, sous un brillant clair de lune, devenait vraiment charmante. Bientôt quelques buissons se montrèrent, dispersés dans les alpages, en dehors d'eux la contrée était toute nue.

Nous ne pouvions songer à nous arrêter sans allumer du feu. Un vent glacial descendant des sommets neigeux balayait la vallée qui s'était considérablement élargie. Sa violence croissait d'instant en instant, nul abri n'était en vue et, seul le mouvement que nous nous donnions nous tenait chaud.

Nous marchâmes ainsi jusqu'à deux heures du matin. Il y avait dix-neuf heures que nous étions en route sans nous être arrêtés un moment, sans avoir mangé ni bu. Chose assez surprenante, je ne me sentais pas fatiguée, j'éprouvais seulement un grand besoin de dormir.

Yongden était parti à la recherche de combustible, lorsque j'en découvris près de la rivière, à un endroit où devaient habituellement camper, en été, les voyageurs allant du pays de Po à celui de Dainchine ou vice versa.

Je hélai mon compagnon et ramassai une large quantité de bouse de yak sèche que j'emportai dans le pan de ma robe. Nous pouvions être certains que pas un être humain ne se trouvait dans ces solitudes, je décidai donc que nous planterions notre tente entre des broussailles, dans un endroit légèrement encaissé.

Le plus pressé était d'allumer du feu. Je laissai tomber à terre la *djoua*[1] que j'avais apportée et Yongden tira le briquet et ses accessoires de la petite bourse spéciale qu'il portait attachée à sa ceinture, selon la mode tibétaine.

Mais que se passait-il donc ? Pas une étincelle ne jaillissait du silex. Le jeune homme s'acharnait en vain, autant eût valu qu'il frappât une motte de terre avec ses doigts pour en tirer du feu. Inspectant la bourse, il s'aperçut qu'elle était humide. Elle s'était probablement mouillée ainsi que le briquet qu'elle contenait, tandis que nous traversions les champs de neige, en montant vers le col.

Quoi qu'il pût en dire, nous demeurions sans feu. La situation ne laissait pas que d'être sérieuse. Nous ne nous trouvions plus sur le sommet de la montagne, dans quelques heures le soleil se lèverait et, bien que la rivière, à côté de nous, fût couverte d'une épaisse couche de glace, nous n'avions guère à redouter de nous geler ; mais il n'en était pas moins certain que, par cette nuit de décembre, nous courions grand risque de prendre une pneumonie ou quelque autre vilaine maladie analogue.

— Jétsunema[2], me dit soudain Yongden, en déposant sur le sol le petit sac contenant le briquet inutile, « vous êtes une initiée en *toumo réskiang* et pouvez vous passer de feu. Réchauffez-vous et ne vous occupez pas de moi. Je vais sauter et courir pour me tenir le sang en mouvement ; n'ayez crainte, je ne prendrai pas mal.

Il était vrai que j'avais étudié auprès de deux anachorètes tibétains l'art singulier d'accroître la chaleur du corps. Pendant longtemps, les histoires rapportées dans les livres tibétains et celles que j'entendais raconter autour de moi sur ce sujet m'avaient fortement intriguée. Comme j'ai l'esprit quelque peu enclin aux investigations critiques et expérimentales, je ne manquai pas de concevoir un vif désir de voir par moi-même ce qui pouvait exister sous ces récits que j'étais tentée de tenir pour de pures fables.

Avec les plus grandes difficultés, après avoir fait montre d'une persévérance obstinée dans mon désir d'être initiée à ce secret et m'être résignée à subir un certain

---

1. *Djoua* : bouse de yak ou de vache appelée aussi *ongoua* au Tibet septentrional.
2. *Jétsunema*, révérende dame.

nombre d'épreuves passablement fatigantes et quelquefois même un peu dangereuses, je réussis, enfin, à apprendre et à « voir ».

Je vis quelques-uns de ces maîtres en l'art de *toumo* assis sur la neige, nuit après nuit, complètement nus, immobiles, abîmés dans leurs méditations, tandis que les terribles rafales de l'hiver tourbillonnaient et hurlaient autour d'eux.

Je vis, à la brillante clarté de la pleine lune, l'examen fantastique passé par leurs disciples : quelques jeunes hommes étaient conduits, au cœur de l'hiver, sur le bord d'un lac ou d'une rivière et, là, dépouillés de tous vêtements, ils séchaient à même leur chair des draps trempés dans l'eau glaciale. Un drap devenait-il à peine sec qu'un autre le remplaçait aussitôt. Raidi par le gel dès qu'il sortait de l'eau, il fumait bientôt sur les épaules du candidat *réskiang*[1], comme s'il eût été appliqué sur un poêle brûlant.

Mais, mieux encore, j'appris le genre d'entraînement qui permet d'accomplir ces tours de force bizarres et, plus que jamais curieuse de pousser l'expérience jusqu'au bout, je m'y exerçai moi-même pendant cinq mois d'hiver, portant la mince robe de coton des novices à 3 900 mètres d'altitude[2].

Toutefois, ayant appris ce que je souhaitais, il devenait inutile de prolonger mon apprentissage. Je n'étais point appelée à vivre habituellement dans les régions en vue desquelles ces pratiques ont été inventées.

J'avais donc repris les habitudes plus vulgaires de faire du feu et de porter des vêtements chauds et étais fort loin d'être passée maître en *toumo réskiang* comme mon compagnon se l'imaginait.

— Retournez à l'emplacement du camp et ramassez autant de bouse sèche et de menues branches que vous le pourrez, dis-je au lama. L'exercice vous empêchera de vous refroidir. Je vais m'occuper du feu.

---

1. *Rès Kyang* signifie : « un coton seulement », sous-entendu un vêtement de coton, parce que ceux qui se livrent à cet entraînement, de même que ceux qui y sont experts, ne portent, comme unique vêtement, qu'une jupe et une veste de coton.

2. Trop longue pour pouvoir trouver place, ici, l'explication des moyens employés pour produire *toumo* sera donnée dans un ouvrage traitant de l'entraînement psychique chez les Tibétains.

Il obéit, convaincu que le combustible serait inutile, mais une idée m'était venue.

Le briquet et ses accessoires : le petit silex et la mousse pour recevoir les étincelles [1], pensai-je, sont froids, humides ou quoi de plus, je n'en sais rien. Ne pourrais-je pas les remettre en état de fonctionner en les réchauffant sur moi, de la même manière que je séchais des draps mouillés quand j'étudiais *toumo réskyang* ? Il n'en coûtait rien d'essayer.

Je plaçai le briquet, le silex et une pincée de mousse sous mes vêtements et commençai l'exercice prescrit.

J'ai dit que je sentais le besoin de dormir, lorsque je m'arrêtai pour camper. Le mouvement que je m'étais donné en aidant à planter la tente et en m'efforçant de faire du feu avait un peu secoué mon assoupissement, mais maintenant que je demeurais tranquillement assise, le sommeil me gagnait peu à peu. Mon esprit, néanmoins, restait entièrement concentré sur l'idée de *toumo* et, machinalement, mais sans qu'aucune autre pensée l'en fasse dévier, continuait dans l'état de demi-rêve, la marche régulière de la pratique commencée.

Bientôt je vis des flammes s'élever autour de moi ; elles grandirent de plus en plus, m'enveloppèrent, courbant leurs langues rouges au-dessus de ma tête. Je me sentais pénétrée par un délicieux bien-être...

Un bruit pareil à celui du canon me fit sursauter : la glace se fendait sur la rivière. Instantanément, les flammes qui m'entouraient s'abaissèrent et disparurent comme si elles rentraient sous terre.

J'ouvris les yeux. Le vent soufflait plus violemment encore qu'auparavant. Mon corps brûlait ; le résultat du rite, ou un accès de fièvre ? Je ne m'attardai pas à rechercher ce qui en était.

Le briquet allait faire son devoir, j'en étais convaincue. Je continuais mon rêve bien que je me fusse levée et marchasse vers la tente. Je sentais le feu sortir de ma tête, s'échapper de chacun de mes doigts.

Je plaçai une poignée d'herbe sèche sur le sol, un tout petit fragment de bouse très sèche par-dessus, je saisis un peu de mousse entre mes doigts et je frappai le silex.

1. Non pas de la véritable mousse. Les Tibétains se servent du duvet dont sont couvertes certaines plantes des hautes altitudes.

Une vive étincelle en jaillit. Je frappai de nouveau, une nouvelle étincelle s'échappa... une autre... une autre ; un feu d'artifice en miniature...

Le feu était allumé, une petite flamme enfant, avide de se nourrir, de grandir et de vivre. J'ajoutai des brindilles et elle bondit plus haute. Lorsque Yongden revint avec une forte quantité de bouse sèche et quelques branches sous son bras, il fut joyeusement étonné.

— Comment avez-vous fait ? me demanda-t-il.

— C'est le feu de *toumo*, répondis-je en souriant.

Le lama me regarda attentivement.

— C'est vrai, dit-il, votre visage est tout rouge et vos yeux sont si brillants...

— Bon, bon, répliquai-je, c'est parfait. Dispensez-vous de commentaires sur ce sujet et préparez-moi vivement une bonne tasse de thé beurré. J'ai besoin d'une boisson chaude.

Je craignais un peu quelque suite fâcheuse pour le lendemain, mais je me réveillai en parfaite santé quand le soleil pénétra à travers le mince coton de notre tente.

Ce même jour nous sortîmes de la vallée que nous suivions depuis le pied de la Déou *la*. Elle débouchait dans une autre vallée beaucoup plus large, qui s'allongeait à perte de vue entre de hautes chaînes de montagnes.

Le soleil brillait moins vif que d'ordinaire, quelques légers nuages blancs erraient par le ciel d'un bleu plus pâle qu'il ne l'avait été pendant les semaines précédentes. Baignant dans une lumière très douce, le pays absolument vide où nous entrions dégageait une impression toute spéciale de fraîcheur et de jeunesse. Nul vestige de campement, nulle trace de vie humaine n'étaient visibles.

Nous cheminions à travers ce charmant désert comme si nous avions été les premiers et les seuls habitants de la terre inspectant leur domaine.

Nous ne craignions pas de nous égarer ayant pour guide une claire rivière formée de plusieurs cours d'eau : celui venant du col de Déou, un autre descendant des pentes qui paraissaient bloquer la vallée et un gros ruisseau sortant d'une sorte de redan de la montagne. Après quelques heures de marche, je distinguai vaguement des points noirs dispersés parmi l'herbe rase. La distance à laquelle ils se trouvaient ne nous permettait pas de reconnaître leur nature, mais me rappelant ce qui m'avait été dit à

Tachi tsé au sujet de *dokpas* passant l'hiver dans ces alpages, je devinai qu'il s'agissait de yaks et nous nous mîmes à chercher du regard l'habitation des maîtres du troupeau. Nous marchâmes encore longtemps avant de découvrir un camp bâti en pierres sèches, selon la coutume des Tibétains vivant dans les hautes terres.

Un *chörten* et un petit *mendong* attestaient la piété des habitants du lieu. Mais au Tibet, comme partout ailleurs, les démonstrations extérieures de la dévotion ne sont pas toujours accompagnées par une pratique effective de la bienveillance et de la charité.

Lorsque Yongden demanda un abri pour la nuit, il lui fut brutalement répondu de passer son chemin et de s'adresser ailleurs.

Nous continuâmes donc à descendre la vallée et, chemin faisant, arrivâmes à une hutte dans laquelle les *dokpas* conservaient les ossements de leurs morts sous la forme de *tsa-tsa*.

Les lamaïstes, comme la grande majorité des bouddhistes, sont partisans de la crémation, mais le bois faisant défaut sur la plus grande partie du territoire tibétain, la crémation ne laisse pas que d'y être une pratique difficile. Lorsqu'il s'agit d'ecclésiastiques de haut rang, l'on obvie au manque de combustible en remplaçant le bûcher par un énorme chaudron rempli de beurre, dans lequel le corps du défunt est consumé.

Quant à la majorité des Tibétains, leurs cadavres sont généralement transportés sur les montagnes et souvent dépecés avant d'y être abandonnés aux vautours et aux autres animaux sauvages.

Quand la chair a été entièrement dévorée et que les os sont devenus parfaitement secs, la famille du défunt ramasse ce qui en reste et le remet à un lama qui pile les débris jusqu'à en faire une fine poussière, puis, mêlant cette poussière à de la terre humide, il confectionne, à l'aide d'un moule, un certain nombre de minatures *chörtens* appelées *tsa-tsa*. Ces derniers sont alors conservés dans des endroits *ad hoc* personnels ou collectifs.

La hutte aux *tsa-tsa* que nous avions rencontrée n'était pas entièrement remplie, il y restait assez de place pour nous permettre de nous y étendre, mais nul combustible n'était à portée et Yongden, désireux de souper, préféra tenter sa chance à un autre camp.

Nous arrivâmes à ce dernier à la nuit tombante. La réponse y fut encore moins courtoise qu'à celui que nous avions visité en premier lieu et nous dûmes nous garder des chiens que l'on n'envoya pas précisément sur nous, mais dont on n'arrêta pas non plus les manifestations inquiétantes.

Nous passâmes donc la nuit en plein air sur un petit belvédère rocheux.

Le lendemain, continuant à descendre la vallée qui se rétrécissait graduellement, nous arrivions, dans le courant de l'après-midi, auprès d'un pont. Ma surprise fut très grande d'en rencontrer un sur cette piste d'été si peu fréquentée. Toutefois, le pont n'avait rien de monumental, il ne ressemblait en rien à ceux que j'avais rencontrés dans la vallée de Nou tchou. Quatre ou cinq baliveaux de sapin reposant sur des piles et quelques larges pierres à peu près plates, jetées sur ceux-ci, de distance en distance, pour y poser le pied, constituaient cette œuvre d'art.

Si misérable qu'elle fût, cette longue passerelle n'avait pas été établie à cet endroit précis sans une raison quelconque. La piste, sans doute, y passait sur l'autre rive et, pourtant, je la voyais continuer en face de moi, large et nettement marquée. J'étais fort intriguée ; qu'allions-nous faire ? Traverser la rivière ou non ?...

Je décidai de traverser. Tout d'abord mon choix ne parut pas avoir été heureux ; nous tombâmes au milieu de fourrés d'épines croissant sur un terrain marécageux, parmi lesquels on ne distinguait plus aucune trace de sentier. Je me sentais tentée de camper, si je pouvais découvrir un endroit à peu près convenable, et de remettre au lendemain le soin de chercher ma route, lorsqu'en regardant autour de moi j'aperçus quelques enfants qui gardaient des bestiaux non loin du bord de la rivière. Sortant des halliers je me dirigeai vers eux pour les interroger.

J'appris qu'il existait un camp de *dokpas* de l'autre côté de l'eau, sur la rive que nous venions de quitter.

Les petits pâtres me dirent aussi que je me trouvais au pied de trois cols qui, tous les trois, donnaient accès dans les pays des Popas.

L'un d'eux était bloqué par une énorme quantité de neige. Ils en étaient certains. Quant aux deux autres, ils ne pouvaient rien affirmer à leur sujet ; peut-être l'un ou l'autre, ou même les deux, étaient-ils encore praticables.

Pendant que nous causions avec les gamins, une femme arriva qui nous répéta exactement ce que nous venions d'entendre touchant les trois voies menant au pays de Po. Elle nous conseilla de tenter le passage par le col du milieu appelé Aigni *la*. Le mieux, disait-elle, était de continuer immédiatement notre route dans cette direction, aussi loin que nous le pourrions, de camper n'importe où où nous trouverions de l'eau et du bois et de repartir avant le jour.

La course était longue, ajoutait-elle, et même si le col demeurait encore libre, nous devions nous attendre à traverser d'épaisses couches de neige vers le sommet, ce qui nous empêcherait d'avancer rapidement.

La perspective n'était rien moins qu'agréable pour des gens qui venaient précisément de se débattre dans la neige au passage d'une autre chaîne. Vraiment, les renseignements fournis par cette bonne femme n'engendraient pas la gaieté.

Nous étions, toutefois, préparés à entendre de semblables nouvelles, ayant été dûment avertis à Tachi tsé de ce qui nous attendait en cette saison, dans la traversée des montagnes. Jusqu'à présent, cependant, tout s'était bien passé, et nous pouvions, tout au moins, espérer que notre bonne chance continuerait.

Il importait pourtant que nous nous hâtions.

Les circonstances ne nous avaient point permis de suivre les bons avis des villageois de Tachi tsé, quant à la quantité de provisions qu'il convenait d'emporter pour notre voyage, et nos vivres touchaient à leur fin.

Dans ces conditions, nous aurions dû nous réjouir de nous trouver si près d'une région habitée où nous pourrions nous ravitailler et de penser que très probablement, le lendemain,à cette heure même, nous descendrions vers les villages de ce Po yul dont nous parlions et rêvions depuis des années. Cependant, une vague mélancolie nous assombrissait tous les deux. Je n'y pouvais trouver d'autre raison que la fatigue nerveuse que nous avait laissée le passage de la Déou *la*.

Quoi qu'il en pût être, cette fois comme bien d'autres, nous n'avions pas grands loisirs à consacrer à l'analyse de nos sentiments. La chose nécessaire était d'atteindre le sommet de la montée le lendemain de bonne heure, afin d'avoir autant de temps que possible devant nous pour reconnaître les pistes, s'il s'en présentait plusieurs sur le versant opposé et pour parer au retard que des incidents imprévus pourraient nous causer.

Nous allions donc nous remettre en route lorsqu'un homme portant une charge de bois, émergea des broussailles.

Yongden fut forcé, ainsi qu'à chaque nouvelle rencontre que nous faisions, de raconter l'histoire, en partie inventée, de nos nombreux et édifiants pèlerinages et de fournir des détails sur notre pays natal.

Lorsque l'interrogatoire fut terminé, mon compagnon s'enquit encore une fois de l'état des cols et de la distance que nous avions à parcourir pour les atteindre. Les réponses du *dokpa* confirmèrent de point en point ce qui nous avait déjà été dit. Lui aussi nous conseillait de tenter le passage par l'Aigni *la,* la route était plus longue, mais beaucoup meilleure à la descente vers le Po yul. De ce côté, affirmait-il, nous trouverions aussi des cabanes de pasteurs, abandonnées en cette saison, qui nous serviraient d'abris en chemin. Il ne les avait jamais vues, mais tout le monde savait que les Popas amenaient leurs troupeaux très haut dans ces parages durant les mois d'été, et les voyageurs disaient que l'on rencontrait des camps sur la piste même.

Ces derniers renseignements avaient leur utilité, mais ce qui m'intéressait bien davantage, c'était d'apprendre quelque chose sur les sources de la rivière qui traverse tout le sud du pays de Po[1]. Il aurait, toutefois, été imprudent de ma part de poser des questions directes. Les *ardjopas,* à moins qu'ils n'aient parcouru plusieurs fois un même itinéraire, n'ont aucune connaissance géographique de la contrée qui s'étend devant eux et, de plus, se soucient fort peu d'en acquérir. Je ne devais point paraître savoir qu'il existait une rivière qui descendait de ces montagnes vers le Po mèd pour aller rejoindre le Yésrou Tzangpo. Faire ouvertement montre de préoccupations concernant la ligne de partage des bassins de la Salouen et du Brahmapoutre m'eût rendue extrêmement

1. Appelé *Po mèd* : le bas pays de Po.

suspecte. Je tournai la difficulté en affectant des soucis d'ordre purement matériel.

— Et à propos de l'eau, demandai-je, en trouverons-nous de l'autre côté du col ?

— N'ayez crainte, répondit l'homme, vous suivrez une rivière jusqu'à ce que vous arriviez à des pâturages. C'est tout ce que je puis vous dire. Je n'ai jamais été plus loin.

— Est-ce qu'il y a aussi de l'eau sur la route descendant de la Gotza *la* ? demandai-je encore.

— Oui, mais la rivière est plus petite.

— Et au troisième col ?...

Je sentais que j'insistais trop, mais puisque la neige et le manque de nourriture allaient m'empêcher d'explorer la montagne aussi longuement que je l'aurais désiré, je voulais me renseigner autant qu'il m'était possible. J'aurais opté pour le passage par la Gotza *la*, si j'avais eu quelque bonne raison de croire cet itinéraire plus intéressant que celui empruntant l'Aigni *la*.

— Quoi ? répliqua mon interlocuteur, en fronçant le sourcil, vous ne pouvez pas passer par la Yeun-tsong *la*, elle est bloquée par la neige... Les Popas disent qu'il y a une grande rivière de ce côté... Qu'est-ce que cela peut vous faire ?

Yongden s'interposa vivement.

—Ah ! dit-il en riant, vous ne connaissez pas la vieille mère, elle craint toujours de manquer de thé. Ses yeux sont continuellement à la recherche des ruisseaux et d'une place où se reposer. Si je l'écoutais, nous passerions plus de la moitié de la journée à boire.

Le *dokpa* se mit à rire à son tour.

— Ah ! ah ! répondit-il, le thé est vraiment une bonne chose, surtout pour les femmes, qui ne boivent pas autant d'alcool que nous.

Tout en bavardant ainsi, mon lama venait d'avoir une inspiration soudaine :

— Frère aîné, dit-il au Tibétain, rien n'est meilleur que d'amasser des mérites en faisant de bonnes actions, cela est utile et profitable non seulement pour cette vie, mais pour celles qui suivront.

Le bonhomme ne pouvait qu'acquiescer à cette déclaration édifiante, ce qu'il fit en inclinant la tête deux ou trois fois.

— Voyez, continua Yongden, je suis un lama et voici une vieille femme [1], ma mère, une *ngagspa youm* [2], nous sommes tous deux *néskorpas* [3], et nous rendre service serait, sans aucun doute, un acte très méritoire. Prêtez-nous des chevaux et conduisez-nous jusqu'au sommet du col de Aigni.

La tentative était hardie. Persuader un *dokpa* de donner ses services gratuitement, alors qu'il n'y est pas forcé par une réquisition en règle émanant de ses chefs directs, est généralement chose impossible. Nous avions, tous les deux, cachés dans nos ceintures, des arguments sonnants qui eussent décidé l'homme immédiatement et épargné un tas de phrases diplomatiques, mais nous ne jugions pas prudent d'en faire usage dans ce pays.

Assise sur l'herbe, je suivais, très amusée, la joute entre les deux rusés compères. Mais le *dokpa* n'était pas de taille à se mesurer avec mon fils adoptif qui, en certains points, aurait pu en remontrer à Ulysse lui-même. Cependant sa victoire ne fut pas complète ; il n'obtint qu'un seul cheval que nous monterions à tour de rôle, tandis que le *dokpa* porterait nos sacs sur son dos. Même ainsi réduite, cette bonne chance me paraissait miraculeuse.

Il ne pouvait être question d'emmener le cheval ce même soir et de le laisser sans abri pendant toute la nuit, sur la montagne. D'autre part, Yongden ne voulait pas se séparer du *dokpa*, de crainte qu'une fois hors de son influence, celui-ci ne revînt sur sa promesse. Il lui demanda donc la permission de coucher chez lui. L'homme réfléchit une seconde ou deux et consentit.

Nous devions, maintenant, retraverser la rivière, le camp des pasteurs se trouvant sur la rive opposée, celle que nous venions de quitter. Je craignais d'ôter mes bottes de feutre et de laisser voir mes jambes trop blanches qui

1. Je suis, certainement, loin de la prime jeunesse, mais pour changer complètement ma personnalité je m'étais gratifiée d'un certain nombre d'années supplémentaires et j'affectais, en présence des Tibétains, les allures de la décrépitude la plus complète, bien propres à écarter l'idée que je pouvais être une exploratrice si jamais des enquêtes avaient lieu à mon sujet. Malgré tout, je portais mal, paraît-il, les soixante-deux ans que je m'étais donnés. Des femmes s'étonnaient de me voir toutes mes dents et pas de cheveux gris. Je décidai donc de diminuer quelque chose de cet âge respectable et le réduisis à cinquante-six ans que je conservai jusqu'à Lhassa où j'eus la coquetterie de me rajeunir encore un peu.

2. Voyez page 54.

3. Pèlerins. Littéralement : quelqu'un qui va d'un lieu de pèlerinage à l'autre.

pourraient étonner les gens se trouvant avec nous. Pour sortir d'embarras je prétextais les rhumatismes dont je souffrais. Je ne pouvais, dis-je, me tremper dans l'eau glacée sans éprouver, ensuite, un redoublement de douleurs. Je préférai donc faire un détour et passer sur le pont. Mais le brave Tibétain, en qui fructifiaient déjà les exhortations morales de mon lama, brûlait d'accomplir quelques actes méritoires, espérant peut-être atténuer ainsi les conséquences funestes[1] des brigandages qu'il avait probablement sur la conscience. Il déclara qu'il nous porterait l'un après l'autre à travers les petits cours d'eau.

Cette solution me plaisait, car elle me dispensait de faire une course assez longue. Toutefois, je ne laissais pas que d'être embarrassée au sujet de mon pistolet automatique, du petit sac contenant de l'or, suspendu sur ma poitrine, et de la ceinture bourrée d'argent que je portais sous ma robe.

Lorsque cet homme m'aura sur son dos, pensais-je, il remarquera que je suis bien lourde pour ma taille et sentira, sans doute, que j'ai des objets durs sous mes vêtements... S'il s'avise de penser que nous avons de l'argent caché sur nous, nous courrons le risque d'être assassinés... Ce serait vraiment dommage, maintenant que notre voyage est en si bonne voie et que nous avons lieu d'espérer sa réussite complète.

Si notre futur guide avait été seul j'aurais pu assez aisément changer un peu de place les divers objets compromettants, de façon à éviter leur contact avec le dos ou les mains de mon passeur, mais la femme et les gamins nous suivaient en babillant.

Je trouvai pourtant un moyen de m'arranger. M'arrêtant un instant, je simulai le geste, familier à tous les Tibétains, de quelqu'un — je prie mes lecteurs de m'excuser — que des poux tourmentent et qui cherche à découvrir ces animaux désagréables dans sa robe. Ce faisant, j'arrivai à pousser mon pistolet automatique sous une aisselle, le petit sac contenant de l'or sous l'autre et à remonter ma ceinture. Nul de ceux qui étaient présents n'accordèrent

1. Les lamaïstes, comme les autres bouddhistes, parlent de « conséquences » suivant les actes, mais jamais de récompenses ou de châtiments parce que, d'après leur doctrine, causes et effets se suivent par l'action des lois naturelles sans que nul dieu ait à agir en tant que juge.

la moindre attention à mes mouvements, leur motif étant clair et habituel à chacun d'eux.

Notre arrivée au camp des *dokpas* n'excita guère de curiosité ; Yongden et moi paraissions de vulgaires pèlerins loqueteux comme l'on en rencontre sur toutes les routes du Tibet. Un homme nous conduisit à une petite cabane servant d'abri aux chèvres ; le sol couvert de *rima* [1] l'indiquait clairement. Peut-être même les bêtes devaient-elles partager cette demeure avec nous pendant la nuit ; une telle familiarité entre les gens et leur bétail n'est pas rare parmi les pasteurs tibétains.

Je regrettais d'avoir rencontré ces garçons et cette femme qui nous avaient tout d'abord retardés. Sans eux, nous aurions campé seuls, parmi les buissons, dans un endroit beaucoup plus propre que cette étable et nous aurions pu explorer la montagne à loisir. Maintenant que nous avions été vus, il faudrait nous en tenir strictement à notre rôle de *néskorpas* mendiants, car les habitants de cette région ont une réputation sinistre en tant que brigands.

Au Tibet, à moins d'être convaincu de n'avoir été aperçu par personne, il est toujours plus prudent de passer la nuit avec les gens du pays, même si l'on est certain qu'ils sont de fieffés bandits. La raison est que la grande majorité des Tibétains, à moins qu'ils ne soient ivres, ne défendent leur vie ou n'obéissent à quelque raison tout à fait exceptionnelle, hésitent fortement à commettre un meurtre. Ce sentiment est un résultat de l'enseignement bouddhiste sur le respect de la vie qui a imprégné l'esprit des populations tibétaines.

Il s'ensuit que si un homme est laissé libre de continuer sa route après avoir été dépouillé et s'il peut désigner clairement l'endroit où le méfait a été commis, les voleurs courent le risque qu'une plainte soit déposée contre eux.

Aussi villageois et *dokpas,* sans exception, préfèrent-ils toujours perpétrer leurs coups à distance de leur résidence habituelle. De cette façon, il leur est facile de répondre aux enquêtes qui peuvent être faites : « Nous n'avons pas eu connaissance de la chose. Nous ne som-

1. *Rima* : crotte de chèvre ou de mouton.

mes pas les voleurs. Ceux-ci doivent avoir été des gens d'une autre province qui traversaient la région... »

Dès que j'eus déposé mon fardeau, je demandai quelques morceaux de bouse de vache enflammée pour allumer du feu et m'informai au sujet des chiens : pouvais-je, sans danger, m'en aller seule puiser de l'eau à la rivière ?

A ce moment, une femme nous apporta du lait caillé et du thé et je remis tout travail à plus tard, préférant me réconforter d'abord.

Le chef de famille vint aussi nous examiner et causer avec Yongden ; ce qu'il apprit dut le satisfaire et nous faire juger dignes d'être admis dans son habitation. Il nous quitta sans rien dire, mais quelques minutes après son départ, un autre homme nous informa que nous ne devions pas nous occuper de notre souper parce que nous mangerions chez le maître et il nous invita à le suivre.

Le soleil était déjà couché quand nous entrâmes chez nos hôtes. Un grand feu flambait et, sur un gigantesque trépied, reposait un énorme chaudron dans lequel bouillait quelque chose qui semblait inspirer le plus vif intérêt aux gens de la maison, car tous regardaient la marmite avec une attention profonde.

Nous fûmes reçus assez poliment. Le chef de la famille étendit un morceau de tapis en guenilles pour le lama, et les femmes qui filaient au bas bout du foyer m'invitèrent à m'asseoir près d'elles sur le plancher.

Alors commença la conversation habituelle à propos de notre pays natal et de nos pèlerinages. Le sujet une fois épuisé, le maître et d'autres membres de la famille désirèrent aussi — comme d'ordinaire — profiter de la présence du lama pour lui soutirer en services ecclésiastiques, au moins l'équivalent de la valeur qu'ils attribuaient à l'hospitalité qu'il recevait.

Yongden eut donc à payer en oracles, bénédictions et bons offices analogues, le thé, la *tsampa* et l'abri dont nous jouissions tous deux.

L'air de notre hôte, me dit-il plus tard, ne lui revenait point, il lui paraissait avoir la physionomie et les manières d'un brigand déterminé. Aussi, parce que d'une part, nous avions réellement besoin de provisions et de l'autre, parce que le souci de notre sécurité nous conseillait de convaincre nos hôtes de la réalité de notre dénuement, mon compagnon demanda la permission de s'absenter afin d'aller mendier dans le campement. Cette pratique étant habituelle aux *ardjopas*, nul ne témoigna le moindre étonnement.

— Ma mère est fatiguée, dit-il aux *dokpas* avant de s'en aller. Elle va dormir tout de suite. Nous devrons partir au milieu de la nuit, elle n'a pas trop de temps pour se reposer. Venez ici, mère, continua-t-il en s'adressant à moi. Couchez-vous. Je ne resterai pas longtemps absent.

Il s'en alla et je m'étendis à sa place sur le morceau de tapis qu'il laissait libre, appuyant ma tête sur mon sac, après l'avoir calé avec celui de mon fils, de sorte qu'on ne pouvait toucher à l'un des deux sans déranger l'autre. Les voyageurs tibétains ne négligent jamais les précautions de ce genre, car à moins de passer la nuit chez des parents ou amis intimes, ils ont toujours lieu de redouter quelques menus larcins.

Je fis semblant de m'endormir mais, bien entendu, restai éveillée. Les paupières abaissées, j'observai mes hôtes à travers mes cils, les écoutant parler, prête pour un événement imprévu.

Pendant quelque temps, la conversation roula sur nous ; mais sans avoir rien de particulièrement intéressant ; un court silence suivit, puis une phrase me mit sur le qui-vive :

— Que peuvent-ils bien porter dans leurs sacs ? disait à voix basse, le maître de la maison.

Peut-être exprimait-il une simple curiosité, sans avoir d'idée plus profonde, mais on pouvait en douter. Les choses allaient-elles tourner mal ?... Je ne bougeai pas, continuant à simuler le sommeil et j'attendis.

L'homme parla encore à ceux qui étaient assis près de lui, mais si bas, cette fois, qu'il me fut impossible de distinguer ce qu'il disait. Je le vis alors se lever et s'avancer à pas de loup de mon côté. Je remarquai qu'il n'avait point d'arme sur lui ; quant à moi, mon revolver était à portée de ma main, mais à quoi aurait-il pu servir au milieu de tout un camp de gaillards accoutumés à de chaudes aventures. La ruse serait une meilleure protection, mais que pourrais-je imaginer ?... Je me le demandais lorsque le *dokpa* étendit une de ses larges mains et tâta avec précaution le sac qui me servait d'oreiller.

Je remuai légèrement et il retira vivement sa main, murmurant d'un ton exprimant la contrariété :

— Bon, voilà qu'elle s'éveille !

Mais j'avais déjà trouvé mon stratagème.

— *Lags, lags, gelong lags*[1] ! fis-je avec l'intonation particulière des gens qui divaguent en dormant. Puis j'ouvris les yeux tout grands, regardai autour de moi d'un air ébahi et dis avec une voix naturelle :

— Est-ce que mon fils le lama n'est pas ici ?... Comme c'est singulier !... Je viens de l'entendre me dire : « Eveillez-vous, mère, éveillez-vous vite, j'arrive. »

— Il n'est pas encore revenu, répondit le *nepo*[2], qui paraissait peu à son aise. Voulez-vous que je l'envoie chercher ?

— Non, non, répliquai-je. Je n'ai pas besoin de lui. Je n'oserais pas le déranger. C'est un savant et saint *gelong*... Il va venir bientôt, je le sais... Je suis très bien avec vous près de ce bon feu...

— Buvez donc un peu de thé, proposa une des femmes.

— Certainement, avec grand plaisir, vous êtes bien bonne, dis-je en sortant un bol de mon *ambag*.

Comme j'allais boire, Yongden entra. Son retour survenant si promptement après que je l'eus annoncé produisit une profonde sensation parmi tous ceux présents. Je ne laissai à personne le temps de dire un mot et m'adressai immédiatement au jeune homme :

— Je vous ai bien entendu, *gelong lags*, lorsque vous m'avez commandé de m'éveiller, dis-je. Je n'y ai pas manqué. Je croyais, vraiment, que vous étiez dans la chambre. N'est-ce pas, *nepo lags*...

— Oui, oui, c'est ainsi, murmura le maître de la maison, visiblement inquiet.

Yongden comprit qu'un incident, dont il ne pouvait deviner la nature, s'était produit et qu'il devait confirmer ce que je racontais.

— Bien, bien, approuva-t-il avec la voix de basse profonde qu'affectent les lamas lorsqu'ils psalmodient en

1. « Oui, oui, révérend moine. » Un *gelong* est un religieux ayant reçu l'ordination supérieure, qui observe le célibat. *Lags* est une expression polie qui ne signifie rien par elle-même. Employée seule elle peut signifier : « Oui, très bien », et ajoutée à un autre mot, spécialement à une appellation, elle rend cette dernière phrase plus respectueuse, plus cérémonieuse.

2. *Nepo* : villageois, maître de maison. La maîtresse est appelée *nemo*.

chœur, dans les monastères. « Soyez éveillée... soyez éveillée !... »

Le pauvre garçon tournait les yeux dans toutes les directions, ne voyant rien qui pût justifier cet ordre, sa physionomie était des plus comiques.

Il rapportait du beurre, un peu de *tsampa* et même quelques menus morceaux d'argent. Il n'avait pu refuser ceux-ci de crainte de provoquer des commentaires dangereux pour nous, puisqu'ils lui avaient été offerts comme *yeune*, c'est-à-dire honoraires pour la célébration d'une cérémonie religieuse.

Craignant probablement que son visiteur ne possédât des pouvoirs occultes dont il ne pouvait mesurer l'étendue et désirant l'amadouer par des marques de respect, le *nepo* me chassa du morceau de tapis sur lequel j'étais demeurée assise.

— Otez-vous de là, mère, me commanda-t-il sévèrement. Asseyez-vous en arrière. Laissez le lama s'installer confortablement.

J'avais une envie folle de rire, mais je me gardai bien d'en rien laisser paraître. Je me reculai humblement sur le plancher nu, jetant à Yongden un regard qui lui ordonnait de ne rien répliquer et de s'asseoir sur la guenille dont on lui faisait l'honneur.

Le mystère du chaudron allait enfin nous être révélé. Le couvercle enlevé, le chef de la famille plongea un long crochet de fer dans le bouillon et en retira le cœur, les poumons et le foie d'un yak, plus ses entrailles et son estomac qui avaient été remplis avec de la *tsampa*, du sang et un peu de viande pour en faire une sorte de saucisse. Au milieu d'un profond silence, expression de la convoitise animale des assistants, cette énorme quantité de victuailles fut empilée sur un grand plateau de bois, couverte avec un morceau de sac et... mise de côté.

Puis une femme versa de la *tsampa* dans le bouillon et, quelques minutes après, le lama d'abord, le *nepo* en second lieu et moi, parmi les derniers, virent nos bols remplis. En prévision de la longue étape que je devrais fournir le lendemain, je m'efforçai de manger autant que je pouvais et réussis à avaler trois bols pleins de cette soupe épaisse qui n'était, d'ailleurs, point désagréable au goût.

Après le repas, le *nepo* entama une longue conversation

avec Yongden au sujet de divers lieux de pèlerinage. J'écoutais à peine ce bavardage, me remémorant certaines observations faites pendant la journée et songeant au Po Yul, ce pays presque légendaire pour les Tibétains eux-mêmes, dont ne me séparait plus qu'une seule chaîne de montagnes, lorsque, comme un coup de tonnerre soudain, quelques mots me firent sursauter.

— Il paraît, disait notre hôte, que des *philings* ont été au Kha-Karpo...

Des étrangers au Kha-Karpo !... S'agissait-il de nous ?... Des bruits avaient-ils couru à notre sujet après notre départ du Yunnan ?... Les fonctionnaires tibétains nous cherchaient-ils ?... Je songeai aux *trapas* se rendant à Dzogong, dont la rencontre m'avait déterminée à traverser hâtivement le Nou-tchou. Devions-nous à l'itinéraire singulier que nous avions suivi, par des pistes détournées, d'avoir pénétré aussi avant dans le Tibet ?... Je ne pouvais le deviner. Mais s'il en était ainsi, ne veillait-on pas autour de Lhassa, et ne serions-nous pas arrêtés près de notre but ?...

Yongden tâcha de savoir d'où venait cette nouvelle, mais comme d'habitude, au Tibet, le *dokpa* n'en avait nulle idée. Il l'avait entendu rapporter par des voyageurs qui, eux-mêmes, la tenaient d'autres voyageurs, et ces derniers, d'autres encore. Le fait, ainsi colporté, pouvait dater de plusieurs années et ne pas avoir le moindre rapport avec nous. Un consul anglais et sa femme, une Tibétaine, avaient fait le tour du Kha-Karpo et parcouru les régions voisines, trois ou quatre ans plus tôt. Peut-être était-ce eux, ces *philings*. Ou bien encore, le naturaliste américain que nous avions laissé au Loutzé Kiang, s'était peut-être aventuré à poursuivre ses recherches dans la zone interdite. Rien ne pouvait m'éclairer à ce sujet.

Mon compagnon n'était plus d'humeur, maintenant, à amuser le *nepo* avec la description de pèlerinages lointains ; il déclara qu'il était fatigué et voulait dormir. Mais sans paraître l'avoir entendu, le Tibétain lui exposa une nouvelle requête.

Les *dokpas*, disait-il, entretenaient de grandes inquiétudes au sujet des alpages qui n'avaient pas été suffisamment humidifiés par la neige ; si des chutes abondantes ne survenaient pas à bref délai, l'été suivant, l'herbe serait courte et rare. Qu'adviendrait-il alors des troupeaux amaigris qui réclamaient une abondante nourriture après la longue période de privations que l'hiver leur faisait subir ?

La neige tomberait-elle bientôt ? La lama pouvait le savoir. Il pouvait mieux encore. Par sa connaissance des paroles secrètes et des rites magiques, il était capable d'appeler cette neige captive dans les réservoirs célestes et de la répandre sur la terre. Refuserait-il de faire le nécessaire pour amener un résultat aussi désirable ?

Le « lama » était exténué, mais la prudence exigeait qu'il ne contrariât point les *dokpas*, et, par-dessus tout, qu'il se gardât de leur laisser penser qu'il ne possédait pas tous les pouvoirs propres à un thaumaturge accompli.

— La célébration de ces rites exige plusieurs jours, répondit-il, il me faut être promptement rendu à Lhassa, je ne puis m'attarder ici et, d'autre part, comme je dois traverser le Po yul, je ne puis pas appeler la neige qui, en tombant bloquerait le col qui y conduit. Ce que vous me demandez est très compliqué.

Tous les *dokpas* présents convinrent que la chose était, en effet, peu commode.

— Voyons, pourtant... continua mon jeune compagnon, qui paraissait réfléchir profondément : « Oui, de cette manière... »

Il tira un petit morceau de papier d'une pochette et demanda du grain.

On lui en apporta. Il déploya alors son morceau de papier, y déposa quelques grains d'orge, puis le tenant étendu sur les paumes de ses deux mains, il s'abîma dans une profonde méditation.

Après quelque temps de silence, l'officiant entonna pianissimo une sorte de psalmodie dont le murmure presque imperceptible, sur un rythme très lent, s'enfla et s'accéléra progressivement tant qu'elle roula, tel le grondement du tonnerre, sous le toit bas et branlant de la cuisine.

Les *dokpas* immobiles paraissaient terrifiés.

Yongden s'arrêta brusquement, ce qui fit sursauter tout le monde, moi comprise.

Il partagea alors le grain qu'il avait tenu sur ses mains, en mit une partie de côté dans un coin de son mouchoir et enferma l'autre dans le morceau de papier qu'il plia d'une manière compliquée.

— Voici, dit-il au *nepo*. Prenez ce petit paquet et écoutez-moi. Demain soir, au coucher du soleil, vous déplierez ce papier et lancerez vers le ciel le grain qui y est contenu.

Vous aurez soin de le faire en quatre fois, en regardant successivement les quatre points cardinaux. A ce même moment, ayant déjà franchi le col, je jetterai moi-même le grain que je vais emporter et je réciterai les *ngags* nécessaires pour faire tomber une forte quantité de neige.

« Si, par malheur, quelqu'un ouvrait, avant le coucher du soleil, le paquet contenant le grain consacré, comme de mon côté je n'aurais pas encore prononcé les paroles magiques qui propitient et lient les divinités, celles-ci ne subissant pas le pouvoir du charme, s'irriteraient et se vengeraient sur tous ceux de votre camp. Soyez donc prudents. »

Le maître de la maison promit de se conformer scrupuleusement aux instructions du lama, puis, à la fin, l'idée lui vint sans doute que la valeur des services rendus par son hôte dépassait celle de la maigre hospitalité qu'il nous accordait. Il dit à sa femme de couper un morceau de viande et de nous le donner comme provision de voyage. La *nemo* apporta une pièce de yak assez convenable, mais son mari la lui arracha prestement avant qu'elle ait eu le temps de l'offrir au lama, alla la raccrocher dans un coin et choisit soigneusement un petit morceau de peau et de tendons qu'il tendit avec gravité à celui dont il attendait le miracle devant assurer la prospérité de son troupeau.

Yongden et moi échangeâmes un regard furtif, ayant, l'un et l'autre, de la peine à contenir notre hilarité, tant la plaisanterie nous semblait drôle.

— Je ne puis, déclara le jeune homme à qui les règles monastiques sont familières, vous remercier pour un présent de viande qui est une chose impure, le produit de l'affreux péché de tuer, mais apportez-moi de la *tsampa* et je bénirai votre famille et vos biens.

Ces paroles étaient non seulement édifiantes, mais strictement orthodoxes et tous les approuvèrent par des hochements de tête. Quant à moi, je venais d'entrevoir le moyen de faire entrer un peu de *tsampa* dans notre sac. Si minime qu'en pût être la quantité, elle nous serait grandement utile.

Un grand bol, dans lequel la farine avait été versée de façon à former une pyramide très élevée au-dessus du bord, fut placé devant Yongden. Il en jeta quelques pincées de différents côtés, appelant la santé et la prospérité sur le chef de famille, les siens et ce qui lui appartenait.

Puis, tandis que tous étaient encore recueillis, avant que le *nemo* eût eu le temps de reprendre le bol qui, nous l'avions compris, n'avait été que *prêté* pour les besoins de la cérémonie, le lama versa son contenu dans le sac que je lui avais vivement tendu tout ouvert, agenouillée devant lui, dans l'attitude de la plus touchante dévotion.

Nous pouvions espérer, maintenant, que le vieil avare nous laisserait dormir. L'air ahuri dont il considérait le bol vide permettait de croire que son enthousiasme pour les bénédictions et autres cérémonies s'était grandement refroidi en voyant le lama décidé à se rémunérer lui-même de ses peines. En effet le bonhomme se tint coi.

Il en était temps ; notre repos se trouvait déjà suffisamment écourté par ses exigences. Qui pouvait savoir si des difficultés imprévues ne se dresseraient pas devant nous sur l'autre versant et si nous ne passerions pas la nuit suivante à errer à travers la montagne, comme cela nous était arrivé plus d'une fois ? Une telle perspective rendait le sommeil d'autant plus désirable.

Quant aux *dokpas,* nous ne les craignions plus. J'avais parfaitement compris la ruse de Yongden, qui tendait à empêcher ceux-ci de nous suivre pour nous voler.

Dès le lendemain matin, l'histoire du grain qui devait amener la neige se répandrait par le camp et chacun était trop intéressé au succès de cette intervention magique pour risquer de le compromettre en encourant la colère du lama. Puis, lorsque le grain aurait été jeté vers le ciel, tous attendraient au moins un jour entier le résultat de l'opération. Nous serions loin, alors, parmi des gens d'une autre tribu et dans une région plus peuplée. Du moins, nous le croyions, à ce moment, mais les événements devaient prendre une tout autre tournure.

Deux femmes arrangèrent une couche pour le chef de la famille. Quand tout fut prêt, le vieux *dokpa* enleva sa robe et ses bottes, conservant seulement son pantalon [1] et se glissa entre ses draps de peaux de mouton étendus à la place la meilleure et la plus chaude de la chambre, près du foyer.

La plupart des gens de la maison n'avaient pas attendu

1. L'habitude générale au Tibet est de dormir sans conserver de vêtements au-dessus de la ceinture, les hommes gardent seulement un pantalon et les femmes un jupon. Les gens en voyage, néanmoins, dorment la plupart du temps tout habillés.

que le maître fût couché pour s'installer de leur côté, et la vaste cuisine ressemblait vaguement, maintenant, au dortoir d'un asile de nuit. Les jeunes couples reposaient ensemble sous une large couverture, leurs enfants placés entre eux. Les gens âgés et les célibataires dormaient isolément, étendus çà et là au milieu de la pièce. Quant aux bambins, tassés dans un coin, riant, se bousculant, tirant chacun à soi un bout de loques sordides jetées sur eux, pour les garantir du froid, ils s'agitèrent encore quelque temps, puis peu à peu le sommeil les immobilisa, bras et jambes enchevêtrés, empilés les uns sur les autres comme une litée de jeunes chiens.

## CHAPITRE VI

Combien de temps ai-je dormi ? Je ne m'en rends pas compte. Il me semble que je viens seulement de fermer les yeux.

— Il est temps de partir, répète l'homme dont la voix m'a réveillée. Une clarté soudaine me blesse la vue ; le *dokpa* a jeté une brassée de branchettes sur les cendres rougeoyantes, le bois sec crépite, une flamme vive s'élève éclairant les dormeurs étendus sur le plancher. Certains d'entre eux grommellent sourdement et s'enroulent plus étroitement dans leurs couvertures.

Nous sommes prêts en quelques minutes ; notre toilette consiste simplement à nouer notre ceinture et les jarretières de nos bottes. Nos sacs n'ont pas été défaits la veille.

— *Kalé péb, lama !* crie le *nepo,* sans bouger de sous ses peaux de mouton, comme nous franchissons le seuil de la porte.

Au-dehors, la lune masquée par une montagne ne répand qu'une faible clarté sur la vallée ; le vent souffle violemment et le froid est perçant. Même enveloppés dans les longues manches de ma robe tibétaine, mes doigts se raidissent douloureusement, près de se geler, et j'ai peine à tenir mon bâton.

Je décline, comme le fait aussi Yongden, l'invitation du *dokpa* qui nous engage à monter à cheval ; la température est décidément trop froide, je préfère marcher jusqu'à ce que le soleil se lève.

Après quelques heures de marche, le jour point, pâle, grisâtre, puis le soleil apparaît enfin, timidement, entre des nuages, tandis que nous traversons de petits alpages jaunis par l'hiver.

Au fur et à mesure que nous progressons, la neige accumulée en quantités énormes dans les gorges transversales s'avance et s'épaissit sur le sentier. Une gigantesque butte blanche que nous apercevons à notre gauche, marque, nous dit notre guide, l'endroit où le chemin bifurque, une de ses branches conduisant à celui des trois cols qui est complètement bloqué.

Je ne puis plus conserver de doutes sur les renseignements qui m'ont été fournis et je comprends qu'il me sera impossible de parcourir la montagne comme je l'aurais souhaité.

Néanmoins, cette année, à cause de la sécheresse persistante qui inquiète les *dokpas,* le col d'Aigni est facilement praticable. Nous atteignons avant midi le *latza* érigé au sommet de la montée.

Notre guide se débarrasse maintenant de nos sacs qu'il a portés jusque-là, il va nous quitter et emmener son cheval.

Bien que notre déguisement et le souci de notre sécurité ne nous permettent pas de nous montrer très généreux, j'ai toujours eu l'idée de récompenser le brave homme de la peine qu'il a prise. Le sermon de Yongden sur les mérites à acquérir en servant gratis les lamas, ne tendait qu'à convaincre les *dokpas* de notre indigence. Pendant la nuit, lorsque tous ont été endormis, j'ai murmuré à l'oreille de mon compagnon ce que j'entendais qu'il fît et le voici qui suit mes instructions.

Il extrait lentement de sa bourse deux pièces d'argent et quelques pincées de feuilles de cyprès desséchées, renfermées dans un sachet de papier.

— Cet argent, déclare-t-il d'un ton solennel, est tout ce que je possède. Je le dois à la charité du *pönpo* de Tachi tsé à l'intention de qui j'ai lu les Saintes Ecritures, au *dzong.* Vous nous avez aidés tous les deux, ma mère et moi. Je vous le donne ainsi que ce *sangue*[1] qui vient du pèlerinage très lointain appelé Kha-Karpo.

Bien que le prix dont nous payons la location du cheval soit minime, l'argent est si rare parmi les *dokpas* qui ne trafiquent que par échange, que notre guide a lieu d'être content. Nous sommes certains, aussi, qu'il gardera le silence sur le cadeau que nous lui faisons, de crainte qu'un de ses voisins ne cherche à lui voler sa monnaie. Ainsi satisfaisons-nous, à la fois, la prudence qui s'impose à nous et nos sentiments d'honnêteté.

Yongden ajoute encore quelques mots destinés à convaincre le *dokpa* et ses voisins, à qui il ne manquera pas de les répéter, que nous trouverons de puissants protecteurs dans le pays où nous entrons. Ceci peut donner utilement à réfléchir à ceux qui songeraient à nous suivre pour nous dévaliser.

— Prenez cet argent, frère aîné, répète mon fils, n'ayez aucun scrupule. Nous voici arrivés sur le territoire du Po *gyalpo*[2], son *amtcheu*[3] est un de mes bons amis. Nous appartenons tous les deux au monastère de Séra à Lhassa. S'il m'arrive d'être dans le besoin, il priera le roi de me venir en aide.

— Sans aucun doute, il le fera, *Koucho*[4], déclare le *dokpa* avec une déférence dénotant le progrès que le lama a fait dans son estime, depuis qu'il lui connaît de si honorables relations, mais je préfère pourtant ne prendre que le *sangue*. Venant d'un saint lieu de pèlerinage, il est extrêmement précieux. Quant à l'argent, si je l'acceptais, je perdrais le mérite d'avoir servi un lama... Non, je vous remercie, j'aime mieux conserver les mérites. Ils me seront profitables dans les vies futures aussi bien que dans celle-ci... Veuillez me donner votre bénédiction, *Koucho*. Je dois me hâter, maintenant. *Kalé péb*, lama ! *Kalé péb*, mère !...

Il était parti... tout heureux, emportant la poudre odo-

---

1. *Sangue* : différentes sortes de plantes desséchées et pulvérisées, brûlées comme parfum dans divers rites lamaïstes, de même que l'encens l'est dans l'Eglise romaine. Le cyprès est le plus employé, mais dans quelques régions les feuilles des azalées croissant sur les hautes montagnes, les bourgeons de certaines espèces de fougères et, dans l'Himâlaya, une plante du genre du pyrèthre, servent aussi à cet usage.

2. *Gyalpo* : roi.

3. Chapelain.

4. *Koucho* : monsieur, avec une nuance déférente ; l'équivalent du *sir* anglais.

riférante d'une poignée de feuilles poussées sur les cimes et convaincu d'avoir semé quelques germes de future félicité qui lèveraient et s'épanouiraient en ce monde ou dans un autre. Le brave et candide cœur ! Mes vœux les plus affectueux le suivaient.

Nous demeurions tous les deux debout, silencieux à côté du *latza* sans avoir crié : *Lha gyalo* [1] *!* comme le veut la coutume du Tibet. Nous n'éprouvions rien de cette excitation joyeuse qui, d'ordinaire, après une montée exténuante, fait saluer avec enthousiasme le sommet conquis. Habitués à présent aux longues marches, notre brève chevauchée nous avait paru une diversion luxueuse. Pour la première fois, depuis notre départ du Yunnan, nous atteignions un col sans être fatigués. Peut-être était-ce là précisément la cause qui nous privait de notre gaieté triomphante.

— *Lha Gyalo !*

Nous avions, enfin, poussé presque ensemble le cri classique, obéissant machinalement à l'habitude prise de longue date. Nos voix résonnèrent étrangement sourdes et leurs courtes vibrations retombant, semblait-il, comme un oiseau aux ailes brisées, n'éveillèrent aucun écho sur les pentes environnantes.

— Il va neiger, dit Yongden qui paraissait singulièrement pensif.

— Je m'en doute depuis que le soleil s'est levé d'aussi mélancolique façon, répondis-je. Mais neigera-t-il aujourd'hui ? Notre *nepo* aurait-il, par hasard, jeté avant le temps prescrit ,le grain que vous lui avez donné ?

Ma plaisanterie ne dérida point le lama.

— Dépêchons-nous, fit-il brièvement.

Je n'aimais pas le voir de cette humeur sombre.

— Vous rappelez-vous, dis-je, ce *nagspa* du Koukou-nor qui, d'après les *dokpas*, pouvait, à son gré, faire tomber ou retenir la pluie, la neige et la grêle ? Il m'a appris quelques-unes de ses paroles magiques. Parions ensemble, vous avez appelé la neige, je vais tâcher de l'empêcher de tomber. Nous verrons qui gagnera.

Le jeune homme ne sourit même pas.

---

1. *Lha Gyalo* : « Les dieux triomphent ! » (Voir page 97.)

— Ces pauvres gens ont besoin de neige pour leurs pâturages, répondit-il, laissez-les en avoir. Et sans rien ajouter il se mit à descendre la pente toute blanche.

Son étrange attitude me frappa. Pourquoi la neige le préoccupait-elle autant ? Nous en avions tant vu durant nos voyages précédents ; il n'y avait rien, là, qui pût nous effrayer, surtout si près de villages.

Comme d'ordinaire, avant de quitter le sommet, je me recueillis un instant, fis des vœux pour le bonheur de tous les êtres, puis je me hâtai de suivre le lama qui, marchant à grandes enjambées, était déjà loin au-dessous de moi.

En dépit de mes efforts, Yongden me distançait de plus en plus. Afin de le rattraper, j'imaginai de me dispenser des zigzags qui atténuaient la raideur de la pente mais me retardaient, et de procéder en ligne droite. Alors, je suppose que quelque charmante petite fée invisible, compatissant à mon ennui et désireuse de me rendre un aimable service, me tira par le pied. Dans la dixième partie d'une seconde je tombai et glissai absolument comme dans une course de toboggan avec, toutefois, cette différence notable, que j'étais moi-même, à la fois, le toboggan et son conducteur.

Je fus assez heureuse pour pouvoir saisir mon bâton près de son bout ferré et m'en servir pour me diriger tant bien que mal. De cette façon, sans plus décrire aucune courbe, je passai avec la rapidité d'un express devant mon compagnon ébahi et m'arrêtai loin devant lui.

Il accourut aussi rapidement qu'il le put et me rejoignit, tandis que je me secouais et débarrassais mon sac de la neige dont il était couvert. Lorsqu'il eut compris que je ne m'étais fait aucun mal, Yongden me complimenta en plaisantant, sur la façon magistrale dont j'avais exécuté mon exercice sportif bien involontaire. Ce dernier, dans tous les cas, m'avait évité un long bout de chemin, mais son meilleur résultat était d'avoir rendu sa bonne humeur à mon jeune compagnon. Quel vague pressentiment avait assombri pendant un moment son esprit habituellement jovial et insouciant ? Je ne me hasarderai pas de l'expliquer, mais le fait est que nous nous acheminions vers une aventure passablement dramatique.

L'aspect du pays qui nous apparut peu après avoir franchi le col d'Aigni, dénotait que nous pénétrions dans une région très différente de celle que nous venions de quitter. L'air était humide, le sol boueux et même légèrement marécageux en certains endroits. De la neige se voyait partout, étalée en larges taches sur l'herbe flétrie et amoncelée dans les ravins. Les *dokpas* transhumant dans ces parages n'avaient nul sujet de se plaindre de la sécheresse, comme le faisaient leurs collègues établis du côté opposé de la montagne.

Bientôt nous entrâmes dans la zone boisée, la rivière qui naissait au-dessous du col y continuait paisiblement son cours le long d'une vallée étroite, aboutissant à de vastes alpages. Au-delà de ceux-ci, nous aperçûmes l'entrée d'une autre vallée : celle — il nous était facile de le comprendre — qui montait vers le col, bloqué pour le moment, dont les *dokpas* nous avaient parlé. Un cours d'eau plus important que celui que nous avions suivi en débouchait et les deux rivières unies descendaient, par une troisième vallée, vers le Po mèd. De là, grossies par maints tributaires, elles iraient se perdre dans le Yésrou Tsangpo, portant avec lui, dans l'océan Indien, les neiges fondues des chaînes puissantes que je traversais.

Ainsi j'étais arrivée aux sources du Poloung tsangpo dont le cours supérieur demeure encore inexploré ; je venais de voir sourdre l'une d'elles et de repérer l'endroit où s'en trouvait une seconde. Ce résultat pouvait à la rigueur me suffire, les conditions singulières dans lesquelles s'accomplissait mon voyage ne me permettant, dans tous les cas, qu'une reconnaissance superficielle des pays vierges que je traversais. Toutefois, j'éprouvais un grand désir de pousser une pointe du côté de la vallée qui s'ouvrait en face de moi.

Je n'espérais guère pouvoir atteindre, par ce versant, le sommet du col qui la dominait, mais je voulais tenter de gagner sinon la source même de la rivière, du moins un point très proche de celle-ci.

Dès que j'eus décidé de remonter vers la cime de la montagne, j'expliquai brièvement mon intention à Yongden. Plus laconique encore que moi, il se borna à répondre :

— Il va neiger et nous manquons de vivres.

Ces paroles méritaient qu'on leur accordât quelques instants de réflexion.

La neige ?... Je ne la craignais pas. Quant aux vivres,

j'ouvris les sacs, inspectai leur contenu et tombai d'accord avec le lama qu'il nous restait de quoi faire trois repas. Trois repas équivalaient à trois jours de nourriture. Nous n'étions pas venus dans ces solitudes pour y pratiquer la suralimentation et, d'autre part, je n'avais pas l'intention de m'installer dans les hautes vallées. Un simple coup d'œil satisferait ma curiosité et me permettrait de fournir quelques renseignements à ceux qui s'intéresseraient aux terres inconnues du Po yul.

— En avant !...

La neige commença à tomber au coucher du soleil, très légèrement d'abord : quelques papillons blancs voltigeant parmi les arbres sombres. Puis, peu à peu, elle s'épaissit, descendant tout droit, régulière, en larges flocons mous : une de ces neiges lentes et obstinément persistantes des temps calmes qui encapuchonnent les hauts pics et comblent les vallées.

— Plantons la tente, dis-je à Yongden, nous allumerons du feu à l'intérieur et ferons du thé.

Nous avions grand besoin de nous restaurer, notre dernier repas datait de la veille.

Le bois sec était rare et nous mîmes longtemps à en ramasser une quantité suffisante sous les arbres. Notre frugal souper hâtivement expédié, nous jetâmes promptement au-dehors les tisons qui restaient, car la chaleur faisait fondre la neige sur notre toit de coton mince et nous nous trouvions sous une véritable averse.

Bientôt, aussi, il devint évident que nos bâtons de pèlerins dont nous nous servions comme mâts ne pourraient pas supporter longtemps le poids de la neige qui s'accumulait rapidement sur la tente. Ils nous étaient trop utiles pour que nous pussions courir le risque de les laisser se rompre. Nous établîmes donc une sorte d'abri avec la toile seule fixée au roc contre lequel nous avions dressé notre camp et maintenue à l'aide de quelques pierres. Ceci fait, nous nous glissâmes sous l'étoffe et nous ne tardâmes pas à nous endormir.

Une pénible sensation d'étouffement me réveilla. Je voulus me lever, mais au premier mouvement que je fis, je me heurtai le front contre notre toit. Je compris immédiatement que ce dernier, trop lourdement chargé, avait fléchi : nous allions être enterrés.

La situation n'avait rien de tragique, le poids de la neige amoncelée n'était pas encore considérable, cependant il convenait de nous hâter de sortir de notre tombeau, tandis que la toile ne reposait pas encore complètement sur nous et nous laissait une certaine liberté de mouvements. J'envoyai une bourrade à Yongden qui dormait profondément. Il n'eut pas besoin d'explications pour comprendre ce qui survenait. Je commandai seulement la manœuvre :

— Tournons-nous doucement sur le ventre, puis levons-nous ensemble en poussant la tente avec notre dos... Etes-vous prêt ?... Allons-y !...

Nous étions dégagés, mais notre confort ne s'en était pas accru ; la neige tombait toujours et nous ne pouvions songer à dresser un nouvel abri sous lequel nous aurions bientôt été ensevelis de nouveau. Puisque le repos semblait impossible, il ne nous restait qu'à nous remettre en route.

Nous marchâmes pendant le reste de la nuit et toute la matinée suivante, sans faire grand progrès. D'abord, la neige molle, déjà haute, nous empêcha d'avancer rapidement, puis, nous trouvâmes, traîtreusement cachés sous celle-ci, des glaciers en miniature, formés par les couches anciennes qui, à plusieurs reprises, avaient partiellement fondu et regelé ensuite. Presque chacun de nos pas fut, alors, suivi d'une glissade. Après quelques heures de cet exercice nous étions rompus.

Un *sa phoug* [1], que nous découvrîmes vers midi, fut salué avec enthousiasme.

Nous nous y établîmes immédiatement, complétant la protection offerte par la caverne, en accrochant notre tente comme un rideau, à quelques racines qui pointaient au-dessus de notre tête. Nul combustible n'était à trouver, les rares buissons nains, rampant sur le sol, qui pouvaient encore croître à cette altitude, avaient disparu sous la neige. Nous mangeâmes quelques poignées de *tsampa,* laissant fondre un peu de neige dans notre bouche, en guise de boisson, puis, exténués par deux nuits passées presque sans sommeil, nous nous endormîmes profondément.

Notre sommeil se prolongea jusqu'au lendemain à l'aube.

---

1. *Sa phoug,* prononcer *sapoug,* est une caverne en terre, distinguée d'une caverne en roc appelée *thag phoug.*

A notre réveil, la neige tombait toujours et la hauteur du mur qui s'était formé devant notre demeure préhistorique montrait qu'elle n'avait probablement pas cessé de toute la nuit.

Je décidai, néanmoins, de tenter une reconnaissance vers l'extrémité de la vallée, nous avançant aussi haut que nous le pourrions et, pour être plus agiles, de laisser nos sacs dans la caverne. Nous reprendrions ceux-ci à notre passage puisque, dans tous les cas, nous devrions revenir sur nos pas pour descendre vers les villages.

Quant aux voleurs, ils n'étaient guère à craindre dans ce pays désert, sur une piste actuellement sans issue.

Nous repartîmes. Il continuait à neiger de la même façon lente, inexorable qui persistait depuis plus de quarante heures. Nous nous heurtâmes à des barrières infranchissables pareilles à celles que j'avais entrevues sur le versant opposé ; il devint impossible de suivre le fond de la vallée. Je grimpai, alors, un versant voisin d'où il me sembla entrevoir, à travers le mouvant rideau des flocons blancs, de petits plateaux vaguement ondulés ou des pentes très douces montant vers les cimes. Mais la neige pouvait avoir nivelé le sol et modifié son aspect. Tous les alpinistes savent combien l'hiver déforme les lignes des paysages de montagne et que tels massifs à la configuration arrondie sous leurs habits neigeux, découvrent, en été, des éperons aigus et des aiguilles inaccessibles.

Etant descendue, non sans difficulté, de mon observatoire, je me dirigeai vers un endroit d'où je croyais pouvoir m'assurer si une source se cachait au fond d'une petite gorge que j'apercevais et envoyait sa contribution à la rivière suivant la vallée principale. J'avançais vers mon but lorsque j'entendis un cri derrière moi. En voulant couper au court, Yongden venait de glisser dans un ravin. Ce dernier, heureusement peu profond, mais encaissé entre des murs presque droits n'était pas d'un abord facile. Quelques minutes s'écoulèrent avant que j'eusse rejoint mon pauvre compagnon.

Etendu dans son costume monastique en guenilles, quelques gouttelettes de sang teintant la neige autour de lui, Yongden aurait pu fournir à un peintre le sujet d'un tableau dramatique.

— Ce n'est rien, rien du tout, dit-il immédiatement, désireux de me rassurer. Ma tête a dû porter sur une pointe de rocher, la peau est un peu coupée, mais il n'y a aucun mal sérieux, je le sens, ne vous effrayez pas. Le choc m'a seulement un peu étourdi.

Alors il voulut se lever, laissa échapper un gémissement, tandis qu'il pâlissait et fermait les yeux, puis murmura :

— Oh ! mon pied !...

Il essaya une seconde fois de se mettre debout mais n'y réussit pas.

— Je ne puis pas, dit-il, la souffrance lui faisant venir les larmes aux yeux, je ne puis pas me lever.

J'étais terrifiée. S'était-il cassé la jambe ?... Que ferions-nous dans ce cas, seuls dans ce désert, sans vivres et la neige devenant plus haute d'heure en heure ?

J'enlevai immédiatement la botte du jeune homme et examinai sa jambe. Les os paraissaient être dans leur état normal. Mon compagnon s'était simplement foulé la cheville et légèrement contusionné le genou. Quelle que forte que pût être la douleur causée par cet accident, il ne pouvait mettre en péril ni la vie, ni la santé générale de celui qui en était la victime. Du moins, il en aurait été ainsi dans un pays habité, mais ici...

Yongden comprenait aussi bien que moi la gravité de la situation. Il tenta encore une fois de se lever et avec mon aide il y réussit, puis il demeura debout sur un pied, s'appuyant sur son bâton.

— Essayez de sortir du ravin en vous aidant des genoux, des mains... comme vous le pourrez, dis-je ; je vous soutiendrai. Ensuite, je tâcherai de vous porter. Nous devons retourner au *sa phoug* et, là, nous examinerons ce qu'il convient de faire.

Malgré toute ma bonne volonté et mes efforts les plus énergiques, je ne pus aller loin. Je manquais de la force nécessaire pour avancer, aussi lourdement chargée, à travers la neige sous laquelle se trouvaient cachés des trous et des pierres qui me faisaient trébucher à chaque instant.

Mon fils n'avait obéi qu'à contrecœur à l'ordre exprès que je lui avais donné de se laisser porter ; il s'efforça, alors, de marcher en s'appuyant d'un côté sur moi et de l'autre sur son bâton. Il se traînait misérablement, s'arrêtant toutes les minutes, des gouttes de sueur glissaient hors du bonnet lamaïque qui lui couvrait le front. Il nous fallut des heures pour regagner la caverne.

Une fois là, je massai la cheville déjà enflée du pauvre invalide et la bandai avec sa ceinture. Je ne pouvais rien de plus.

De même que la veille nous n'avions point de feu et grelottions étendus sur le sol profondément gelé. La neige mangée en cours de route pour nous désaltérer et l'eau glacée bue à notre repas avaient encore aggravé la sensation de froid intérieur qui nous tourmentait. Cependant, n'eût été l'inquiétude que me causait l'état de mon fils, j'aurais trouvé du charme à notre situation singulière. Si puissante était même, pour moi, la séduction de cette nuit de neige, au cœur des montagnes inviolées, qu'elle triompha de mes préoccupations comme de la peine physique que je ressentais. Longtemps — presque jusqu'à l'aube — je demeurai assise, immobile, savourant les délices de mon isolement dans le calme parfait, le silence absolu de cette étrange contrée blanche ; l'esprit détaché de tout, plongée dans une sérénité indicible.

Quand j'ouvris les yeux, après avoir quelque peu sommeillé, la première chose que je vis fut Yongden, debout sur une jambe, adossé à la muraille de terre et s'appuyant sur son bâton. Son attitude me rappelait celle de certains génies peints sur les murs des pagodes tao-sses et elle m'eût fait rire en toute autre circonstance, mais le pauvre garçon paraissait désolé.

— Je ne peux pas marcher, me dit-il, j'ai déjà essayé plusieurs fois, cela m'est impossible.

Sa cheville était très enflée et le pied un peu dévié de sa position normale. Nous ne pouvions songer à partir.

Nous passâmes les premières heures de la matinée en tenant conseil. Je proposai à Yongden de le laisser dans la caverne avec les bagages et la poignée de *tsampa* qui nous restait et de m'en aller vers le village pour y demander secours. Mon fils doutait que les paysans veuillent se déranger pour venir en aide à des mendiants et, quant à leur montrer de l'argent, à offrir une récompense sérieuse pour la peine qu'ils prendraient, c'était là chose dangereuse qui pouvait avoir des conséquences plus funestes que la situation dont nous cherchions à nous tirer.

Peut-être, en ce qui concerne les Popas, mon lama entretenait-il des opinions par trop pessimistes, mais il ne s'en tenait pas à ces seules objections. Nous ignorions, disait-il, à quelle distance de nous se trouvait le village le plus proche et, même, ne possédions que de vagues notions concernant la piste qui y conduisait. Quelques jours auparavant, en descendant du col d'Aigni, nous avions remarqué trois sentiers, mais toutes traces en étaient probablement, maintenant, ensevelies sous la neige.

Qu'adviendrait-il, continuait Yongden, si je m'égarais, errais plusieurs jours dans la neige, s'il m'arrivait un accident du genre de celui qui l'immobilisait ou si, à force de jeûner, les forces me manquaient pour atteindre mon but ?

Quelque sombres que fussent les perspectives évoquées par mon fils, il était impossible de nier l'existence des risques qu'il envisageait. Quant à moi, j'éprouvais une épouvante mortelle à la pensée de laisser mon pauvre compagnon seul dans cette caverne où, durant la nuit, une bête affamée : loup, ours ou léopard, pourrait l'attaquer, alors qu'il était incapable de se tenir debout pour se défendre.

Le temps passait tandis que nous imaginions plan sur plan et les rejetions les uns après les autres. A la fin, je décidai pourtant que je descendrais la vallée afin de m'assurer si quelques *dokpas* n'y hivernaient point, et, dans ce cas, ne voudraient pas transporter un lama chez eux, mais que je reviendrais le même soir à notre caverne.

Je marchai pendant toute la journée, vis deux camps désertés mais pas un être humain. J'étais navrée de devoir rapporter d'aussi peu réconfortantes nouvelles à mon pauvre fils qui m'attendait en grelottant.

Combien il aurait été mieux dans une de ces cabanes, où, du moins, le combustible laissé par les *dokpas* permettait de se chauffer. A tout prix, je devais emporter de quoi faire une bonne flambée. Mais comment m'y prendre ? Je n'avais ni sac ni le moindre chiffon pour mettre la bouse sèche et, seule, une épaisse étoffe de laine pouvait l'empêcher de s'humidifier en cours de route et de devenir inutilisable. Faute d'un autre moyen, j'enlevai ma robe de dessus en grosse serge de manufacture tibétaine, empaquetai le combustible dedans, liai le ballot avec ma ceinture, puis, l'ayant chargé sur mon dos, je partis.

Le retour fut éreintant. La neige n'avait pas cessé de tomber ; ma légère robe chinoise, le seul vêtement me restant, ne tarda pas à être trempée et, moins d'une demiheure plus tard, j'éprouvais l'impression de me mouvoir dans un bain glacé. La nuit tomba alors que je me trouvais encore loin de *sa phoug*. Je ne risquais pas de m'égarer, n'ayant qu'à suivre la rivière, mais l'obscurité ne me permettait pas de reconnaître les lieux et de distinguer la caverne située à une assez grande distance du bord de l'eau. Je finis par me demander si je devais encore continuer à remonter la vallée ou si, au contraire, je ne m'étais déjà pas avancée trop loin. J'allais héler Yongden lorsque je distinguai une petite lumière brillant un peu au-dessus de l'endroit où je m'étais arrêtée, cherchant à m'orienter. Afin de me guider, le lama avait allumé un rouleau de rat de cave que nous conservions dans notre sac.

— J'étais à moitié mort de peur, me dit-il, dès que je l'eus rejoint. Quand la nuit est venue sans que vous soyez de retour, je me suis imaginé les choses les plus épouvantables.

Le feu que nous nous étions empressés d'allumer et un bol de thé chaud dans lequel nous jetâmes quelques pincées de *tsampa* nous regaillardit, bien que notre situation eût, en fait, plutôt empiré.

Nos provisions se trouvaient maintenant réduites à deux ou trois cuillerées de *tsampa* et un peu de poussière de thé ; nous ignorions toujours à quelle distance nous nous trouvions des habitations les plus proches, quel chemin y conduisait directement, et Yongden demeurait incapable de marcher.

— Ne vous affligez pas à mon sujet, *Jétsunema,* finit par me dire le lama, tandis que je me séchais, en silence, près du feu. Je sais que la mort ne vous effraie pas. Je ne la crains pas non plus. J'ai longuement massé mon pied pendant la journée, je vais, maintenant, y appliquer des compresses d'eau chaude. Peut-être pourrai-je partir demain, sinon vous vous en irez seule et tâcherez de vous sauver. Ne vous croyez pas responsable de ce qui m'arrive ; la cause de tout ce qui nous survient gît en nous-mêmes. Cet accident est le résultat d'actes commis par moi, avec mon corps, ma parole ou mon esprit [1], soit en cette vie, soit en d'autres qui l'ont précédée. Ni dieux, ni hommes, ni démons n'en sont les auteurs. Nous lamenter ne servirait absolument à rien. Donc, dormons...

Et nous nous endormîmes tous deux, très profondé-

1. D'après la division bouddhiste.

ment en vérité, tandis que la neige tombait, tombait toujours...

Le lendemain, Yongden pouvait se tenir debout. Je ficelai son sac et le mien en un seul ballot dont je me chargeai et, comme je l'avais fait en le ramenant au *sa phoug*, après sa chute, j'aidai le jeune homme à marcher. Il n'est nul besoin de dire que nous avancions à la vitesse d'un colimaçon. Lorsque nous nous retrouvâmes parmi les bois, je coupai une branche à peu près droite, fixai un morceau de bois en croix à l'une de ses extrémités, l'entourai avec un des sacs vide de provisions, pour former un coussin, et mon compagnon fut ainsi pourvu d'une béquille primitive qui lui permettait de se passer de mon aide.

Pendant ma reconnaissance, la veille, j'avais remarqué que la vallée se rétrécissait graduellement d'une façon qui me faisait craindre de la voir devenir finalement impraticable. Un sentier montant à travers la forêt, que j'avais remarqué en descendant du col d'Aigni, m'inspirait plus de confiance. Il s'écartait de celui que nous avions pris à travers les pâturages et me paraissait devoir suivre la même direction que la rivière. Peut-être avait-il, précisément, été frayé très au-dessus d'elle parce que le fond de la vallée n'offrait pas de passage.

Nous aurions certainement pu retrouver ce sentier sans faire un long détour pour le prendre à la place où je l'avais repéré, mais Yongden ne pouvait songer à escalader des pentes raides parmi les taillis et les rochers, ayant déjà grand-peine à se traîner sur les pistes libres d'obstacles.

Nous retournâmes donc très loin sur nos pas jusqu'à ce que nous ayons retrouvé le chemin bien marqué par la ligne nette qu'il coupait entre les arbres.

Le temps s'était enfin éclairci et n'eussent été la difficulté d'avancer dans la couche de neige qu'une chute de soixante-cinq heures avait accumulée et la peine que j'éprouvais à voir Yongden s'épuiser en efforts pénibles, j'aurais trouvé la promenade charmante.

La région que nous traversions présentait de très beaux paysages alpins, elle devait être extrêmement agréable au printemps et vers la fin de l'été, après la saison de pluie. Malheureusement, un nouvel ennui vint m'empêcher de m'abandonner complètement à mes impressions esthétiques. Le matin, en partant de la caverne, je m'étais aperçue qu'un trou existait dans la semelle de l'une de mes bottes. Plusieurs heures de marche avaient transformé celui-ci en une large déchirure béante, semblable à une bouche dont les mâchoires s'ouvraient et se fermaient à chacun de mes pas, comme si mon pied avait été terminé par un fantastique animal paissant de la neige tout le long du chemin. L'autre botte n'était guère en meilleur état[1] et je commençai à souffrir cruellement. La neige fraîche brûle la chair et cause des plaies ; les montagnards tibétains, bien que leur épiderme soit loin d'être délicat, prennent le plus grand soin d'éviter son contact.

Il se faisait tard, nulle trace de culture ni de bétail ne s'apercevait, nous avions abandonné tout espoir d'atteindre un village ce même jour. Il semblait, aussi, que nous dussions nous passer d'abri, car nous avions cherché en vain les cabanes de *dokpas* qui, d'après les dires de nos derniers hôtes, se trouvaient près du sentier conduisant aux vallées habitées. Couvertes par la neige, elles pouvaient avoir échappé à notre vue. Les avions-nous dépassées ? ou bien est-ce que, la malchance nous poursuivant, nous nous étions trompés de route ?

Les quelques rares paroles que nous échangions se rapportaient uniquement à ce sujet. Nous avions renoncé à nous poser mutuellement des questions sur notre fatigue ou la souffrance que nous éprouvions. A quoi bon ! Chacun de nous se savait incapable d'aider ou de soulager en rien son compagnon, tout bavardage à ce propos ne pouvait être que futile. Un peu plus tard nous cessâmes aussi, comme étant vain et fatigant, de nous communiquer nos conjectures concernant les « camps des dokpas » et « la possibilité d'avoir fait fausse route ».

La nuit était venue, la neige se remit à tomber.

Sous le ciel d'un noir d'encre, le paysage nocturne s'illumina alors, de façon étrange. Une lumière diffuse, pâle et morne parut sourdre du sol tout blanc et s'échapper des arbres chargés de neige ; transformée par cette fantasmagorie, la forêt prit l'aspect insolite d'une sorte de royaume des Ombres. Blancs de la tête aux pieds, nous

1. Les bottes de paysans que nous portions sont confectionnées en drap avec une semelle faite d'une seule épaisseur de cuir de yak, non tanné. Cette semelle est peu solide et doit être renouvelée souvent ; pour cette raison il est d'usage, dans les longs voyages, d'être toujours muni d'un morceau de cuir à cet effet.

continuions, en boitant, notre marche taciturne parmi ce décor singulier, pareils à des fantômes se rendant à l'appel d'un sorcier tibétain ou à deux minables serviteurs de quelque Père Noël indigent.

Le Père Noël !... au fait, n'étions-nous pas en décembre ? Oui, mais la concordance des dates du calendrier grégorien et du calendrier sino-tibétain dont je faisais usage depuis des années, n'était pas présente à ma mémoire. Je me promis de consulter, dès que j'en aurais le loisir, le calendrier des postes chinoises, indiquant les deux dates en regard, que j'avais dans mon sac.

Peu à peu, Yongden s'était laissé distancer. Je poursuivais ma route seule, plongée dans une sorte d'hébétement, sans tendre à aucun but. Villages, cabanes, abri de n'importe quelle sorte, semblaient également hors de portée ; nous coucher dans la neige épaisse était impossible... Alors... quoi ?...

Un choc soudain me tira de ma stupeur. Je m'étais heurtée à quelque chose de dur... Je tâtais l'objet ; c'était une pièce de bois, dépassant à l'extrémité d'une palissade rustique. Une palissade !... un camp d'été de pasteurs, alors... Celui dont on nous avait parlé... Nous étions dans la bonne voie et avions un abri pour la nuit !

J'osais à peine croire à cette heureuse chance. Je continuai à avancer ma main toujours touchant les planches raboteuses comme si j'avais craint que palissade et huttes ne s'échappassent et s'évanouissent. J'arrivai ainsi à la barrière fermant l'entrée de l'enclos et, de là, distinguai vaguement une grande cabane carrée et basse et plusieurs autres toits semblant être ceux des étables.

Je criai la bonne nouvelle au lama :

— *Dirou ! Dirou ! Khampa tchig doug*[1] *!*

Ensuite, sans l'attendre, j'entrai dans le campement. Près de l'habitation des *dokpas* se trouvait un abri pour les chevaux. J'y déposai mon fardeau et me mis immédiatement à déblayer la neige accumulée devant la porte de la cabane. Yongden arriva tandis que j'étais à l'ouvrage.

Nous trouvâmes une assez grande quantité de bouse et de bois sec sous le hangar et y allumâmes d'abord quelques branches pour nous éclairer, puis, dès que celles-ci

1. « Ici ! Ici ! Il y a une maison. »

flambèrent, nous les portâmes à l'intérieur de l'habitation. Cette dernière était pourvue d'un foyer autour duquel un plancher avait été posé pour permettre aux maîtres du logis de s'asseoir et de se coucher plus confortablement que sur le sol nu. Notre plus agréable découverte fut, toutefois, celle d'une autre provision de combustible.

Bientôt, Yongden et moi, nous fûmes installés, chacun d'un côté du foyer, un grand feu brûlant entre nous. La chaleur qui se répandait dans la maisonnette me semblait délicieuse après les nuits glaciales passées dans le *sa phoug*. Les yeux clos, silencieuse, j'en savourais la caresse, écoutant, avec une indulgence amusée, frémir voluptueusement en moi l'épicurien toujours blotti, aux aguets, dans la chair des plus austères ascètes eux-mêmes.

Avant de nous endormir, nous bûmes un bol d'eau chaude saupoudrée d'une pincée de *tsampa*, laissant le peu de thé qui nous restait pour notre déjeuner du lendemain, et Yongden enroula une compresse chaude autour de son pied. Je consultai mon calendrier : nous étions le 22 décembre.

Le lendemain, le pied de Yongden était sensiblement moins enflé, le jeune homme devait toujours s'appuyer sur sa béquille, mais il souffrait moins et se déclarait prêt à partir. C'était, malheureusement, à mon tour d'être infirme, mes orteils brûlés par la neige et à moitié gelés, la veille, étaient couverts d'ampoules et de plaies saignantes. Recommencer dans cet état, et presque nu-pieds, une autre longue marche à travers la neige pouvait avoir des conséquences dangereuses. Il fallait, de toute nécessité, ressemeler mes bottes.

Ce travail de cordonnier, auquel les études monastiques de mon lama ne l'avaient aucunement préparé, lui donnait beaucoup de mal chaque fois qu'il devait l'entreprendre. Quant à moi, je m'y montrais d'une incapacité honteuse et ne pouvais que découdre les vieux morceaux de cuir à remplacer.

Ma montre marquait une heure de l'après-midi lorsque mes bottes furent prêtes. Nous hésitions à nous mettre en route si tard. L'existence d'un camp d'été à cet endroit dénotait que nous nous trouvions toujours loin de la région habitée de façon permanente et, marchant aussi lentement que nous le faisions, n'avions guère de chance de l'atteindre avant la fin du jour. Nous devrions donc, sans doute, fournir encore une longue marche de nuit, chose fatigante pour des gens qui jeûnaient. D'un autre côté, remettre notre départ au lendemain était augmenter la durée de ce jeûne même. Le choix entre ces alternatives, également peu agréables, nous paraissait difficile. Le feu qui continuait à flamber finit pourtant par nous tenter et nous nous décidâmes pour un chaud abri pendant la nuit et un départ très matinal le lendemain.

La neige tomba de nouveau toute la journée. Un peu avant le coucher du soleil, Yongden qui désirait savoir dans quelle mesure l'état de sa cheville s'était amélioré, alla visiter un autre enclos de *dokpas* situé à peu de distance du nôtre et, à son retour, me dit avoir entrevu, de là, le chemin que nous devrions suivre.

Longtemps avant l'aube nous ravivions le feu et retournions notre sac à thé au-dessus de notre marmite, dans l'espoir, passablement chimérique, qu'un peu de la précieuse poussière pourrait encore tomber dans l'eau bouillante. Ensuite, après ce déjeuner purement liquide, nous nous dirigeâmes tout droit vers l'endroit où Yongden avait aperçu le chemin. Il faisait encore nuit et la neige tombait drue, le sentier me parut plus étroit que celui par lequel nous étions descendus l'avant-veille, mais les voies tibétaines varient, comme aspect et comme largeur, suivant ce que la forêt les fait, et celle-ci est un capricieux ingénieur.

Nous avançâmes péniblement jusque vers le milieu du jour, puis nous nous heurtâmes à des fourrés impraticables et à des pentes raides qui nous barraient la route. Toute trace de sentier avait disparu : nous nous étions trompés de direction.

Etait-ce que, partis d'abord dans la bonne voie, nous en avions dévié ensuite ? J'en doutais. Plus probablement, aussitôt après avoir quitté la cabane, nous nous étions engagés dans un de ces passages que fraie le bétail errant à travers les bois, comme il en existe toujours un certain nombre autour des camps de pasteurs. Quoi qu'il en pût être, le seul parti à prendre était de retourner à notre point de départ. Nous ne pouvions raisonnablement pas essayer de gagner directement le bon chemin de l'endroit où nous nous trouvions, alors que nous ignorions dans quelle direction il fallait le chercher. Une telle tentative n'aurait pu servir qu'à nous égarer — complètement, cette foi — dans ces immenses forêts.

La distance que nous avions parcourue n'était pas très grande ; ni le lama qui se servait toujours de sa béquille, ni moi, dans l'état où se trouvaient mes pieds, ne pouvions marcher vite. Toutefois, la longueur du trajet comptait moins, en la circonstance, que le temps nécessaire pour l'effectuer. Les conséquences de l'erreur que nous avions commise étaient sérieuses pour des gens qui jeûnaient déjà depuis plusieurs jours.

Retrouver nos traces ne fut pas toujours aisé. Il avait continué à neiger pendant les premières heures de la matinée et la marque de nos pas s'était effacée sur la première partie de notre trajet. Yongden devait aussi se reposer fréquemment, ce qui nous retardait encore davantage.

Un bol d'eau chaude fut, de nouveau, le seul cordial que nous pûmes prendre en rentrant dans la cabane des *dokpas*. Immédiatement après l'avoir bu, je voulus partir, reconnaître la route afin de ne plus courir le risque de nous tromper de direction le lendemain. Nous commencions tous les deux à avoir des étourdissements, à entendre de singuliers sons de cloche et, bien que nous ne souffrions pas beaucoup de la faim, il était certain que si notre jeûne se prolongeait encore, la force pourrait nous manquer pour gagner les villages.

Yongden insista pour que je reste près du feu, tandis qu'il irait lui-même à la découverte ; je cédai à ses affectueuses instances et le pauvre garçon partit de nouveau dans la neige, en s'appuyant sur sa béquille et sur son bâton.

Le manque de provisions m'épargnait la peine de cuisiner, je n'avais qu'à faire fondre de la neige et à bouillir l'eau ainsi obtenue. Ensuite je pouvais me coucher et penser à loisir.

J'imaginai quelques-uns de ceux que je connaissais se trouvant à ma place. Je vis les uns s'agitant, jurant, maudissant Dieu, le diable, leurs compagnons et eux-mêmes ; j'en vis d'autres en pleurs, agenouillés et priant. La plupart des uns et des autres auraient, je le savais, blâmé la complète tranquillité d'esprit qui me permettait de suivre avec un intérêt amusé la marche de notre aventure. Un vers pâli chanta, suave, en ma mémoire :

« Heureux, en vérité, vivons-nous ; sans anxiété parmi ceux que l'angoisse tourmente. »

Il faisait presque nuit lorsque Yongden revint. Cette fois, disait-il, aucune erreur n'était possible. Il avait suivi le chemin sur une très longue distance, afin de se rendre compte de son aspect et de la direction qu'il prenait ; nous pouvions être tout à fait rassurés, nous tenions la véritable route.

Cette bonne nouvelle me causait une vive satisfaction, mais je n'aimais pas la physionomie du jeune homme. Il était très pâle et ses yeux brillaient de cet éclat particulier qui dénote la fièvre. Il but deux bols d'eau chaude, coup sur coup, et s'endormit immédiatement.

Je l'observai pendant un certain temps. Il était agité et gémissait dans son sommeil ; cependant, peu à peu il se calma et je m'endormis à mon tour.

Un bruit de pas sur le plancher, un murmure de paroles confuses me réveillèrent. A la faible lueur émise par les cendres rougeoyantes, je vis le lama debout, son bâton à la main, se dirigeant en trébuchant vers la porte. Où allait-il ? D'un bond je fus près de lui.

— Que vous arrive-t-il ? lui demandai-je. Etes-vous malade ?

— La neige s'amoncelle... elle monte, monte..., répondit-il d'une voix étrange, comme parlant en rêve. Nous dormons et elle tombe... Partons... bientôt il sera trop tard...

Il ne paraissait qu'à demi conscient et se trouvait, sans doute, sous l'influence d'un cauchemar. J'essayai de le persuader de se recoucher, mais il ne semblait pas m'entendre, et poursuivait son idée : il voulait partir, partir immédiatement. Ses mains et sa figure brûlaient. Il délirait, en proie à un accès de fièvre. Avec une violence soudaine, il gagna la porte et l'ouvrit.

— Regardez, dit-il, il neige.

Une forte neige tombait, en effet, un souffle d'air glacé entra dans la maisonnette.

— Ne restez pas là, commandai-je au jeune homme, vous êtes malade et le froid vous fera du mal.

— Il faut partir, partir à l'instant, répétait-il obstinément. *Jétsunema,* vous allez mourir, venez, venez vite...

Il s'efforçait de m'entraîner, pleurant et marmottant

des phrases inintelligibles où le mot de « neige » revenait toujours.

Une bourrade que je lui envoyai le fit reculer. Je fermai la porte d'un coup de pied et m'efforçai de nouveau de le faire se recoucher près du feu. Il résistait, se débattait. La fièvre et l'idée fixe de me sauver la vie augmentaient la force du robuste garçon ; il chancelait sur son pied malade et ne paraissait pas ressentir la souffrance que ses efforts devaient lui causer.

Qu'arriverait-il s'il parvenait à m'échapper, à sortir ?... Je me rappelai, terrifiée, que le plateau défriché où se trouvait le camp, finissait abruptement sur le vide, à quelques mètres de notre cabane.

Je parvins, enfin, à pousser de menues branches dans le feu et la clarté soudaine produite par la flamme qui s'éleva du foyer rompit le fil des divagations du lama.

— Qu'y a-t-il ?... Qu'est-ce que c'est ?... dit-il en regardant autour de lui, et il se laissa conduire sur le plancher servant de couche, où il s'étendit.

Je fis un grand feu, plaçai un peu de neige sur la tête du jeune homme et il se rendormit presque tout de suite, mais je n'osai plus relâcher ma surveillance et je demeurai assise, les yeux sur lui, pendant le reste de la nuit.

Est-ce que, malgré moi, je cédai au sommeil pendant quelques minutes et rêvai ? J'entendis le tintement lointain d'une clochette semblant venir d'un point situé plus bas que nous sur la montagne. Qui pourrait avoir voyagé avec un cheval[1] dans cette neige et à une telle heure ?... J'écoutai, craignant que quelqu'un pût entrer, mais après quelque temps les tintements se firent plus distants et, finalement, s'éteignirent.

Tel fut mon réveillon de Noël au pays de Po.

Je n'osai pas éveiller mon compagnon quand le jour se leva. Le sommeil est, en bien des cas, le meilleur des remèdes, et j'avais plus de confiance en lui, pour rétablir mon malade, qu'en les quelques médicaments dont je disposais.

Il était déjà tard lorsque Yongden ouvrit les yeux. Je vis immédiatement qu'il se portait mieux ; il ne conservait qu'un vague souvenir de ses actions pendant la nuit

---

1. Les cavaliers tibétains ont l'habitude d'attacher une clochette au cou de leur monture.

précédente et semblait croire qu'il avait rêvé ce qui s'était passé.

Je fis bouillir l'eau provenant de la neige fondue qui, encore une fois, devait nous tenir lieu de déjeuner. Si nous avions eu la moindre parcelle de beurre ou deux ou trois pincées de *tsampa* pour y jeter, le breuvage aurait pu nous donner l'illusion d'être un peu réconfortant, mais cette eau sans aucun goût, même très chaude, répugnait à notre estomac.

Comme j'exprimais tout haut ces sentiments et souhaitais, en plaisantant, que quelque divinité de la montagne daignât nous témoigner sa pitié en nous apportant, gros comme une noix, de beurre ou de graisse, Yongden me regarda avec insistance, d'une façon particulière.

— Qu'y a-t-il, lui demandai-je ?

— Eh bien ! répondit-il en hésitant, si vous ne vous montriez pas trop exigeante quant à la graisse, je pourrais peut-être remplir le rôle de « dieu de la montagne ».

— Comment cela ?

Il se mit à rire.

— *Jétsunema,* dit-il, vous êtes devenue à peu près Tibétaine à bien des égards, mais peut-être ne l'êtes-vous pas suffisamment pour agir comme un véritable Tibétain le ferait à votre place.

— Continuez... Vous reste-t-il quelque chose de mangeable dans votre sac ?

— Oui, déclara-t-il d'un ton moqueur, un petit morceau de lard avec lequel je frottais les semelles de nos bottes pour les rendre imperméables et quelques rognures de cuir provenant des semelles neuves que j'ai cousues avant-hier [1].

— Jetez le tout dans la marmite et ajoutez-y un peu de sel s'il vous en reste encore, criai-je joyeusement, une véritable âme tibétaine surgissant en moi.

Ainsi fut-il fait et, une demi-heure après, nous dégustions un bouillon trouble dont la saveur était discutable. mais qui, du moins, satisfaisait un peu la demande de notre estomac vide.

Les réjouissances de Noël continuaient.

---

1. Ainsi que cela a déjà été expliqué, il s'agit de cuir de yak simplement séché, puis assoupli en le frottant avec du thé ou du lait caillé, et qui n'a point été tanné.

Un peu après notre départ, le temps s'éclaircit et le soleil fit une courte apparition dans le ciel toujours pâle. La neige devenait moins épaisse au fur et à mesure que nous descendions et notre pas s'accélérait en conséquence, mais rien ne faisait présager que nous dussions bientôt arriver à la limite des grandes forêts. Nous rencontrâmes, au contraire, un autre camp estival, ce qui dénotait, de façon certaine, que nous nous trouvions encore loin de tout village. Un peu au-dessous de ce dernier, nous découvrîmes le cours d'eau naissant au pied du col de Po Gotza. Ce n'était qu'un petit torrent qui bondissait sur les pentes raides, courant se jeter dans la rivière formée par les eaux provenant des deux vallées que j'avais explorées pendant les jours précédents.

Ainsi, en dépit des circonstances nettement défavorables dans lesquelles cette courte exploration s'était effectuée, j'avais pu m'assurer que le Poloung tsangpo, la grande rivière qui traverse le Po mèd, a d'autres sources que celles du Nagong, et noter diverses particularités concernant cette région vierge. Je n'avais donc perdu ni mon temps ni ma peine.

La lumière déclinait. Il devenait évident que nous n'atteindrions pas encore un village ce jour-là.

Combien de temps notre jeûne allait-il encore se prolonger...

Tout à coup, je remarquai une hutte en contrebas du sentier, dans un espace partiellement défriché. Peut-être était-il sage de nous arrêter là et de profiter de cet abri. Nous devions ramasser une quantité de bois suffisante pour entretenir du feu pendant la nuit et il ne nous en restait que tout juste le temps avant que l'obscurité fût complète sous les grands arbres.

Quant au repas, y songer était inutile, ce sujet semblait devoir nous devenir aussi complètement étranger que si nous eussions été transformés en déités des régions éthérées, se nourrissant de parfums et d'air pur. Nous en demeurions confondus.

En approchant de la cabane, nous fûmes extrêmement étonnés d'apercevoir un homme debout près de la porte. C'était notre première rencontre avec un Popa, dans son pays natal, et les nombreuses histoires parlant de brigands et de cannibales que j'avais entendues raconter au sujet des naturels du Po me revinrent immédiatement à la mémoire.

Bien entendu, je ne laissai paraître aucun signe d'inquiétude, je me bornai à demander poliment :

— *Koucho* (monsieur), pouvons-nous entrer pour allumer du feu ?

— Entrez, répondit laconiquement le Popa.

En ayant ainsi obtenu la permission, nous quittâmes le sentier et descendîmes vers la hutte. Notre étonnement s'accrut encore lorsque nous y vîmes une dizaine d'hommes assis autour d'un feu.

Que pouvaient faire ces gens-là au milieu de la forêt ?

Nous fûmes accueillis poliment, puis, lorsqu'ils eurent appris que nous avions traversé le col d'Aigni, les Popas manifestèrent une profonde surprise et s'entre-regardèrent avec un air de mystère. Yongden avait jugé inutile de parler de notre promenade supplémentaire dans l'autre vallée, et de nos autres aventures de route, de sorte que nos hôtes croyaient que nous descendions du col, en droite ligne.

— Sans aucun doute, nous dirent-ils, vos *Po lha* et *Mo lha* [1] sont de puissants dieux ; sans leur aide vous auriez certainement péri dans les neiges, car le col est maintenant complètement bloqué.

La protection céleste toute spéciale dont nous paraissions jouir disposait les Popas en notre faveur. Une place d'honneur fut donnée au lama au haut bout du foyer et l'on nous invita à tirer nos bols de notre *ambag* pour boire du thé.

Les hommes s'excusèrent même de n'avoir plus de *tsampa* à nous offrir parce qu'ils venaient de terminer leurs repas. Nos exigences n'allaient pas si loin. Bien que sans addition de farine, le thé généreusement beurré nous fit l'effet d'un cordial délicieux.

Après nous avoir posé différentes questions touchant notre pays et nos pèlerinages, l'un des Popas qui paraissait être d'un rang social supérieur, demanda à Yongden s'il était expert en divination, et tous témoignèrent une vive satisfaction lorsque mon fils eut affirmé sa capacité dans l'art des « mos » [2].

1. Dieu des ancêtres paternels et maternels.
2. *Mos*, pratiques divinatoires.

Un curieux récit, mettant en lumière certains côtés pittoresques de la politique intérieure tibétaine, nous fut alors fait.

Comme la véritable condition politique du Tibet est presque complètement inconnue en Occident, quelques explications s'imposent avant de narrer l'histoire.

Il faut se garder de croire que les Tibétains forment une nation homogène sous un gouvernement unique. En dehors des provinces de U et de Tsang, les nombreuses tribus qui occupent la majeure partie du territoire tibétain ont toujours vécu indépendantes, ayant à leur tête de petits chefs locaux qui, pompeusement, s'intitulaient rois (*gyalpos*).

Pendant la suzeraineté de la Chine, les fonctionnaires impériaux acceptaient, avec indifférence, cet ordre de chose traditionnel et, en maints cas, se contentaient d'un vasselage purement nominal des chefs tibétains. Au contraire, depuis la victoire de ses troupes, le Lama-roi de Lhassa — lointain émule de Louis XI — a entrepris d'amener, sous son autorité directe, tout le territoire tibétain qui a été soustrait au contrôle chinois.

Or, les tribus qui s'étaient réjouies de l'expulsion des Chinois croyant jouir, dorénavant, d'une autonomie complète et *être libérées de tout impôt*, ne se sentent pas le moins du monde enclines à accepter comme maîtres des fonctionnaires envoyés de Lhassa pour leur faire la loi et, surtout, pour percevoir des contributions dont le produit prend le chemin de la capitale.

Certes, les Tibétains, à de très rares exceptions près, révèrent le Dalaï-lama comme une très haute — plus que divine — personnalité, mais bien que certains poussent la dévotion envers lui jusqu'à se prosterner, à des centaines de kilomètres de distance, dans la direction de son trône, la plupart de ces pieux fidèles ne goûtent nullement son ingérence dans leurs affaires temporelles.

Pour en revenir à nos Popas, nous apprîmes d'eux que les habitants de Tcheu Dzong avaient tout ingénument lapidé le haut commissaire du jeune gouvernement central. Puis, comme l'infortuné seigneur était parvenu à s'enfuir dans son *dzong*, ils l'y assiégeaient.

Outré, furieux, à la suite de ce traitement ignominieux, l'homme de Lhassa avait réussi à dépêcher un émissaire au Kalön-lama pour l'informer de ce qui se passait.

Le Kalön-lama est une sorte de vice-roi, régnant sur le Tibet oriental, dont le siège est à Tchiamdo (Kham), où il a, sous ses ordres, quelques troupes régulières. Les gens de Tcheu Dzong, ayant appris le départ du messager porteur d'une lettre pour ce grand personnage, craignaient des représailles, aussi avaient-ils, à leur tour, expédié plusieurs des leurs sur les différentes routes conduisant aux cols par où l'on sort du pays de Po. La mission de ces bons patriotes consistait à s'emparer de la lettre adressée au Kalön-lama et — je le comprenais sans peine malgré les euphémismes employés — à « supprimer » son porteur.

Les hommes vers qui un singulier hasard nous avait amenés étaient des notables de la fière bourgade qui lapidait les gouverneurs étrangers. Il n'était question ni de cannibalisme, ni de brigandage ; Yongden était simplement requis de dire si le messager serait pris.

Cette fois, la plaisanterie ne laissait pas que d'offrir un côté sérieux. Il pouvait en cuire à l'oracle si sa prophétie ne se vérifiait pas. Les géants assis autour du feu n'étaient, vraisemblablement, point commodes une fois en colère. Mon fils et moi, tous deux de petite taille, ressemblions parmi eux à Petit Poucet dans l'antre de l'ogre. Mais, ici, les « ogres » étaient quatorze — je les avais comptés — et, bien que nous pussions être convaincus qu'ils ne dévoraient pas les voyageurs égarés, il était tout aussi certain qu'ils ne permettraient point que l'on se moquât d'eux.

Le lama leur posa de nombreuses questions au sujet des différentes routes que le messager pouvait avoir suivies pour quitter le pays, et les réponses qui lui furent données me fournirent un bon nombre de renseignements géographiques.

J'appris aussi qu'un cavalier était monté vers le col d'Aigni — ainsi s'expliquait ce lointain tintement de clochette que j'avais entendu pendant la nuit. L'homme était revenu sur ses pas, jugeant par l'épaisseur de la neige déjà accumulée à la hauteur où il se trouvait que les abords du col seraient impraticables.

D'où l'étonnement profond des Popas lorsqu'ils nous avaient vus arriver — directement, croyaient-ils — de par-delà les montagnes. Ils nous interrogèrent derechef, insistant pour savoir si nous n'avions point vu de traces de pas. Nous n'avions rien vu et, certainement, l'émissaire du gouverneur n'était point passé par ce chemin.

Après avoir marmotté pendant assez longtemps et esquissé un bon nombre de gestes cabalistiques, le tout étant suivi avec l'attention la plus soutenue par les montagnards intéressés, le lama déclara quelque chose signifiant à peu près : « Si vos gens courent plus vite que le messager du *pönpo* [1], ils le rattraperont. » Mais, bien entendu, cette simple vérité était énoncée en style sibyllin, avec quantité de mots solennels et de phrases énigmatiques tout à fait impressionnantes.

Les braves de Tcheu Dzong prirent ensuite poliment congé de nous, recommandant à Yongden de dire à quiconque pourrait se présenter « qu'ils étaient tous rentrés chez eux ».

Nous étions de nouveau seuls. Que devions-nous faire ? Les Popas nous avaient dit que nous n'étions pas loin d'un village appelé Tcholog ; mais ce qui paraissait une courte distance à ces robustes et gigantesques montagnards pouvait sembler un long trajet à des gens harassés et à moitié invalides comme nous l'étions. Nous avions bu chacun plusieurs bols de thé beurré et avions reçu un petit morceau de beurre et une poignée de thé qui nous assuraient un déjeuner liquide le lendemain, mieux valait passer la nuit dans l'abri que nous avions trouvé.

Nous pouvons être certains, dis-je à Yongden, qu'aucun d'entre les Popas que nous avons rencontrés ne songe à revenir pour dépouiller de pauvres hères de notre espèce. Le jeune homme partageait mon opinion, mais la hutte ne lui paraissait pas un endroit sûr. Les gens du gouverneur, disait-il, pouvaient avoir appris que leurs ennemis s'étaient réunis dans ce lieu et, les y croyant encore, venir pendant la nuit pour les tuer par surprise. Nous risquions de recevoir des balles à travers la porte ou d'être traînés devant un *pönpo* et d'avoir à répondre à un tas de questions embarrassantes.

Ces craintes ne manquaient pas de fondement, mais l'obscurité était devenue complète sous les arbres et, ne connaissant pas le chemin, nous courions le risque d'un accident du genre de celui dont Yongden souffrait encore. Quant à recevoir des balles, ou à être arrêtés, la chose

1. *Pönpo*, un chef, un haut fonctionnaire.

pouvait tout aussi bien nous arriver n'importe où dans la forêt si des gens du gouverneur la parcouraient à la recherche des factieux.

Puis, d'un autre côté, cette minuscule cabane dans ce site sauvage, ces géants conspirateurs, vêtus comme des brigands d'opéra-comique et l'excitante attente d'événements mélodramatiques, étaient choses bien attirantes. Décidément, je resterais et verrais la suite de l'aventure... si, toutefois, elle devait en avoir une.

Lorsque nous eûmes décidé de demeurer dans la hutte, Yongden s'en alla couper du bois à la limite de la clairière, tandis que je ramassais les branches mortes jonchant le sol autour de la cabane. Ma besogne terminée, je me tenais assise près du feu, lorsque soudain, sans que j'eusse entendu aucun bruit de pas, une tête s'encadra au-dessus de la porte basse fermant seulement les trois quarts de l'ouverture donnant accès dans notre refuge.

Un individu jeta un coup d'œil rapide dans l'intérieur, baragouina précipitamment quelques mots que je ne compris pas et disparut sans me laisser le temps de lui demander de répéter ce qu'il voulait. A tout hasard, je criai ce que les Popas nous avaient recommandé de dire : « Ils sont tous partis ! » Mais personne ne répondit.

Il était dit que notre tranquillité serait décidément troublée ce soir-là. Yongden était revenu avec une charge de bois et nous nous disposions à dormir, lorsque nous entendîmes marcher sous les arbres. Les feuilles sèches craquaient et de menues branches se cassaient sur le passage d'un promeneur nocturne qui, à en juger par le bruit qu'il produisait, devait être de forte taille.

Du seuil de la porte, le lama appela, à la façon des indigènes d'Amdo : « *Arrau ! Arrau !* (camarades) vous pouvez venir ! »

Nul ne se montra. J'inclinais à croire que des animaux rôdaient dans la forêt et mon fils et moi nous parcourûmes la clairière jetant des pierres dans la direction d'où venait le bruit afin de les éloigner ; mais les invisibles noctambules ne semblèrent point s'émouvoir de nos démonstrations et continuèrent leurs allées et venues, ce qui confirma Yongden dans l'idée qu'ils appartenaient à l'espèce humaine.

Quoi qu'il en pût être, comme ils ne nous attaquaient pas, nous les laissâmes à leurs affaires. Nous barricadâmes la porte de la hutte aussi bien que nous le pûmes et, après avoir couvert le feu, nous nous couchâmes chacun dans un coin où nous ne pouvions pas être facilement vus ni atteints si l'on tirait par l'ouverture au-dessus de la porte. Il ne nous était pas possible de prendre davantage de précautions et, en toutes circonstances, lorsqu'on a agi du mieux que l'on peut, se faire du souci est inutile. Tous deux, pensant de même à ce sujet, nous dormîmes si profondément que le soleil brillait déjà haut dans le ciel quand nous nous éveillâmes.

Nous bûmes chacun, avec plaisir, un grand bol de thé beurré, mais notre estomac réclamait impérieusement des aliments solides. Nous en étions à notre sixième jour de jeûne et, sans crainte d'être jugés gloutons, nous pouvions avouer que nous avions grand-faim.

Tcholog, le premier village que nous devions rencontrer, ne se trouvait pas si proche de notre cabane que les preux de Tcheu dzong nous l'avaient annoncé la veille. Nous y arrivâmes vers midi.

Enfin, nous étions parmi ces mystérieux Popas dont Yongden et moi parlions depuis si longtemps. Jusqu'à ce moment tout s'était bien passé pour nous et nous avions pleine confiance en l'avenir.

Le village situé au fond d'une vallée étroite, encadré d'un joli paysage alpin, donnait l'impression d'un extrême isolement. L'on s'y sentait dans un endroit prodigieusement reculé, à des millions de kilomètres, aurait-on cru, de tout centre d'activité matérielle. Rien, d'ailleurs, dans l'aspect des humbles chalets composant le hameau, ni des rares habitants que nous apercevions, n'était de nature à inspirer la crainte.

Quant à mon incognito, il me paraissait dorénavant bien assuré. Jamais, dans ce pays où nul étranger n'avait encore pénétré, l'idée ne viendrait à quelqu'un qu'une *philing* s'était aventurée à travers ces montagnes solitaires. Ce sentiment de sécurité m'était un véritable confort, il allait me permettre de savourer, enfin, en toute tranquillité d'esprit, les charmes de mon aventure et la délicieuse liberté de la vie de chemineau.

Nous ne pouvions pas mieux débuter chez les Popas qu'en faisant une ronde pour solliciter des aumônes, cette conduite s'harmonisait à la fois avec notre déguisement et avec nos besoins. Nous nous arrêtâmes donc, en marmottant les prières d'usage, devant la porte de la première habitation qui se trouva sur notre route.

La question qui nous fut tout d'abord posée fut, comme toujours : « D'où venez-vous ? » Et quand nous y répondîmes en disant que nous descendions du col d'Aigni, la femme qui nous interrogeait poussa de bruyantes exclamations de surprise qui attirèrent quelques voisins.

Comment avions-nous pu traverser les neiges ? C'était un vrai miracle ! La protection évidente de nos *Po lha* et *Mo lha* fut encore une fois reconnue.

Nous fûmes invités à nous asseoir et à tendre nos bols que la maîtresse du chalet remplit de soupe.

Quel goût avait celle-ci ? Je ne m'en rendais point compte. Une sensation étrange m'avait envahie ; il me semblait que du tréfonds de mon corps, des êtres se levaient et se ruaient vers ma bouche pour se repaître de l'épaisse bouillie que j'avalais avidement.

D'autres braves gens nous donnèrent aussi un peu de *tsampa* et de beurre, puis, nos sacs à la main, nous fîmes le tour du hameau. Rapidement, les aumônes recueillies nous assurèrent deux jours de subsistance. Comme nous nous trouvions, maintenant, dans une région habitée où le ravitaillement était relativement aisé, il devenait inutile de nous charger lourdement. Sans nous y attarder davantage, nous quittâmes le hameau hospitalier, continuant notre route en descendant la vallée.

Une dizaine de minutes plus tard, une singulière idée me traversa le cerveau : cette soupe que nous avions mangée... avant que la *nemo* la plaçât sur le feu pour la réchauffer, se trouvait dans un coin de la cuisine, sur le plancher, derrière le battant d'une porte ouverte... Pourquoi donc le pot qui la contenait avait-il été placé dans cet endroit ?... Se pouvait-il que... Non, tout en moi se révoltait à cette pensée. Et pourtant... sur le plancher, dans un coin...

Je me tournai vers mon compagnon :

— *Gelong lags* [1], dis-je très poliment. Je crois que nous avons mangé la soupe du chien.

Le lama goûtait précisément la béatitude d'une agréable digestion. Mes paroles le firent sursauter.

---

1. Honorable moine.

— Que dites-vous ?... Quelle soupe du chien ? demanda-t-il.

Je lui expliquai alors, avec le plus grand calme, les indices sur lesquels se fondaient mes soupçons. Il devint soudainement pâle. L'expression de son visage rappelait celle que l'on voit à certains passagers sur le pont d'un paquebot, par grosse mer.

Tout à coup, parmi les divers détails de notre repas qui me revenaient à la mémoire, je me rappelai que la *nemo* avait puisé la soupe dont elle avait rempli nos bols avec une louche décrochée parmi d'autres ustensiles de cuisine suspendus près du foyer. Or, jamais, pour rien au monde, une Tibétaine ne plongerait dans un pot contenant le manger des animaux, une cuillère servant à la cuisine. Je pouvais en être certaine : la soupe était bien destinée à nourrir des humains. Je m'empressai de rassurer le lama tout ému.

— Quelle peur vous m'avez faite ! dit-il en riant.

— Que vous êtes stupide ! répliquai-je. Qu'elle fût pour les gens ou pour les bêtes, cette soupe vous a rassasié, pourquoi vous rendez-vous malade à cause d'une simple idée ?

— Je crains fort, *Jétsunema,* rétorqua mon compagnon, que sous la direction de vos divers maîtres ermites, *naldjorpas* et autres, vous n'ayez fait trop de progrès en *tul chougs* [1]. A l'avenir, j'examinerai avec soin le contenu de notre marmite quand vous ferez de la cuisine.

— J'espère bien ne pas devoir confectionner du bouillon avec du cuir pour semelles de bottes, comme vous l'avez fait dernièrement, répondis-je.

La bonne soupe que j'avais si injustement calomniée entretenait notre gaieté.

Un peu plus loin, nous vîmes venir vers nous trois beaux hommes élégamment vêtus. Avec leurs robes de fourrure, leurs gilets de drap grenat ou vert émeraude, leurs cheveux flottants sur les épaules et un sabre au fourreau orné d'argent et de pierreries passé dans leur ceinture, ces trois Popas ressemblaient vaguement aux chevaliers des siècles passés, peints par les vieux maîtres flamands.

Ils abordèrent poliment Yongden et le prièrent de

1. *Tul chougs* : nom d'une doctrine philosophique qui enseigne une complète indifférence à l'égard de toutes choses.

consulter le sort au sujet de l'affaire qui lui avait déjà été soumise dans la forêt.

Le lama répondit que les divinités ayant déjà été interrogées à ce propos, le respect et la prudence commandaient de ne pas les importuner davantage, mais qu'il pouvait répéter que, d'après le « mo » précédent ,toutes choses s'arrangeraient de façon satisfaisante. Les trois chevaliers se contentèrent de cette réponse et, s'étant inclinés devant mon compagnon, s'en retournèrent vers leurs demeures avec la plus gracieuse dignité.

Nous avions à peine fait quelques pas quand un villageois, qui nous croisa, arrêta de nouveau Yongden, en demandant un *mo* au sujet d'une affaire privée. Puis, tandis que mon oracle condescendait à son désir, un lama, voyageant à cheval, arriva à son tour, mit pied à terre et sollicita aussi, de son humble confrère-chemineau, la faveur d'une séance de divination.

Une certaine quantité de *tsampa* et de beurre entrèrent dans nos sacs comme honoraires du *nieunchés*. En vérité, notre début dans le pays des terribles Popas était tout à fait encourageant.

Bientôt après, nous entrions dans une gorge et, tentés par les provisions que nous portions, nous nous étions déjà assis sur un arbre renversé, pour faire un léger repas, lorsqu'un homme vint à passer. Il nous engagea à ne pas nous attarder. Nous étions loin du prochain village, disait-il, et la route n'était rien moins que sûre. Des voleurs rôdaient dans la région, même en plein jour, et étaient beaucoup plus à craindre encore après la tombée de la nuit.

Ces renseignements concordaient tout à fait avec ceux que nous avions précédemment recueillis sur la sécurité au Po yul. Nous renonçâmes donc à notre repas et partîmes immédiatement, nos revolvers à portée de la main sous notre robe.

Le soleil était couché quand nous atteignîmes l'extrémité de la gorge. Celle-ci débouchait sur une vaste étendue de terrain formant le point de rencontre de trois vallées. Le sol y était, en majeure partie, cultivé ; des hameaux et des fermes isolées s'apercevaient de l'autre côté de la rivière, aussi loin que la vue pouvait s'étendre. Désireux de trouver un gîte pour la nuit nous dûmes traverser le large pont reliant la piste principale qui suit le

Po, avec celle conduisant à Tcheu Dzong où existe une grande lamaserie — l'endroit même dont les habitants avaient lapidé le représentant du gouvernement de Lhassa.

Des fermiers nous permirent de passer la nuit dans la pièce où se trouvait la meule.

Sauf dans les agglomérations importantes, où la farine est produite en quantité pour le commerce, chaque famille campagnarde tibétaine moud son grain chez elle, au fur et à mesure de ses besoins, en se servant d'une petite meule actionnée à la main. Le plus souvent cette opération se fait dans une pièce spéciale tenue avec une grande propreté et, souvent aussi, seuls les membres de la famille et leurs domestiques sont admis à y pénétrer, pour éviter que l'endroit ne soit pollué par la présence d'étrangers [1].

Nos hôtes nous apportèrent quelque peu de bouse sèche pour allumer du feu, mais refusèrent de nous en donner ou de nous en vendre une quantité suffisante pour cuire notre repas. Je dus retourner au bord de la rivière, à la recherche du peu de bois charrié par les crues que je pourrais découvrir sur la rive, dans la demi-obscurité ; la nuit était presque tombée.

Quand je revins, je trouvai quelques visiteurs auprès de Yongden. Le gouverneur, son messager et les gens envoyés à la poursuite de ce dernier étaient, encore une fois, le sujet de la conversation.

D'autres villageois se montrèrent ensuite. Ils venaient réquisitionner du grain pour nourrir une troupe de Popas qui se rassemblait quelque part. L'on ne nous confia ni le nom de cet endroit, ni la destination et les projets des patriotes qui s'y organisaient. Il semblait que le pays se soulevât. Le lendemain matin une bande d'hommes armés vinrent trouver le lama en demandant un nouveau *mo*. La situation était changée : le gouverneur avait réussi à s'échapper de Tcheu dzong et à se réfugier dans une autre lamaserie à Soung dzong.

Après le départ des guerriers, nous tînmes conseil. Yongden jugeait prudent de renoncer à l'excursion que nous

---

1. Bien que les castes, telles qu'elles sont établies dans l'Inde, n'existent point au Tibet, certaines classes de gens : les forgerons, les bouchers et surtout les vagabonds, mendiants de profession, sont plus ou moins considérés comme impurs. Quant aux autres voyageurs, ils peuvent, croient les Tibétains, s'être trouvés en contact avec des gens ou des objets impurs et avoir, de ce fait, contracté une souillure, ou bien encore être accompagnés par de mauvais esprits.

avions projetée à Tcheu dzong, qui se trouvait hors de notre route.

Suivant les habitudes tibétaines, des espions des deux partis ennemis devaient, en effet, battre le pays. Les campagnards et les gens des chefs étaient sur le qui-vive ; nous pouvions être pris, nous-mêmes, pour des espions, ou trouvés suspects d'une autre manière et nous attirer des ennuis, sinon pire. Préférant donc nous priver de visiter Tcheu dzong plutôt que de risquer de compromettre la suite de notre voyage, nous retraversâmes la rivière, et, pressant notre allure, nous nous efforçâmes de dépasser promptement Soung dzong et le territoire menacé d'une révolution.

L'excellente opinion que nous avions conçue touchant les Popas, après nos premières rencontres avec eux, ne dura pas plus d'une journée.

Ce même soir, au sortir d'un long défilé, nous nous trouvâmes de nouveau dans une zone très ouverte. Les montagnes s'écartant brusquement très loin de la rivière laissaient libre une vaste étendue de terrain que les Popas avaient cultivée. Des fermes se dressaient, de-ci, de-là, dispersées dans les champs. Nous vîmes aussi deux ou trois maisons en ruines, presque au bord de la route, et je songeai un instant à m'y abriter pour dormir. Mais Yongden me fit observer que le feu que nous allumerions attirerait l'attention des paysans et que des visiteurs indésirables pourraient apparaître pendant la nuit.

Je me rendis à ses raisons. Puisque nous renoncions à camper seuls, à proximité des habitations, il ne nous restait qu'à demander un abri quelque part et c'est ainsi que nous fîmes plus ample connaissance avec les sentiments hospitaliers des Popas.

Près de la première ferme dont nous nous approchâmes, un jeune chevrier nous aperçut. Aussitôt, abandonnant ses bêtes, il courut à toutes jambes informer les maîtres de la maison de notre approche. Instantanément portes et fenêtres se fermèrent comme par enchantement et nul ne répondit lorsque nous appelâmes du dehors, en exposant notre requête. Toute cette scène avait été jouée si rapidement, si ingénument que j'avais peine à ne pas éclater de rire. Mais l'hilarité, dans cette circonstance, n'eût pas convenu au personnage dont je jouais le rôle ;

j'affectai donc une mine désolée en me dirigeant vers une autre ferme.

— Nous avions tort, me dit Yongden quand nous nous fûmes un peu éloignés, de nous adresser à une maison d'aussi minable apparence. Les gens qui vivent là n'ont peut-être pas de quoi manger toujours à leur faim et craignent les mendiants parce qu'ils ne peuvent rien leur donner. Mais comme refuser l'aumône à un lama-pèlerin est une très mauvaise action, ils s'arrangent pour ne pas voir celui qui implore leur charité. Avez-vous remarqué comme ils ont adroitement fermé la porte et les volets, sans jeter un coup d'œil au-dehors ? Peut-être ont-ils même fait semblant de ne pas m'entendre quand je les ai appelés, ou, mieux encore, l'un d'eux a-t-il dit aux autres : « Bon, voici encore un de ces drôles qui contrefont les manières des lamas-neskorpas pour tromper les maîtres de maison, trop crédules. »

Ainsi, ces rusés avares croient éviter le péché. N'ont-ils pas *ignoré* qu'un véritable lama était à leur porte. Quel merveilleux stratagème !

Allons tenter la chance dans une grande ferme.

Chez le *tchougpo*[1] nul ne ferma les portes ni les fenêtres mais cinq gros chiens nous entourèrent, aboyant furieusement et montrant leurs crocs. Néanmoins, tandis que je travaillais à les tenir en respect avec mon bâton ferré, Yongden criait sa requête, s'efforçant de dominer le tapage fait par les animaux.

D'abord, personne ne répondit, puis une jeune femme parut sur le toit plat des étables et, de là, posa une quantité de questions, sans dire un mot ni faire un geste pour commander aux chiens de nous laisser tranquilles. Yongden répondait avec une patience angélique tandis que je continuais la bataille autour de lui. Enfin, sa curiosité satisfaite, la femme rentra dans l'appartement situé au premier étage, pour transmettre notre requête au maître de la maison. Une dizaine de minutes s'écoulèrent encore, puis elle reparut rapportant une réponse négative : le *nepo* refusait de nous laisser entrer.

Les Tibétains — comme bien d'autres, dans tous les pays — sont passablement moutonniers. Le voyageur à qui un paysan a refusé l'hospitalité, peut être certain que

1. *Tchougpo* : un homme riche.

tous ceux qui ont eu connaissance de ce fait lui fermeront leur porte. Nous n'avions aucune chance de succès dans le voisinage du propriétaire des molosses.

Nous étions donc résignés à marcher une heure ou deux encore et à dormir cachés dans les bois, mais comme nous passions devant la dernière ferme, située à la limite des terres cultivées, une femme se trouva justement devant la porte de l'étable, surveillant la rentrée du bétail. L'habitation avait belle apparence et l'occasion se présentant ainsi à nous, Yongden sollicita la permission de passer la nuit à couvert. Tandis qu'il parlait, une autre femme se montra à une fenêtre, au-dessus de notre tête, et mon fils répéta sa requête.

Là comme ailleurs, le consentement du *nepo* était nécessaire et la femme déclara qu'elle allait le lui demander.

Nouveau délai. Puis la même femme réapparaît — à la porte, cette fois — portant une assiette pleine de *tsampa*. Le fermier nous envoyait cette aumône, mais ne voulait pas nous recevoir.

Je n'aurais pas insisté davantage, mais Yongden s'entêta.

— Nous n'avons pas besoin de *tsampa*, expliqua-t-il, nous ne demandons qu'un abri. Nous mangerons nos propres provisions et nous n'importunerons personne pour des aumônes. Accordez-nous seulement le *nestsang* [1].

La femme remonta au premier étage, remportant la *tsampa*, et le fait que nous avions refusé celle-ci dut produire bon effet sur le *nepo*, car nous fûmes invités à entrer. On nous conduisit dans une chambre cossue, d'une extrême propreté, comme l'on n'en voit guère que dans les demeures des Tibétains de condition supérieure. Une servante alluma du feu et posa une ample quantité de bois à côté du foyer.

Notre opinion concernant les Popas, qui venait de tomber bien bas au thermomètre de notre estime, remonta quelque peu.

---

1. Un endroit où demeurer, où dormir.

## Chapitre VII

Le lendemain matin, nous gagnions, à travers une brousse épaisse, le voisinage de Soung dzong [1].

Une lecture de tout le Khagyur [2] avait eu lieu dans un village des environs et les cent et huit gros volumes, dont se compose l'ouvrage, étaient rapportés au monastère, chargés sur des yaks conduits par quelques paysans. Flânant à l'arrière du groupe, une vieille femme cheminait en compagnie de son gros bœuf poilu qui, aussi peu pressé que sa maîtresse, inspectait du regard les bords du sentier, s'arrêtant de temps en temps pour tondre une touffe d'herbe à son goût.

La bonne grand-mère se mit à bavarder avec nous et, voyant que tout en marchant je mangeais de la *tsampa* sèche, elle sortit un morceau de pain de son *ambag* [3] et

---

1. Soung dzong : soit « le fort du Verbe » — en orthographe tibétaine *gsoung* = verbe, parole ; — soit « le fort du guet » — en orthographe tibétaine : *bsroung* = garde, surveillance, guet. — La prononciation est, à peu de chose près, la même dans les deux cas, et la façon particulière d'énoncer les lettres composées, dans différents dialectes locaux, ajoute à la confusion.

2. La prononciation habituelle donne à peu près Khandjour. Le *Bkha hgyur* (orthographe tibétaine) signifie : « Paroles traduites. » C'est la bible lamaïste contenant une partie des Ecritures bouddhistes traduites du sans krit.

3. *Ambag* : la poche formée sur la poitrine par la large robe serrée au-dessous de la taille avec une ceinture. Les Tibétains n'en ont pas

me l'offrit. Qui sait en quelle étrange et malpropre compagnie ce pain s'était trouvé dans la poche de la pauvre femme ! Néanmoins, il ne m'était pas possible de le refuser, je devais même en manger ostensiblement au moins quelques bouchées. Il me serait loisible, ensuite, de guetter le moment où, sans être aperçue de ma vieille bienfaitrice, je pourrais jeter le croûton dans les fourrés. Je n'eus, du reste, pas à prendre cette peine. Ce pain brun fraîchement cuit, était loin d'être mauvais et je le dévorai à belles dents jusqu'à la dernière miette.

J'arrivai à Soung dzong comme je finissais cette friandise rustique.

Des groupes de maisons s'apercevaient, disséminés de divers côtés, dans une vallée très ouverte, et la localité semblait être d'une certaine importance.

Quant au monastère, les nombreux bâtiments pressés dans son enceinte couvraient une butte, entourée par les rivières, où l'on accédait par des ponts. Contrairement à la majorité des *gompas* dont les murs blanchis à la chaux se détachent en lumière sur le paysage environnant, les demeures monastiques de Soung dzong, presque toutes construites en pisé, n'étaient couvertes d'aucun enduit. Jaune et terne, dominée de toutes parts par les routes qui y conduisent, la lamaserie, en dépit d'un arrière-plan imposant de montagnes escarpées de teinte sombre, présentait un aspect plutôt insignifiant.

Quelques détails d'ordre géographique, concernant la région supérieure du bassin du Poloung Tsangpo que nul étranger n'a parcourue avant moi, pourraient offrir un certain intérêt, mais le cadre très restreint du présent livre m'oblige à les omettre.

Le besoin de regarnir nos sacs de vivres nous retint assez longtemps à Soung dzong. Les environs du monastère présentaient un spectacle animé. Des paysans y arrivaient, venant de diverses directions, conduisant des bêtes chargées de bois, de viande ou de grain. De petits chefs locaux faisaient caracoler leur monture entre les groupes ou trottaient, de-ci, de-là, donnant des ordres d'un air important ; des moines se voyaient aussi, entrant et sor-

---

d'autres. La quantité de choses, de diverses natures, qu'ils y mettent — souvent en contact direct avec la peau, car les gens du peuple ne portent pas de vêtements de dessous — est réellement étonnante et fait paraître obèses les plus maigres d'entre eux.

tant, tout affairés, par la porte de la *gompa*. De l'endroit un peu éloigné d'où je dominais cette agitation, la lamaserie, avec ses maisons de terre jaunâtre, ressemblait à une gigantesque fourmilière occupée par ses ouvrières diligentes, en plein travail.

La présence du fonctionnaire lapidé à Tcheu dzong, qui s'était réfugié à la *gompa*, était la cause de cette activité inusitée. Lorsqu'un de ces personnages réside en n'importe quel endroit, au cours d'un voyage, les gens du pays sont non seulement tenus de le nourrir, lui, sa suite, ses serviteurs et ses bêtes, mais aussi de lui offrir, chaque jour, une quantité déterminée de présents, en nature et en argent. Ainsi s'expliquait la procession des pauvres fourmis humaines allant remplir les sacs du *pönpo*.

Yongden demeura pendant près de trois heures au monastère. Il y rencontra quelques *trapas* obligeants qui, en plus des provisions qu'il leur avait achetées, lui donnèrent gratuitement plusieurs pains, des abricots séchés et diverses autres douceurs. Un traitement aussi amical ne permettait pas à mon compagnon de se dérober à une longue causerie, ni de refuser le thé offert par ses frères en religion.

Tandis qu'il s'égayait en joyeuse compagnie le temps passait moins agréablement pour moi, assise auprès de nos bagages, dans un vaste terrain nu, balayé par une bise perçante.

Quelques enfants qui gardaient le bétail vinrent d'abord s'asseoir près de moi ; je les fis causer et leurs propos ingénus me révélèrent quelques détails intéressants sur la condition de leur pays. Ensuite un voyageur riche passa, accompagné par plusieurs domestiques. Il s'arrêta pour me demander qui j'attendais là — les deux fardeaux posés près de moi indiquaient que j'avais un compagnon. Je lui répondis que mon fils, un *gelong*, s'était rendu à la *gompa*, et ma proche parenté avec un religieux, lui paraissant sans doute une garantie de mon honorabilité, il démonta pour causer plus longuement et, bien entendu, me questionna au sujet de mon pays natal.

A cette époque, j'avais encore une fois changé de patrie et adopté le lointain Ngari. Le passant ne connaissait cette région que de nom, mais il avait été à Jigatzé, la capitale de la province de Tsang. Comme j'avais visité cette ville, quelques années auparavant, il me fut aisé d'en parler.

L'homme s'étant assis, nous eûmes, ensemble, une agréable conversation, à laquelle, suivant les habitudes patriarcales du Tibet, les domestiques participèrent en y plaçant de temps en temps leur mot. Ce voyageur venait de la province de Kongbou et en rapportait un sac plein de ces petits pains de mélasse compressée, dont les Tibétains sont friands. Il m'en offrit deux en me quittant.

Quand Yongden revint avec ses provisions, étalant d'un air triomphant les cadeaux qu'il avait reçus, je m'amusai à l'intriguer avec mes deux gâteaux de mélasse que je tenais, lui disais-je, d'une *lhamo* (déesse) descendue du ciel.

La région où nous pénétrâmes peu de temps après avoir quitté Soung dzong doit être admirable en toute saison, mais l'hiver l'avait transformée, à l'époque de notre passage, en un ensorcelant pays de conte de fées. Pendant des jours, nous marchions dans la demi-obscurité d'épaisses forêts vierges, puis, soudain, une éclaircie nous dévoilait des paysages tels qu'on n'en voit qu'en rêve. Pics aigus pointant haut dans le ciel, torrents glacés, cascades gigantesques dont les eaux congelées accrochaient des draperies scintillantes aux arêtes des rochers, tout un monde fantastique, d'une blancheur aveuglante, surgissait au-dessus de la ligne sombre tracée par les sapins géants.

Nous regardions cet extraordinaire spectacle, muets, extasiés, prêts à croire que nous avions atteint les limites du monde des humains et nous trouvions au seuil de celui des génies.

Puis, comme nous continuions notre route, nous rentrions dans l'ombre des grands bois, et la vision disparaissait jusqu'à ce qu'une autre apparition fantastique se levât de nouveau devant nous.

Un peu d'orgueil nous venait d'avoir, les premiers, pénétré jusque-là. Nous, menus et frêles voyageurs, à pied, le sac au dos, sans guide, sans aide, nous avions franchi, au cœur de l'hiver, les nombreuses chaînes démesurées dressées devant nous et déjoué la surveillance de ceux qui gardent les routes du pays enchanté. Cette double victoire nous rendait les longues étapes faciles et allégeait le poids de nos fardeaux.

Je m'attardai longtemps dans ce pays, vagabondant en dehors du chemin direct, cheminant sans hâte pendant la journée et, le plus souvent, passant la nuit au pied d'un arbre, ou dans une caverne lorsque ma bonne chance m'en faisait découvrir une à l'heure de la halte.

Toutefois, lorsque nous rencontrions un hameau forestier, une ferme isolée ou un monastère, tentés par la perspective d'une chambre chaude, nous y demandions parfois l'hospitalité. Tous n'étaient pas disposés à nous l'accorder et nous eûmes à soutenir de nombreux combats contre des chiens lâchés à notre intention. Il nous arrivait, tout en cheminant, de discuter, le plus sérieusement du monde, sur le degré de férocité de ces animaux dans les diverses régions que nous avions traversées. Les occasions ne nous avaient point manqué pour nous former une opinion à ce sujet.

D'autres individus égoïstes répondaient à notre requête en disant qu'un malade se trouvait dans la maison, ce qui équivalait à une défense absolue d'en approcher.

Cette interdiction de pénétrer dans la chambre d'un malade n'est point inspirée, comme on pourrait le croire, par un souci d'hygiène ; elle a sa source dans une superstition.

Les Tibétains, je l'ai déjà dit, ne peuvent guère se résoudre à voir, dans les maladies qui les affligent, l'effet de causes naturelles ; toutes, pensent-ils, sont l'œuvre de personnages invisibles appartenant aux autres mondes. Ceux-ci, poussés plutôt par le besoin que par la méchanceté, rôdent, tels des chasseurs en quête de gibier, cherchant à s'emparer du « souffle vital » des autres êtres pour s'en repaître. Enoncée de cette façon succincte, cette croyance populaire ne peut que paraître baroque. Toutefois, l'étude des théories, dont elle est une grossière déformation, met en lumière certains curieux enseignements traditionnels de l'Asie centrale et, ainsi, est loin d'être dénuée d'intérêt.

Or les Tibétains imaginent que la plupart des voyageurs traînent un ou plusieurs démons à leur suite, ceux-ci s'attachent à eux temporairement, comme le font les chiens errants lorsqu'ils rencontrent une caravane. Avec l'étranger admis dans la maison, ces invisibles et indésirables visiteurs y pénétreraient aussi et, s'ils y trouvaient une proie à leur portée, dans la personne d'un malade, ils ne manqueraient pas de s'en saisir.

Plus d'une fois de rusés campagnards profitent de cette

superstition pour tenir leur porte close, alors même que tous ceux du logis se portent bien.

Un jour, je terrifiai horriblement une paysanne qui employait ce vieux stratagème contre moi. Avant qu'elle ait eu le temps de fermer les volets de son unique fenêtre, j'avais pu jeter un coup d'œil dans l'intérieur de la chambre et m'assurer qu'elle était vide. Alors, comme la femme parlait du prétendu malade couché chez elle, j'assumai un air inspiré, dénonçai son mensonge et prophétisai que, puisqu'elle avait faussement déclaré à de saints pèlerins qu'un des siens était malade, la maladie entrerait vraiment chez elle. Cette déclaration, faite d'un ton sévère, épouvanta la paysanne qui tomba à genoux et confessa sa faute en pleurant à chaudes larmes.

Mais il s'en fallait que toutes les portes nous fussent fermées et, dans cette région, comme dans celle de la Salouen, j'eus maintes occasions d'étudier de près la vie et les coutumes des indigènes.

Au cours des conversations familières, le soir, autour du foyer, j'entendis d'amusantes histoires et des légendes tragiques reflétant la mentalité particulière des Popas. Grâce à des courses à l'aventure à travers les forêts, je fis aussi, de façon bien inattendue, deux rencontres singulièrement impressionnantes qui me fournirent l'occasion d'observer certaines curieuses pratiques d'entraînement spirituel.

Il fallut pourtant reprendre la piste suivant la rivière pour continuer notre route vers Daching, la première localité importante située en aval de Soung dzong.

La veille du jour où nous comptions y arriver, nous fûmes rejoints par deux villageois : le mari et la femme, qui avaient acheté une vache quelque part et la ramenaient chez eux à Daching. Ainsi que d'habitude, Yongden fut prié de consulter le sort ; il s'agissait, cette fois, d'un litige concernant la propriété des fermiers. Nous fîmes route pendant plusieurs heures en compagnie de ces derniers, puis comme nous nous arrêtions pour faire du thé, ils nous invitèrent à loger chez eux à Daching, lorsque nous y arriverions, et nous promirent le meilleur accueil.

Cependant, vers la fin de l'après-midi, comme nous traversions un hameau, nous vîmes la vache attachée à une porte et, de l'intérieur de la maison, le Popa, son propriétaire, nous cria : « Marchez lentement, nous vous rejoindrons bientôt. » Mais le soir vint sans que le couple apparût et nous comprîmes que nos gens allaient dormir chez leurs amis. Lorsque nous approchâmes de nouveau de quelques fermes, l'heure était trop tardive pour nous hasarder à y demander l'hospitalité ; les paysans devaient être couchés et n'ouvriraient pas leur porte à des chemineaux.

Passer la nuit en plein air nous était devenu familier, nous eûmes tôt fait de trouver une excavation naturelle dans la forêt et de nous y établir avec nos bagages. Comme l'on voyait de la neige çà et là sous les arbres, nous en revînmes à notre ancienne méthode de camouflage et étendîmes notre tente sur le trou où nous étions blottis.

Durant notre sommeil le ciel seconda généreusement notre intention en saupoudrant une couche de vraie neige sur notre coton blanc, nous dissimulant ainsi parfaitement et nous tenant chaud, tout à la fois.

Le lendemain, tandis que nous finissions de déjeuner, auprès d'un large torrent, les deux époux réapparurent avec leur vache. Ils nous expliquèrent que leurs amis les avaient retenus et nous pressèrent de nous rendre avec eux jusqu'à leur demeure, nous invitant une fois de plus à y passer quelques jours. Puis, comme nous cheminions ensemble, ils recommencèrent à demander à Yongden différentes consultations d'ordre divinatoire, éprouvant, sans doute, le désir de se faire payer d'avance la valeur de leur hospitalité.

Un des *mos* demandés concernait la santé d'un malade. L'homme serait-il vivant ou non quand ils arriveraient à Daching ?

Bien qu'il se montrât d'ordinaire un oracle plein de prudence, Yongden, ennuyé par les multiples questions des paysans, répondit brutalement : « L'homme est mort. »

Je ne sais si les époux étaient les héritiers impatients ou les parents très affectionnés du défunt supposé et si la déclaration de mon lama leur fit plaisir ou les affligea. Ils parlèrent quelques instants ensemble à voix basse puis demeurèrent silencieux.

Une demi-heure environ plus tard, un homme nous croisa, venant de Daching. Nos compagnons s'informèrent immédiatement de l'état du malade. « Il va beaucoup mieux », répondit le passant.

Le prestige de Yongden s'effondra sur le coup, et quand le toit doré du monastère de Daching émergea de la forêt, ceux qui auraient dû être nos hôtes pressèrent le pas et s'éloignèrent sans même jeter un regard de notre côté.

Nous ne tentâmes pas de leur rappeler leur promesse. En vérité nous tenions très peu à leur hospitalité. Heureux temps de ma vie où je fus délivrée de tous soucis concernant le gîte et tout ce qui s'y rapporte !

L'endroit où nous avions été abandonnés était un joli site dont le caractère sévère, dû à la proximité des grands bois, se nuançait de charme. Les lamas de Daching avaient évidemment reconnu la beauté particulière de ce lieu car ils y avaient construit plusieurs *tsham khang* [1] contre une muraille rocheuse dominant de haut le chemin. Les petites maisons blanches des reclus paraissaient s'accrocher aux rocs noirs, se suspendre à leurs aspérités d'une façon miraculeuse tandis que quelques sapins audacieux, poussant dans les crevasses de la montagne, encadraient le chaos pittoresque des habitations ascétiques. Le tableau était ravissant.

L'anachorétisme est en grand honneur au Tibet. Des détails à ce sujet exigeraient trop de place pour pouvoir être donnés ici, je dois les remettre à un prochain ouvrage spécialement consacré au monde des mystiques tibétains. En vérité, celui-ci se dresse comme une véritable énigme dans l'atmosphère de mystère où baigne tout le Tibet. Le « Pays des Neiges » cessera peut-être bientôt d'être terre interdite, mais il est douteux que les secrets de ses ermitages soient jamais révélés au grand nombre.

Tandis qu'assise sur l'herbe et adossée à un énorme bloc erratique, je m'amusais à imaginer la vie et les pensées des hommes cachés derrière les murs blancs des habitations minuscules que je contemplais, une nombreuse bande de pèlerins vint à passer. Ils revenaient de Lhassa et s'en retournaient chez eux dans la vallée du Nou. Nous nous efforçâmes de tirer d'eux des indications utiles sur les chemins qu'ils avaient suivis et les régions qu'ils avaient traversées, mais en obtînmes peu de renseignements intéressants.

---

1. *Tsham khang* : ermitage.

Quand les pèlerins s'en furent allés, nous traversâmes une fois de plus le Poloung tsangpo, retournant sur sa rive gauche par un très beau pont en bois et comme nous approchions du monastère, je remarquai, à quelque distance de nous, les paysans avec qui nous avions fait route. Debout, au sommet d'un chemin montant vers le village, ils nous regardaient timidement et avec insistance.

— Ce ne sont pas des méchantes gens, dis-je à Yongden en lui faisant remarquer le couple. Je suis certaine qu'ils se repentent d'avoir manqué à leur promesse et désirent, maintenant, nous conduire chez eux.

Le lama jeta un coup d'œil dans la direction des époux, puis :

— Le malade est mort, déclara-t-il.

— Comment pouvez-vous le savoir ? interrogeai-je tout étonnée.

— Ce n'est pas bien difficile à comprendre, répondit mon fils. Ne voyez-vous pas combien leur attitude est humble et diffère de celle qu'ils avaient lorsqu'ils nous ont quittés ? Sans nul doute ils s'imaginent avoir offensé un grand prophète et craignent les conséquences de leur malhonnêteté envers lui. Cela signifie que, dès leur arrivée, ils ont appris que l'homme était mort.

Il était bien possible que le sceptique lama eût raison. Quoi qu'il en pût être, il s'avança d'un air digne vers le monastère, et y entra sans accorder un regard de plus aux deux coupables. Pour moi, j'allai modestement m'asseoir sur un talus pierreux, en bordure de l'avenue passant le long de la lamaserie afin d'attendre que Yongden eût terminé ses emplettes de vivres chez les *trapas* du lieu.

Bâtie dans la vallée, la *gompa* de Daching n'a point l'aspect altier de celles de ses sœurs qui trônent sur les sommets. Cependant la rivière aux eaux vertes qui serpente au pied de son vieux mur d'enceinte et le promontoire rocheux couronné d'arbres qui lui fait face, composent, autour de sa coupole dorée, un romantique et charmant paysage.

Derrière le monastère s'ouvre une large vallée, en partie cultivée. Une piste part de ce côté se dirigeant vers le Tibet méridional en passant par plusieurs cols. Certaines de ses branches s'étendent vers la frontière de l'Inde au nord de l'Assam tandis que d'autres conduisent le voyageur en Birmanie ou au Yunnan.

Sur la rive opposée du Poloung tsangpo, à peu de distance de Daching, une autre piste court vers le nord à travers les montagnes. Elle touche la route postale de Lhassa à Tchiamdo et, plus loin, donne accès à divers chemins conduisant dans le désert d'herbe et à Jakyendo, le comptoir tibétain, situé sur la route des caravanes portant le thé à Lhassa. De là, en marchant toujours vers le nord, à travers les solitudes, l'on peut gagner les grands marchés sino-tibétains de Sining et de Dankar, au Kansou et, dépassant ceux-ci, arriver en Mongolie. Tout ce pays, au nord de la piste de Tchiamdo, m'est très familier, et nombre de souvenirs surgissaient en ma mémoire comme je croisais les sentiers qui auraient pu m'y ramener.

Pendant que je demeurais sur le bord de la route, égrenant machinalement mon chapelet pour me donner une contenance et regardant couler la rivière, plusieurs femmes vinrent à passer. Elles se rendaient, pour y couper du bois, dans les taillis que nous avions traversés avant d'arriver à Daching et, me voyant toute seule, s'arrêtèrent pour me questionner. Puis, ayant appris que mon fils se trouvait au monastère, qu'il était un *gelong* et que nous avions accompli de longs pèlerinages, elles s'attardèrent à bavarder avec moi.

Pendant ce temps, tout comme à Soung dzong, Yongden était amicalement accueilli à la *gompa*. Le hasard avait voulu qu'il y rencontrât un *trapa* natif du pays où son grand-père avait autrefois occupé une situation d'une certaine importance comme lama marié de la secte des « bonnets rouges ». Mon compagnon connaissait pas mal de gens dans cette région, sinon tous personnellement, du moins de nom, et, bien que n'ayant pas entendu parler d'eux depuis des années, il satisfit pleinement la curiosité de son collègue en lui donnant des nouvelles de tous et de tout.

Une aussi heureuse rencontre ne pouvait se passer, au Tibet, sans que manger et boire s'ensuivît. Ainsi, tandis que son « fils » s'amusait derrière les murs de la cité monastique, la « vieille maman », dès que le soleil se fut couché, commença à grelotter sur les galets.

Quand les femmes revinrent chargées de bois, elles s'étonnèrent fort de me trouver encore à la même place. Ceci fut l'occasion d'une nouvelle conversation au cours de laquelle l'une d'elles m'invita à passer la nuit dans sa maison, m'expliquant minutieusement le chemin à prendre pour m'y rendre. Les villageoises venaient à peine de me quitter lorsque Yongden apparut enfin, suivi d'un novice *trapa*, tous deux chargés de provisions.

La mission du moinillon consistait à nous conduire chez des paysans en leur transmettant l'ordre, donné par un lama, de nous héberger. Toutefois, je préférai suivre la brave femme avec qui j'avais fait connaissance et, après avoir expliqué la chose à mon compagnon, nous nous dirigeâmes vers sa demeure.

Le maître de la maison où nous nous installâmes, bien qu'un simple paysan, était d'une intelligence remarquable ; il avait beaucoup voyagé et vécu longtemps à Lhassa. Tout ce qu'il nous racontait nous intéressait grandement, mais le plaisir goûté en causant avec lui n'était point exempt d'une certaine crainte : cet homme, à l'esprit plus éveillé que la majorité des gens de sa condition, n'allait-il point percer notre déguisement ?

Afin de parer autant que possible à ce malheur, je multipliai les démonstrations d'humilité : je me chargeai de toute la besogne domestique, allai puiser de l'eau au ruisseau, fis la soupe, puis lavai la marmite après le repas, tandis que le lama restait assis sur une carpette, conversant avec notre hôte.

Nous partîmes au lever du jour. Le temps était froid et, tant que nous ne fûmes pas entrés en forêt, la bise nous cingla violemment.

La vallée du Po tsangpo, depuis les hauteurs où nous avions découvert la source de la rivière, jusqu'à ce qu'elle débouche sur la rive du Brahmapoutre, présente une grande diversité de climats. Nous étions partis parmi des neiges épaisses et nous allions trouver les champs verdoyants et l'orge déjà haute, en janvier, à Chowa.

Le sol neuf de cette région paraît être fertile. Attirés par l'espoir de récoltes abondantes, des colons, venant des provinces limitrophes, ont défriché, ci et là, quelques hectares de la forêt et y ont construit des fermes primitives. Celles-ci, bâties en rondins à la façon des isbas russes, et souvent encadrées par de grands sapins, donnent au paysage un caractère particulier rappelant la Sibérie. Nombre de ces habitations rustiques sont de dimensions exiguës, le logis des fermiers et l'étable, ensemble, ne mesurant parfois guère plus de vingt à trente mètres carrés.

Dans l'une d'elles, plus minuscule encore, j'eus la surprise de trouver un couple idyllique d'amoureux.

Les amants semblaient avoir, l'un et l'autre, franchi plus qu'à moitié l'étape menant de la jeunesse à la sénilité. Un goître déformait le cou de l'homme et la femme n'avait rien d'une beauté.

En même temps qu'eux, leur cabane abritait une vache et son nourrisson, deux autres veaux et quelques bébés de race porcine : une véritable pouponnière animale. Parmi cette étrange et remuante compagnie, nous entendîmes la touchante histoire des amours de nos hôtes. Folles amours, car la *nemo* avait été jadis dame et maîtresse d'une autre et plus confortable demeure et s'en était évadée, les mains vides, fuyant vers la forêt, au bras d'un Roméo indigent.

Aucun enfant n'était né de leur union et, chose rare au Tibet, ni le fermier ni sa compagne n'en désiraient. Leur mutuelle tendresse, quoique déjà ancienne, remplissait toujours exclusivement leur cœur.

Ces pauvres gens nous traitèrent de leur mieux. Nous partageâmes avec eux une soupe aux navets et ils insistèrent pour que nous acceptions une certaine quantité de *tsampa* comme provision de route.

Il va sans dire que, là comme ailleurs, Yongden fut consulté sur diverses matières du ressort des devins. Cette fois, il termina la cérémonie en conseillant aux fermiers d'inviter les *Lous*[1] à recevoir chez eux une offrande de lait et, tout d'abord, de procéder à un nettoyage méticuleux de leur logis et de tout ce qu'il contenait, afin que rien n'y déplaise à leurs divins visiteurs.

Ceci dûment expliqué, chacun se prépara à dormir. Nos hôtes s'installèrent d'un côté du foyer, Yongden et moi de l'autre, la vache et son petit contre la porte, les veaux à nos pieds et le sommeil immobilisa bientôt toute la maisonnée étroitement rapprochée dans ce fraternel voi-

---

1. Les *Lous* (orthographe tibétaine Klu), mieux connus sous leur nom sanskrit : *nâgas*, sont des divinités serpents que l'on croit habiter l'océan, les lacs, les sources et posséder des richesses fabuleuses. Elles passent pour enrichir ceux qui les honorent. On leur offre du lait et de l'eau claire. La malpropreté, toutes les mauvaises odeurs, et particulièrement celle de la viande, leur répugnent et les irritent.

sinage. Seuls, les porcelets nègres continuèrent à s'agiter. Courant d'un bout à l'autre de la cabane sur les dormeurs dont les corps allongés ne leur laissaient guère de place sur le sol, ils rappelaient, dans les demi-ténèbres, ces diablotins malicieux qui troublaient le repos des Pères du désert.

Les vieux amoureux devaient être accoutumés à ces ébats nocturnes, car ils ne tardèrent pas à ronfler. Certain de ne pas être entendu, Yongden me murmura alors à l'oreille :

— Puis-je déposer cinq roupies dans le pot qui est audessus de notre tête, sur l'étagère, avec les ustensiles de cuisine ?... Lorsque notre brave *nemo* les trouvera, en nettoyant sa maison, elle croira que les *Lous* les y ont mis.

La plaisanterie était bonne ; toutefois, par précaution, je recommandai au lama de donner des roupies de l'Inde plutôt que des pièces du Szetchouan. Comme la monnaie hindoue se trouvait dans un sac mis à part, la chose était faisable, même avec la faible clarté produite par les bûches rougeoyantes. De cette façon, si, par hasard, nous étions soupçonnés d'être les donateurs, ces pièces confirmeraient que nous avions été de Lhassa, où elles circulent, vers le Tibet oriental et retournions dans la capitale, comme nous le disions.

J'aurais aimé être présente lorsque les braves paysans découvrirent notre petit cadeau. Vraisemblablement ils durent concevoir une haute opinion des talents du lama qui avait attiré sur eux les bienfaits des *Lous*. Mais comme il existe de très nombreuses histoires à propos des *Lous* apparaissant sous la forme humaine, peut-être nos hôtes crurent-ils que nous étions nous-mêmes des dieux en promenade ?

Le nouvel an ne se célèbre pas à la même époque dans toutes les parties du Tibet. Tandis que les gens de Lhassa et du Tibet central suivent le calendrier chinois [1], ceux du Po yul et du Kham avancent d'un mois sur celui-ci. Cette

1. Toutefois il y a, certaines années, une différence de quelques jours entre le premier de l'an, d'après les Chinois, et le jour reconnu comme tel à Lhassa. La Chine a maintenant adopté le calendrier grégorien, mais son usage est restreint aux services officiels, l'ancien calendrier lunaire conti nuant à être généralement employé.

particularité nous valut d'arriver à Chowa, l'humble capitale du Po mèd, le jour même où les Popas y fêtaient la nouvelle année.

Le roi et la reine du pays se trouvaient alors à Lhassa, mais cette circonstance ne pouvait empêcher leurs sujets de festoyer et, puisque tous étaient en liesse et faisaient bombance, nous entendions nous égayer comme les autres.

Nous dirigeant donc, hardiment, vers le palais royal et en franchissant la grand-porte, nous entonnâmes une bruyante psalmodie, déversant, à flots ininterrompus, de multiples bénédictions sur tous et sur tout. Je doute qu'en ce pays où les mendiants sont pourtant doués de poumons exceptionnellement robustes, nos pareils aient été souvent entendus.

Des têtes apparurent aux fenêtres, des gens surgissant de divers côtés s'amassèrent dans la cour, tous ahuris, pétrifiés. Notre triomphe accroissait notre audace et celle-ci communiquait une nouvelle force à la voix de basse ultra profonde — celle des lamas chantant les offices — avec laquelle mon compagnon tonitruait ses bons souhaits.

Des chiens qui, d'abord, s'étaient mis à aboyer, se virent finalement réduits au silence et, terrorisés, s'enfuirent ou se réfugièrent dans les coins les plus éloignés de la cour.

J'imagine, toutefois, que quelque remarquable que fût notre concert, ses auditeurs éprouvèrent promptement le désir d'y mettre fin. Des domestiques apportèrent un pot d'eau-de-vie d'orge, du thé et de la *tsampa* et nous fûmes invités à nous rassasier.

Nous refusâmes l'eau-de-vie, déclarant que, fidèles observateurs des préceptes bouddhistes, nous n'en buvions jamais. Si peu de gens s'en abstiennent, dans ce pays, que notre conduite nous conquit une haute place dans l'estime des intendants du palais et celle-ci s'exprima par l'envoi d'un plat de viande séchée. Mais quand nous refusâmes aussi cette dernière, expliquant que nous respections la vie de tous les êtres et, tout spécialement, ne voudrions pas commencer l'année en participant, même indirectement, à la cruelle action de tuer, l'admiration des Popas fut à son comble. La viande fut immédiatement enlevée et une pyramide de gâteaux la remplaça devant nous.

Après avoir mangé et bu tout notre content nous reçûmes une ample quantité de provisions de voyage et quittâmes le palais, suivis par les regards admiratifs de tous ses hôtes.

A Chowa, la piste principale qui suit la vallée traverse de nouveau le Poloung tsangpo, retournant sur sa rive droite. Le pont construit à cet endroit est tout en bois, large, fermé comme un couloir et couvert par un toit.

Deux portes, chacune surmontée d'une logette de guetteur, permettent d'en clore les extrémités. Un nombre considérable d'affiches portant des dessins et des formules magiques en tapissent les parois et de minuscules banderoles en papier, groupées en paquets, y sont suspendues de tous les côtés. Le courant entraîne, suppose-t-on, les mots exprimant des louanges ou des bénédictions imprimés sur celles-ci, répandant ainsi, le long de son cours, de pieuses pensées et des germes de bonheur.

Les Tibétains, tout comme les Chinois, aiment à décorer les ponts, les routes et les sites remarquables de leur pays avec des inscriptions d'un caractère poétique, religieux ou philosophique. Certains voyageurs ont cru devoir tourner cette coutume en ridicule ; je les comprends mal. Quelques lignes de subtile poésie, comme les Chinois excellent à en écrire, une sage pensée, gravées sur un roc pittoresque, l'image d'un Bouddha en méditation, peinte dans une caverne ou même, flottant au vent à un carrefour, un simple ruban de papier portant l'antique mantra sanscrit : *Sarva mangalam* (joie à tous), me semblent infiniment préférables aux réclames prônant des jambons et des liqueurs qui *décorent* les routes des pays occidentaux.

Evidemment, mes goûts sont ceux d'une sauvage.

Près du pont, se trouve un *mani lha khang* entouré de monceaux de pierres gravées, de cylindres *manis* et de nombreuses bannières. De là, l'on obtient une vue d'ensemble de la demeure royale avec la rivière coulant à son pied. Ce n'est qu'un bâtiment écrasé, à peu près carré, sans aucune recherche d'architecture.

Nous avions vu tout ce que l'on pouvait voir dans la capitale du Po mèd et, comme l'après-midi était à peine entamée, nous préférâmes continuer notre route plutôt que de coucher à Chowa.

A la nuit tombante, nous nous arrêtâmes dans un village où nous fîmes un dîner de nouvel an avec des paysans et le lendemain, les réjouissances continuant toujours, nous en prîmes de nouveau notre part dans une autre ferme.

Si notre Noël avait été quelque peu dramatique, le nouvel an, fêté avec les Popas, ne manquait pas de gaieté ; mais combien plus joyeux devait être, pour nous, le véritable nouvel an à Lhassa ! Toutefois, à cette époque, le plaisir que nous allions trouver dans la cité sainte demeurait encore le secret de l'avenir.

Dans ce second village, nous fûmes les hôtes d'une famille de nouveaux colons qui nous traitèrent très cordialement.

Tandis que nous mangions assis près du foyer et que Yongden bavardait avec le *nepo*, j'observai une des filles de la maison qui pétrissait une énorme balle de pâte. Elle travailla ainsi pendant plusieurs heures. Le lama, comme de coutume, avait plusieurs fois interrogé le sort pour répondre aux questions des fermiers, il se faisait tard et la jeune boulangère pétrissait toujours. J'étais intriguée et aurais volontiers veillé plus longtemps pour voir l'issue de son travail, mais mon fils demanda la permission de se coucher, disant que nous étions fatigués et avions besoin de repos, comptant partir le lendemain de grand matin. Je ne pouvais pas le contredire, nous nous retirâmes dans un coin de la cuisine-dortoir et nous étendîmes sous notre tente-couverture.

Nos hôtes n'allaient pas se gêner pour des chemineaux de notre espèce, aussi plaisanteries et chansons continuèrent-elles, tous supposant que le bruit ne nous empêchait nullement de dormir, ainsi qu'il en aurait été avec de véritables *ardjopas*. Mais, bien entendu, je demeurai éveillée et continuai longtemps à observer les Tibétains et à écouter leurs propos. Cependant, la fatigue l'emporta sur ma curiosité et je sommeillais à demi, lorsqu'une odeur de friture me rendit, de nouveau, consciente de mon entourage.

La jeune fille avait cessé de pétrir la pâte et faisait frire des « galettes de nouvel an » dans cette délicieuse huile douce que les Popas extraient de l'amande des noyaux d'abricots [1]. Quelle malchance ! Si nous étions restés plus longtemps auprès de nos hôtes, nous aurions reçu

1. C'est une spécialité du Po mèd. Les autres Tibétains emploient l'huile de moutarde.

notre part de cette pâtisserie, tandis que, très probablement, nous n'en respirerions, maintenant, que l'odeur.

Je ne suis pas gourmande à l'excès, mais le régime de la *tsampa* quotidienne était d'une sévère austérité... Je maudissais le lama par la faute de qui nous nous étions couchés trop tôt. Dormait-il ? Je tenais à ce qu'il partageât le supplice de Tantale qui m'était infligé. J'étendis le bras pour le secouer, mais ne pus l'atteindre. Alors je rampai lentement vers lui, sous le couvert de la tente jetée sur nous, et découvris qu'il avait les yeux grands ouverts.

— Ils mangent des galettes, murmurai-je à son oreille.

— Oh ! je le vois bien, répondit-il à voix basse, d'un ton désolé.

— Croyez-vous qu'ils nous en donneront ?

— Ne l'espérez pas ; ils nous croient endormis.

Je ne répliquai pas à ces paroles affligeantes et, me glissant de nouveau près du sac qui me servait d'oreiller, je regardai les bienheureux fermiers se régaler. Ils ne parvenaient pas à manger les galettes aussi rapidement qu'elles sortaient de la poêle et la jeune fille déposait dans une corbeille celles qui ne lui étaient pas demandées. Bientôt elles commencèrent à s'amonceler en un joli tas sur lequel notre espoir se reporta aussitôt. Peut-être, le lendemain, nous donnerait-on quelques-unes de celles-là pour notre déjeuner ? Elles seraient froides, mais combien préférables, tout de même, à notre éternelle *tsampa* !

Pleinement rassasiée, toute la famille s'étendit, enfin, sur le plancher, chacun enroulé dans ses couvertures ; le feu tomba, l'obscurité se fit dans la pièce et je m'endormis.

Le matin suivant, il se trouva qu'il restait encore de la pâte non cuite. Nous mangeâmes des gâteaux chauds et croquants et emportâmes une bonne quantité de ceux de la veille dans nos sacs à provisions.

Jusqu'à ce moment, notre voyage à travers le Po yul s'était effectué tout à fait paisiblement et je commençais à penser que les histoires répandues au sujet des Popas contenaient beaucoup d'exagération. Cependant, tous les Tibétains y croyaient et tenaient pour des brigands nés les beaux hommes aux proportions athlétiques, aux faces graves, que nous croisions sur notre route ou chez qui nous passions la nuit.

En ce qui nous concerne, si rien ne nous avait paru

justifier la mauvaise réputation faite aux Popas, nous avions, par contre, pu constater qu'ainsi qu'on nous en avait avertis, ni caravanes, ni voyageurs isolés n'empruntaient l'itinéraire que nous suivions. Nous n'avions même pas aperçu un seul de ces pèlerins indigents qui, d'après ces dires, se risquaient parfois dans cette dangereuse région. Les événements allaient se charger de confirmer plus complètement les renseignements qui nous avaient été fournis.

Quelques heures après avoir quitté la ferme hospitalière où l'on confectionnait de si excellentes galettes, nous passions devant une maison isolée au moment où plusieurs personnes en sortaient. Les réjouissances du nouvel an continuaient toujours ; des hommes qui s'étaient divertis à cet endroit, les uns étaient complètement ivres et les autres fortement éméchés. Chacun d'eux portait un fusil et certains nous mirent en joue, mais nous fîmes semblant de n'en rien voir.

Dans la soirée, je découvris une vaste caverne qui nous servit de chambre à coucher. Nous y reposâmes confortablement, si confortablement même que notre sommeil se prolongea trop tard. La cuisson d'une soupe, dont nous nous offrîmes le luxe pour notre déjeuner, nous retarda encore davantage et, tandis que nous finissions de manger, un individu apparut qui nous demanda si nous n'avions rien à vendre. Il regarda avec insistance le contenu de nos sacs encore ouverts et nos deux cuillères retinrent tout spécialement son attention. Ensuite il s'assit et, tirant un morceau de fromage sec de son *ambag*, se mit à le manger.

Ce fromage fermenté ressemble, comme goût, au roquefort, et Yongden pensant qu'il constituerait une addition agréable à nos menus s'informa si l'on pouvait s'en procurer dans le pays. L'homme répondit affirmativement. Lui-même en avait chez lui, non loin de la caverne, et il nous en céderait contre des aiguilles si nous en possédions.

Nous en avions emporté quelques paquets, en vue d'échanges de ce genre, de sorte que le Popa s'en alla chercher son fromage.

Nous n'avions pas encore fini de réempaqueter nos bagages lorsqu'il revint, accompagné cette fois d'un autre homme qui se montra, tout de suite, hardi et malhonnête. Il palpa l'étoffe de notre tente, prétendant qu'il voulait l'acheter, s'empara des cuillères et les examina, tandis que le premier à qui nous avions eu affaire ne cessait de regarder dans la direction d'où tous deux étaient venus, comme s'ils attendaient d'autres gens.

Les intentions des deux chenapans se manifestèrent bientôt clairement. L'un fit disparaître les cuillères dans son *ambag* tandis que l'autre s'efforçait d'arracher la tente des mains du lama.

Il était probable que d'autres malandrins avaient été avertis et allaient arriver pour aider à nous dévaliser.

La situation devenait grave, il importait d'effrayer ces deux individus et de partir en hâte. Peut-être pourrions-nous, ensuite, gagner un village où les larrons n'oseraient pas nous poursuivre. Dans tous les cas, nous pouvions l'essayer.

Je m'efforçai d'abord d'en appeler aux bons sentiments des voleurs, mais ce fut en pure perte. Chaque minute était précieuse, il fallait en finir rapidement avec ceux-ci et faire comprendre à ceux qui approchaient, peut-être, que nous n'étions pas de timides moutons sans défense.

— Laissez cette tente à l'instant, commandai-je sévèrement, et rendez les cuillères que vous avez prises.

En même temps j'avais pris mon pistolet automatique sous ma robe, sans que les voleurs s'en aperçussent.

Pour toute réponse, le plus effronté des deux se mit à rire et se baissa pour s'emparer d'un autre objet. Je me trouvais alors derrière lui, tout près, le touchant. Je levai mon arme en la tournant de façon à ne pas l'atteindre, car, bien entendu, je ne voulais que l'effrayer. L'homme au fromage vit le pistolet au moment où il paraissait hors de ma longue manche qui l'avait dissimulé jusque-là. Trop terrifié, sans doute, pour pouvoir prononcer un mot, pensant que j'allais tirer à bout portant, tuant son camarade sans qu'il eût aucune chance d'intervenir pour le sauver, il s'immobilisa, me regardant fixement, les yeux dilatés par l'épouvante. L'autre remarqua-t-il la face subitement changée de son ami ? Je ne sais, mais il se rejeta brusquement en arrière au moment même où le coup partait et la balle passa contre sa tête, rasant ses cheveux.

Il jeta précipitamment les cuillères sur le sol et la paire de scélérats s'enfuit à travers les taillis.

Toute cette scène s'était passée en quelques secondes.

Le départ des deux vauriens n'améliorait que très peu

notre situation. Ils pouvaient être allés rejoindre ceux qu'ils paraissaient attendre et, en nombre, cette fois, nous faire un mauvais parti. Je dis à Yongden de ficeler nos fardeaux en hâte ; nous devions partir immédiatement.

Que serait-il arrivé ? Aurions-nous été attaqués ? Je ne puis le savoir, car comme nous allions quitter la caverne, une troupe d'environ trente pèlerins apparut. C'étaient les premiers voyageurs étrangers au pays que nous voyions depuis notre entrée au Po yul et nous n'en rencontrâmes jamais d'autres. Ces gens, passant sur la route, avaient entendu la détonation et venaient s'informer de ce qui se passait.

Nous nous joignîmes à la bande et, peut-être, devons-nous la vie à cette rencontre inattendue.

Nous apprîmes de nos nouveaux compagnons que les Popas — ou du moins un certain nombre d'entre eux — méritaient vraiment leur mauvaise réputation, et nous allions encore l'apprendre derechef par notre propre expérience.

Les gens avec qui nous faisions route venaient, pour la plupart, de Dzogong, dans la vallée du Nou : l'endroit que nous avions évité en traversant la rivière en amont de Porang, gagnant la Giamo nou tchou à travers les montagnes. Le jour même où nous étions arrivés au camp des *dokpas* où nous avions pris un guide et un cheval pour monter au col d'Aigni, eux s'étaient arrêtés auprès d'un autre camp, au pied du col, conduisant dans la vallée du Nagong.

Avant de gravir la montagne plusieurs *trapas* désirèrent ressemeler leurs bottes et le plus grand nombre des pèlerins décida de demeurer pendant une journée auprès des *dokpas* et de rapetasser aussi leurs chaussures. Quelques laïques parmi les hommes et presque toutes les femmes préférèrent, au contraire, ne pas s'arrêter et faire l'ascension tout à leur aise pour être rejoints par le gros de la bande vers le bas du versant opposé.

Ils franchirent le col et passèrent la nuit sous des arbres, un peu au-dessous de celui-ci. Au lever du jour des Popas apparurent, montant vers le sommet avec des yaks chargés d'abricots secs et de piments qu'ils allaient échanger contre de l'orge dans la province voisine. Quand ils aperçurent les pèlerins, ils se précipitèrent sur eux, leur enlevèrent leurs couvertures et le peu d'argent qu'ils cachaient sous leurs vêtements. Puis, ayant compris qu'un autre groupe de voyageurs les suivait, ils leur ordonnèrent de descendre rapidement vers la vallée sans s'arrêter en route. Alors ils déchargèrent leurs bêtes, les chassèrent sur la montagne pour qu'elles y paissent et, s'asseyant près du col, attendirent le passage du second groupe de *néskorpas*.

Les *trapas* les trouvèrent là, aux aguets, pareils à ces démons qui, d'après les légendes, s'embusquent dans les replis des montagnes pour saisir les passants et les dévorer.

Les Popas leur demandèrent de leur faire un cadeau, ce qui est, au Tibet, comme en Chine, la façon polie dont les voleurs de grand chemin formulent leurs exigences. La plupart des moines étaient armés et leur répondirent en tombant sur eux avec les sabres et les piques en leur possession. Les brigands dégainèrent aussi, mais les voyageurs étaient plus nombreux, les vaillants fils du Po yul furent malmenés et, finalement, vaincus.

Le gros de la troupe ne rejoignit son infortunée avant-garde que le lendemain et apprit les pertes qu'elle avait subies alors qu'il était trop tard pour poursuivre les voleurs.

Après cette fâcheuse aventure, ceux d'entre les voyageurs qui appartenaient à l'ordre religieux s'étaient longuement attardés dans les divers monastères situés sur leur route, pendant que leurs malheureux amis, devenus sans ressources, parcouraient les villages, mendiant leur subsistance et quelques hardes pour remplacer leurs couvertures disparues. Ainsi s'expliquait que, bien que nous eussions, nous-mêmes, cheminé très lentement, ils ne nous avaient pas dépassés.

Trois *trapas* qui remplissaient les fonctions de guides de la bande avaient déjà — au cours de précédents voyages — traversé la vallée centrale du Po mèd en y entrant, en été, par la Po Gotza *la*. Quant aux deux autres cols voisins de ce dernier, dont l'Aigni *la* que nous avions franchi, ils en ignoraient l'existence.

Ces gens, comme nombre de Khampas des vallées du Nou tchou ou du Giamo nou tchou, étaient extrêmement aimables et nous eûmes grand plaisir à faire route avec eux pendant plusieurs jours. Mais, ensuite, ils pressèrent fortement le pas afin de regagner le temps qu'ils avaient perdu à flâner dans la haute région du Po yul et arriver à Lhassa à la date voulue pour participer à certaines cérémonies religieuses comportant une rémunération pour les moines qui y prennent part. Peu à peu, leur marche se transforma en une véritable course et nous les laissâmes poursuivre, seuls, leur exercice sportif.

Le second jour que nous passâmes avec cette troupe joviale, nous nous écartâmes de la rive du Poloung tsangpo et, ayant franchi un petit col, nous redescendîmes au village nommé Tong mèd, situé près du confluent du Poloung et du Yigong tsangpo. Ce dernier coupait notre route et nous devions le traverser suspendus à un câble, ainsi que nous l'avions fait pour la Salouen et pour le Mékong.

Notre bonne chance nous avait encore, cette fois, amené des compagnons au moment précis où ils nous étaient indispensables. Jamais les *toupas*[1] ne se seraient dérangés pour deux chemineaux isolés ; un péage si minime n'eût pas répondu à leur peine.

Ces *toupas* du Po yul ne ressemblaient en rien aux simples bonnes gens qui avaient prêté leur aide à nos précédentes traversées aériennes. Leurs allures truculentes et le pittoresque de leurs physionomies évoquaient le souvenir de certaines illustrations de Gustave Doré. Le câble s'appareillait à l'air de ses propriétaires et respirait fortement l'aventure. Jeté au travers d'une rivière beaucoup plus large que la Salouen à l'endroit où nous l'avions traversée, il s'affaissait terriblement, et toute la partie du milieu de sa courbe devait, vraisemblablement, se trouver submergée à l'époque des hautes eaux.

D'abord, les passeurs nous dirent qu'ils s'occuperaient de nous le lendemain, puis, cédant aux instances pressantes des chefs de notre bande et prenant en considération le nombre des péages à recevoir, ils consentirent à se déranger le jour même.

En vérité la besogne n'était pas mince.

Les *toupas* étaient au moins une douzaine. Pour commencer, quelques-uns d'entre eux se rendirent sur la rive opposée, exécutant ainsi un véritable tour d'acrobatie car, eux, n'étaient point halés comme nous allions l'être, mais

1. *Toupas*, bateliers, passeurs de bacs et, par extension, ceux qui halent les voyageurs, leurs bagages et leurs animaux le long des câbles tendus d'un bord à l'autre des rivières.

s'avançaient à la force des poignets, sur cette corde oscillante comme une balançoire, au-dessus des rapides.

Lorsqu'ils furent arrivés, l'on passa les bagages, opération qui prit un temps considérable. Tandis qu'elle s'effectuait, une vieille grand-mère qui paraissait être le chef des *toupas* et avait déjà reçu l'argent payé pour le passage, se mit à percevoir une contribution supplémentaire montant, par tête, à trois aiguilles ou une valeur équivalente en numéraire. Les aiguilles sont très demandées à l'intérieur du Tibet et, hors des routes suivies par les grandes caravanes, il est difficile de s'en procurer. La mère *toupa* devait se faire un joli revenu avec celles qu'elle extorquait aux voyageurs.

Mon tour de passer arriva avant celui du lama. Je fus attachée à un crochet avec une autre femme, tout comme au bord de la Salouen, mais aucun incident ne marqua, cette fois, la traversée.

Un paysage d'une majesté sauvage, dominé par le pic gigantesque du Gyalwa Pé Ri [1], s'étendait autour du câble-pont. Du milieu de celui-ci, une vision, malheureusement trop rapide, me montra l'un des plus admirables tableaux que j'aie contemplés durant mes longues années d'alpinisme en Asie.

Etroitement enserrées dans un cadre de montagnes boisées, les neiges inviolées du « lotus victorieux » dressaient leur masse imposante à l'extrémité d'une gorge sombre où le Yigong se précipitait en une course éperdue. Une sorte de frénésie paraissait animer chacune de ses vagues bondissantes, impatientes, semblait-il, de se jeter en offrande au pied de l'impassible géant. Comme maints sites du Tibet, mais plus spécialement encore, tout ce décor baignait dans une atmosphère d'indicible mystère. Les rochers et les arbres y affectaient la contenance énigmatique de détenteurs de secrets et le murmure de la brise, à travers les halliers, s'entrecoupait de réticences.

Combien j'aurais aimé m'arrêter là, longtemps, pour causer amicalement avec les choses environnantes. Mais les exigences de mon voyage ne me permettaient, hélas ! que d'y passer une seule nuit.

---

1. Cette montagne est nommée, selon les uns : Gyalwa Péri (victorieuse lotus montagne) et selon d'autres : Gyalwa Pal Ri (victorieuse noble montagne). Sa hauteur dépasse 7 000 mètres.

Dès que j'eus atterri, je me mis en quête d'un abri et découvris une caverne perchée au-dessus d'une petite plage de sable blanc. Yongden traversa la rivière l'un des derniers et me rejoignit comme la nuit tombait.

Le lendemain, bien qu'éveillés à l'aube, nous eûmes la désagréable surprise de trouver vide la vaste caverne, située à peu de distance de la nôtre, où nos compagnons avaient dormi. La chose était regrettable car nous comptions sur les *trapas* qui connaissaient la route pour nous diriger dans la forêt. Celle-ci était devenue une jungle épaisse, d'apparence presque tropicale, rappelant les basses régions de l'Himâlaya.

L'air aussi n'était plus le même et avait perdu cette sorte de saveur spéciale, de pouvoir vivifiant qu'il possède sur les hauts et secs plateaux tibétains. Quoique nous fussions au milieu de l'hiver, la température était singulièrement douce. Il ne gèle jamais dans cette région ; le sol était humide, souvent même boueux, le ciel nuageux et les villageois de Tong mèd nous avaient prédit de la pluie.

Plusieurs pistes, à peine marquées, se croisent à cet endroit, au bord de la rivière. L'une remonte la vallée de l'Ygong, conduisant au nord, vers le haut pays de Po (Po teud) et rejoint, comme le fait celle partant près de Daching, des sentiers donnant accès au grand désert d'herbe. Une autre descend vers le sud pour aboutir sur la rive du Brahmapoutre [1] et la troisième est la route de Lhassa *via* la province de Kongbou [2].

Nous découvrîmes, après quelques recherches, le sentier du Kongbou, et l'ayant suivi pendant une demi-heure à peine, nous arrivâmes à une fourche. En réalité, l'une des branches était le chemin principal et l'autre une traverse, mais, à ce moment, nous ne nous en doutions pas et, croyant devoir choisir entre deux voies différentes, nous nous en rapportâmes à notre instinct et nous engageâmes dans la traverse.

Celle-ci devait être le chef-d'œuvre de quelque ingénieur

---

1. Nommé Yésrou tsangpo dans la partie supérieure de son cours qui traverse le Tibet. Le qualificatif honorifique *tsangpo* (pur) est donné, par les Tibétains, à un grand nombre des cours d'eau importants de leur pays.

2. En plus de ces pistes, existent aussi celle par laquelle nous étions venus et une autre se détachant d'elle non loin de Tong mèd. Cette dernière conduit au pays d'Yigong qui a donné son nom à la rivière.

des ponts et chaussées du Po yul et lui faisait honneur par son originalité. Elle était fréquemment barrée par d'énormes rochers perpendiculaires que l'on franchissait tantôt au moyen d'échelles consistant en un tronc d'arbre dans lequel un certain nombre de crans formaient des marches où seuls les orteils trouvaient place, tantôt en s'élevant sur des pierres branlantes empilées en manière d'escalier. Ailleurs, le sol manquait complètement, remplacé par des planches grossièrement taillées à la hache, ou des baliveaux enfoncés de distance en distance dans le versant à pic. Comme ces divers ouvrages d'art avaient été exécutés à la mesure des géants Popas dont les jambes excédaient de beaucoup les nôtres en longueur, nos pieds ne rencontraient souvent que le vide, en descendant les crémaillères-échelles ou en s'efforçant de traverser les brèches que les gens du pays pouvaient franchir d'un large pas. Ce qu'il nous était impossible d'effectuer avec nos pieds seuls, nous le tentions avec l'aide de nos mains et de nos bâtons. Je me surpris à saisir une branche entre mes dents : mouvement instinctif qui ne pouvait, du reste, m'aider en rien, et dont Yongden et moi firent, pendant plusieurs jours, un sujet de plaisanteries.

Si nous n'avions pas porté un fardeau, nous aurions, jusqu'à un certain point, pu trouver du plaisir à cette gymnastique, mais nous étions lourdement chargés. Sachant que nous avions devant nous un long trajet à travers des forêts désertes, nous nous étions munis d'une ample provision de *tsampa* et son poids, sur notre dos, ne laissait pas que de compromettre dangereusement la sécurité de notre équilibre à chacune de nos acrobaties.

Le pire était que nous craignions de nous être trompés de route. Un tel sentier menait sans doute à quelque village, mais ne pouvait guère être celui du Kongbou que suivaient, nous le savions, des mules portant des charges.

Nous n'apercevions, non plus, aucune trace du passage de nos anciens compagnons. Trente-deux personnes devaient forcément laisser des empreintes de pieds dans la boue. Il était évident que la bande de pèlerins avait pris un autre chemin. Cependant, comme d'après ma petite boussole, nous avancions dans la bonne direction, je me risquai à continuer.

Après tout, nous nous trouvions de nouveau seuls. Notre présence n'était pas requise à Lhassa à date fixe, afin d'y lire les Saintes Ecritures pour la prospérité du gouvernement lamaïque. Il suffisait que nous arrivions au moment où commençait la période des fêtes et il nous restait encore assez de temps, d'ici-là, pour nous permettre de flâner le long de notre route.

La possibilité d'une rencontre nouvelle avec des voleurs était le seul point inquiétant, mais puisque nous nous trouvions dans cette zone dangereuse, et, bon gré mal gré, étions contraints d'y poursuivre notre chemin, il était inutile de nous faire des soucis au sujet de dangers problématiques et que nous n'avions, du reste, aucun moyen de conjurer.

Notre pittoresque sentier finit auprès d'un arbre gigantesque dédié à un Sylvain. Il rejoignait, là, le chemin muletier ; très heureusement, nous ne nous étions pas égarés.

L'endroit que nous avions gagné tranchait agréablement sur la monotonie des grands bois. Décoré de bannières portant des inscriptions et des figures magiques, l'arbre sacré y atténuait l'impression d'inquiétude causée par la demi-obscurité régnant sous les épaisses frondaisons. Autour de lui rayonnaient ces singulières influences psychiques, particulières aux lieux consacrés aux divinités de la nature, et, tout en me reposant à son pied, j'évoquai le souvenir d'époques très lointaines où l'humanité, encore jeune, vivait en communion avec ses petits dieux.

Ayant retrouvé un chemin passable, nous pûmes presser le pas et je regrettai fort le choix malencontreux qui m'avait fait parcourir cette terrible traverse. J'aurais dû, plutôt, bénir le bienveillant Sylvain à l'occulte suggestion de qui je devais, peut-être, d'avoir suivi cette voie.

Un peu plus loin, je ramassai, au milieu du sentier, une branche d'orchidée en fleur, toute fraîche, comme si elle venait d'être cueillie. Nous étions alors en janvier. Je relate le fait afin de montrer que le Tibet, tout entier, est loin de ressembler à la région glaciale et aride qui s'étend, au sud de Lhassa, jusqu'à la chaîne de l'Himâlaya.

Vers la fin de l'après-midi, nous rejoignîmes les *trapas* et leurs compagnons qui étaient campés dans une jolie clairière, sur le bord d'un affluent du Po tsang po.

Notre arrivée causa une certaine émotion et nos nouveaux amis se précipitèrent vers nous pour nous interroger sur l'issue de notre rencontre avec les voleurs. Nous répondîmes que nous n'avions pas vu un seul être humain sur notre route. Les voyageurs furent stupéfaits. De grand matin, ils s'étaient heurtés à une bande de Popas qui leur avaient barré le passage, exigeant des « cadeaux ». De même que lors de leur descente vers la vallée du Nagong, les *trapas* refusant de donner quoi que ce soit, les deux groupes en étaient venus aux mains. Quelques brigands ayant été blessés, les autres s'étaient éloignés sans insister davantage. Parmi les *néskorpas,* deux avaient reçu des coups de sabre, et un autre qui, brutalement bousculé, était tombé sur un rocher, se plaignait de douleurs internes.

Quand nous expliquâmes que nous avions pris la traverse, tous nous félicitèrent de notre heureuse inspiration. Si nous avions suivi le chemin muletier nous aurions, très probablement, été aperçus par les malandrins, encore furieux de leur récent échec, et complètement dévalisés par eux.

Les rencontres avec les brigands sont chose commune au Tibet, et, à moins d'être extraordinairement sanglantes, elles n'impressionnent que très médiocrement les voyageurs. La vue de leurs compagnons blessés, couchés près du feu, ne diminuait en rien la jovialité des autres Tibétains. Tout au contraire, on eût dit que cette échauffourée, en rompant la monotonie du voyage, avait suscité en eux un nouvel entrain.

Les grands feux allumés dans la clairière et le bruit fait par ceux qui coupaient du bois dans la forêt attirèrent l'attention de villageois habitant dans le voisinage. Quelques-uns d'entre eux vinrent nous rendre visite. Ils semblaient légèrement pris de boisson et, tout en causant avec certains d'entre nous, jetaient des regards investigateurs de droite et de gauche sur notre camp. Je me demandai s'ils n'étaient pas envoyés en éclaireurs pour se rendre compte de notre force et renseigner leurs amis sur les chances qu'ils pouvaient avoir de nous piller.

Les paysans s'approchèrent de Yongden et le prièrent de s'arrêter une journée chez eux afin de bénir leurs maisons et leurs cultures. Le lama déclina, bien entendu, cette invitation, prétextant qu'il avait grande hâte d'arriver à Lhassa pour y assister au grand *meulame*[1]. Cette raison

1. *Meulame* : « bons vœux ». Et, par extension, l'assemblée des moines

étant tout à fait plausible, les Popas n'insistèrent pas, mais ils annoncèrent à mon fils qu'ils lui enverraient, le lendemain, les femmes et les enfants du village pour recevoir sa bénédiction.

En dépit de ces paroles édifiantes, les voyageurs décidèrent de faire bonne garde pendant la nuit. Les pieux quémandeurs de bénédictions ou les voleurs rencontrés dans la matinée pouvaient concevoir l'idée de profiter de l'obscurité pour nous attaquer. Des sentinelles se relayèrent donc autour du camp, mais les heures s'écoulèrent paisiblement.

Tandis que nous dormions profondément dans notre tente que nous avions plantée un peu à l'écart, la bande des voyageurs partit encore une fois avant l'aube. La clairière était déserte quand nous nous éveillâmes. J'insistai pour boire notre thé matinal mais, bientôt, Yongden commença à se sentir mal à l'aise, sans compagnons, dans cette région peu sûre. Comme nous achevions de ficeler nos bagages et que j'étais penchée sur les sacs, il me signala, tout à coup, l'arrivée d'une troupe de brigands. Je distinguai, en effet, un groupe de gens dans la direction qu'il indiquait, mais lorsque ceux-ci approchèrent, nous vîmes qu'il n'y avait là que des femmes et des enfants.

En dépit de leur demi-ébriété nos visiteurs de la veille n'avaient point oublié d'envoyer les leurs à Yongden pour qu'il les bénisse. Les paysannes lui apportaient un peu de beurre, des fruits séchés et un panier de piments, un article d'échange de valeur appréciable sur le marché de Lhassa. Ainsi, les voleurs annoncés par mon compagnon se trouvèrent être, tout au contraire, des bienfaiteurs.

La bénédiction donnée à chacun individuellement, suivant le rite lamaïste, l'emballage des présents que nous avions reçus et un inévitable bavardage avec les femmes, nous retardèrent encore davantage. Quand nous nous mîmes en route, il ne nous restait guère d'espoir de pouvoir, du moins ce même jour, rejoindre nos bons compagnons de route.

---

appartenant aux trois monastères d'Etat : Séra, Galden et Dépung, qui se réunit au début de l'année pour assurer, par la lecture des Saintes Ecritures et d'autres cérémonies, la prospérité du Tibet et de son lama-roi.

## Chapitre VIII

C'était vraiment chose merveilleuse que d'avoir évité tant de dangers de diverses natures et de me trouver où j'étais : au Po yul, tout juste comme je l'avais projeté, et en route pour Lhassa. Néanmoins, il est sage de ne jamais se féliciter trop tôt de sa bonne chance. Je n'en avais pas fini avec les braves Popas, mais eux, aussi, allaient faire plus ample connaissance avec le savoir-faire de la première étrangère qui parcourait leur beau pays. Et, tandis que leurs démonstrations devaient demeurer banales, la mienne vivra sans doute longtemps dans la mémoire de ceux qui en ont été témoins. Qui sait si parmi ces populations à l'imagination fertile, une légende ne s'échafaudera pas sur elle, et si, dans la suite des temps, celle-ci ne fournira pas à quelque érudit en folklore l'occasion d'un profond et docte commentaire.

Ce même soir, au crépuscule, fatigués par une longue marche, nous remontions le cours de la rivière de Tongyuk qui grondait, invisible, très bas au-dessous de nous. J'étais en tête et regardais de-ci de-là, cherchant un endroit convenable pour passer la nuit, quand j'aperçus, avançant dans notre direction, sept hommes dont quelques-uns portaient des fardeaux. Un pressentiment soudain me mit en garde, je n'augurais rien de bon de cette rencontre. Cependant, comme le sang-froid est la meilleure de toutes les armes et que des années de vie aventureuse m'ont familiarisée avec les incidents de ce genre, je continuai à marcher tranquillement, indifférente, ainsi qu'une pauvre pèlerine exténuée.

Un des hommes s'arrêta au milieu du chemin comme pour me retenir et me demanda où j'allais. Je marmottai les noms de quelques lieux de pèlerinage et, m'écartant, je passai sur le bord du sentier en frôlant les buissons. Je me réjouissais déjà intérieurement, pensant que, cette fois encore, nous nous en tirerions sans mal, lorsque, regardant en arrière, vers mon jeune compagnon, je l'aperçus adossé à un rocher et parlant avec les Popas. La conversation paraissait amicale. De l'endroit où je me trouvais, je ne pouvais pas entendre ce qui se disait et je crus que Yongden voulait acheter de la *tsampa* aux voyageurs, mais tout à coup je vis l'un des gaillards saisir quelque chose dans un coin du mouchoir du lama, tandis que celui-ci me criait : « Il m'a pris deux roupies ! »

La somme en elle-même ne valait pas qu'on lui accordât une pensée, mais l'un des brigands, jaloux, sans doute, du succès de son camarade, posait la main sur le fardeau de mon fils et faisait mine de vouloir en dénouer les cordes. La situation devenait sérieuse. Me servir de mon pistolet, comme je l'avais fait quelques jours auparavant, était hors de question. Les voleurs portaient chacun un sabre passé dans leur ceinture ; au premier coup tiré sur l'un des leurs, ils massacreraient Yongden qu'ils entouraient. D'un autre côté, les laisser examiner le contenu de nos bagages était dangereux. Ceux-ci contenaient certains objets de provenance étrangère, inconnus de ces sauvageons, qui provoqueraient des questions embarrassantes. Qui sait si, devenus curieux les Popas ne s'aviseraient pas, alors, de nous fouiller, c'est l'habitude des voleurs de grand chemin au Tibet. Dans ce cas, ils découvriraient l'or et l'argent que nous portions cachés sous nos vêtements. Que s'ensuivrait-il ?... Peut-être nous tueraient-ils sur-le-champ, afin que les étranges mendiants que nous étions ne pussent les dénoncer. Ou bien, peut-être qu'effrayés par notre mystérieuse personnalité de porteurs de trésors, ils nous emmèneraient devant un de leurs chefs. Ce dernier me ferait conduire chez le fonctionnaire du gouvernement de Lhassa séjournant le plus près de sa résidence, si je confessais que j'étais une étrangère déguisée. Il nous traiterait en voleurs si je persistais dans mon incognito, c'est-à-dire qu'il s'approprierait ce que nous possédions et nous ferait bâtonner sans merci. Aucune de ces hypothèses n'était agréable à envisager, toutes conduisaient à l'interruption de mon voyage, à un nouvel, peut-être à un définitif échec ; je n'en voulais pas.

En beaucoup moins de temps que je n'en ai mis pour les écrire, toutes ces pensées m'avaient traversé l'esprit et j'avais trouvé le scénario du drame que j'allais jouer sur cette scène rustique.

Je commençai mon rôle immédiatement. Hurlant de désespoir, des larmes dans les yeux, je me lamentai sur la perte des deux roupies. Elles composaient toute ma fortune. Qu'allions-nous devenir ?... Comment pourrions-nous nous nourrir pendant le long trajet qui nous restait à effectuer jusqu'à Lhassa ?... Ces deux roupies étaient, d'ailleurs, de l'argent sacré. Un pieux villageois les avait offertes à mon fils, le lama, après un service funèbre qu'il avait célébré pour son père défunt...

Oui, l'esprit du pauvre homme, mort depuis une année, errait, égaré dans l'autre monde, sans pouvoir trouver son chemin et mon fils, par sa science du rituel approprié, l'avait dirigé vers le séjour de la béatitude, le paradis occidental où il vivait maintenant. Les deux roupies et tout ce que nous avions dans le ballot : de la farine, du beurre, un peu de viande, tout cela était *yeune* [1] dont le lama et sa famille avaient seuls le droit de disposer. Maintenant, des mécréants osaient nous en déposséder... Leur châtiment ne tarderait pas...

Ici, je cessai de gémir et me haussai aux imprécations. Familiarisée de longue date avec le panthéon lamaïste, la tâche ne m'était pas extrêmement difficile.

J'évoquai les divinités les plus redoutées et les appelai par la longue liste de leurs noms et de leurs titres terribles que le vulgaire n'ose point prononcer.

Paldène Dordji Lhamo qui monte un cheval sauvage sur une selle faite d'une peau humaine sanglante ; les

1. *Yeune* : honoraires des ecclésiastiques pour la célébration des services religieux.

dieux courroucés qui dévorent la chair des êtres et se régalent de leur cervelle et les géants furieux, compagnons du Roi de la Mort, parés de couronnes de crânes et de colliers d'ossements, qui dansent sur les cadavres, furent tour à tour conjurés de nous venger.

N'étais-je point la compagne consacrée et initiée d'un *Nagspa* noir ?... Croyait-on que son démon tutélaire manquerait de punir le mal fait à son fils qui, lui, innocent et plein de compassion pour les créatures, marchait dans le pur sentier des *gelongs* ?...

Je m'écoutais, non sans une certaine complaisance ; il me semblait que j'égalais les meilleures tragédiennes. Illusion vaniteuse, bien probablement. Quoi qu'il en soit, la nature environnante parut entraînée par ma déclaration passionnée et se mit à l'unisson. La forêt s'assombrit, une légère brise fit courir de lointaines rumeurs dans les taillis, de mystérieuses et lugubres voix semblèrent surgir de l'invisible torrent roulant au fond de la vallée et monter vers nous, emplissant l'air de phrases menaçantes dans un langage inconnu.

J'étais de sang-froid, et pourtant je ne pus me défendre d'un frisson causé par l'atmosphère occulte que j'avais moi-même créée. Je ne fus, d'ailleurs, pas seule à en éprouver l'effet. Les sept brigands paraissaient pétrifiés, les uns rangés contre une grosse roche derrière Yongden, les autres immobiles, plus bas sur le sentier. Ils formaient ainsi un impressionnant groupe d'hommes, paralysés par une terreur intense, qui tentait mes instincts de photographe. Mais ce n'était, d'aucune façon, l'heure de prendre un instantané.

Un des Popas fit, avec prudence, quelques pas dans ma direction, et, s'arrêtant à une petite distance de moi, prononça timidement des paroles de réconciliation.

— Ne nous en veuillez pas, mère, voici vos deux roupies. Ne pleurez plus. Ne nous maudissez pas davantage, nous ne sommes pas de mauvaises gens. Nous respectons la religion et les lamas. Nous ne voulons que retourner paisiblement dans notre pays... C'est à six jours d'ici... Il faut franchir un col... un col où résident de méchants démons... Tenez, prenez vos deux roupies, et que le lama nous donne sa bénédiction.

Je laissai ma colère et mon désespoir s'apaiser, et je saisis les deux pièces d'argent avec l'air de quelqu'un qui retrouve un bien inestimable. Yongden m'avait rejointe ; il bénit individuellement les sept chenapans, leur adressa des souhaits de bon voyage, et nous nous séparâmes.

Il n'y avait pas à craindre que ces mêmes hommes revinssent sur leurs pas pour nous voler pendant la nuit, mais cette nouvelle aventure était un avertissement qu'il ne fallait pas négliger. Une marche rapide s'imposait afin de sortir aussi promptement que possible de cette zone particulièrement dangereuse. Nous prolongeâmes l'étape très loin, à travers la forêt enténébrée. Une pluie fine et lente commença à tomber, un mélancolique dernier quartier de lune se leva tard parmi les nuages ; vers deux heures du matin, nous arrivâmes à une minuscule clairière qu'un chaos de roches séparait du torrent. La fatigue ne nous permettait pas de continuer plus loin. De souper, il ne pouvait être question. Eussions-nous même pu trouver des branches à peu près sèches, il nous aurait été impossible d'allumer du feu sous la pluie et, quant à l'eau, il eût été trop dangereux de se hasarder dans la demi-obscurité pour en puiser parmi les rochers qui plongeaient dans la rivière écumante. Je voulus au moins me donner le médiocre confort de l'abri que pouvait offrir notre petite tente. Celle-ci dressée, Yongden et moi nous nous étendîmes sur la terre détrempée, dans nos vêtements humides et nos bottes boueuses.

L'éclairage capricieux causé par les nuages passant devant la lune animait les ombres qu'elle projetait sur notre toit blanc. Branches et rocs y dessinaient les mouvantes silhouettes de personnages fantastiques. Le torrent parlait haut, avec les mille voix confuses d'une foule. Des êtres invisibles semblaient nous entourer. Je pensai à ceux que j'avais évoqués, à ce monde mystérieux des fées, des dieux et des démons, si proche de ceux qui vivent parmi la nature sauvage. Ma tête lasse reposant sur mon sac à provisions, je souris à des amis inconnus et, fermant les yeux, partis vers d'autres rêves.

Le pittoresque garde toujours largement ses droits dans les rencontres avec les brigands du Tibet, mais tout en appréciant, comme il convient, les diversions animées qu'elles créent au cours des voyages, l'on souhaite, généralement, que celles-ci ne se réitèrent pas trop souvent. Pour ma part, je me réjouis sincèrement de ne plus trouver d'autres malandrins sur ma route, après la représentation dramatique donnée à quelques-uns d'entre eux dans la forêt du Po mèd.

Nous approchions maintenant de Tongyuk où un *dzong* a été ingénieusement placé à l'intersection de deux pistes, afin d'examiner les voyageurs se rendant à Lhassa.

De Tongyuk, l'on peut gagner Giamda, la capitale de la province de Kongbou, par un chemin plus direct que celui qui touche la rive du Brahmapoutre. J'ai entendu dire que ce dernier est difficile et traverse de vastes régions désertes. Ce doit être pour cette raison que les voyageurs effectuent un long détour au sud jusqu'au bord du grand fleuve. Le temps a peu de valeur en Orient ; la sécurité et les facilités de ravitaillement offertes par une route sont ce que les Tibétains considèrent en tout premier lieu.

Il est aussi possible de se diriger, de Tongyuk, vers les solitudes herbeuses du Tibet septentrional.

La route que nous devions suivre est coupée par un cours d'eau peu large, mais d'une certaine profondeur, descendant de la vallée où est situé le *dzong*. A une petite distance du pont sur lequel on le franchit, celui-ci s'unit à la rivière venant de Lounang et, près de là, en amont, cette dernière reçoit un tributaire important que je n'ai pu qu'entrevoir de loin. Toutes ces eaux réunies coulent vers le Po tsang po, sous le nom de rivière de Tongyuk.

Le pont est insignifiant, ne ressemblant en rien à ceux construits sur le Polung à Chowa et à Daching. Une porte qui est tenue fermée clôt une de ses extrémités et, tout contre celle-ci, se trouve la maison du gardien chargé de veiller à ce que nul ne passe sans en avoir obtenu la permission au *dzong* et acquitté le droit de péage.

Lorsque nous heurtâmes à la porte, le gardien l'entrebâilla à peine et se disposait, sans doute, à nous questionner, mais sans lui en laisser le temps, nous criâmes tous les deux comme en proie à une vive anxiété :

— Est-ce que nos amis sont ici ?

— Quels amis ? demanda l'homme.

— Cette troupe de moines de Séra et de Dépung.

— Ils sont tous partis ce matin.

— Quel malheur ! fîmes-nous en duo, d'un ton désolé.

En nous regardant, le gardien avait inconsciemment laissé la porte s'ouvrir un peu plus largement. Nous en profitâmes immédiatement pour nous faufiler sur le terrain défendu, sans cesser d'étourdir le pauvre diable par nos questions.

Nous voulions, maintenant, savoir si les *trapas* ne l'avaient pas chargé d'un message pour nous et, surtout, ne lui avaient pas laissé un sac de viande séchée qui nous appartenait et se trouvait parmi les bagages de l'un d'eux. Tout en parlant, Yongden regardait le pauvre Tibétain d'un œil soupçonneux tandis que ce dernier s'évertuait à le convaincre que rien ne lui avait été remis et protestait qu'il se ferait un scrupule de détenir le moindre objet appartenant à un lama.

Mon compagnon, dont toutes les préoccupations semblaient uniquement concentrées sur sa viande séchée, paraissait avoir oublié toutes autres choses au monde, et en particulier, les formalités à accomplir pour être autorisé à poursuivre sa route. Il jouait son rôle avec un brio étonnant. Cependant, bien que le gardien fût réellement ahuri par le flot de paroles qui résonnaient à ses oreilles et les soupçons injurieux que le lama nourrissait à son égard, je crus m'apercevoir qu'il demeurait assez lucide pour être conscient de son devoir et pourrait bien s'aviser de nous rappeler le nôtre, si nous tentions de nous éloigner.

Nous avions espéré mieux, comptant, une fois la porte franchie, pouvoir esquiver la visite au *dzong* ; mais il fallait nous garder de laisser soupçonner notre intention. Notre ruse avait réussi à moitié ; le brave gardien, tout au lama, ne m'accordait pas un coup d'œil et, ainsi, nul n'ayant éveillé sa suspicion, le *pönpo* ne se dérangerait vraisemblablement pas pour regarder une mendiante. Une subite audace me vint : je monterais au *dzong* et, sans nul doute, pourrais donner le change à l'humble subalterne à qui, seul, j'aurais affaire.

Décidée à tenter l'aventure, je demandai au gardien avec l'intonation pleurnicharde des miséreux :

— Le *pönpo* a-t-il fait l'aumône à nos amis ?

— Je n'en sais rien, répondit sèchement l'homme, toujours préoccupé par le désir de prouver son honnêteté.

— Eh bien ! dis-je, je vais tâcher d'en obtenir quelques provisions car il ne nous reste presque plus rien à manger, maintenant que notre viande n'est pas ici.

— Quant au sac, je connaîtrai la vérité par un *mo*,

interrompit Yongden d'un ton sévère. Mes *mos* sont infaillibles.

— Oui, oui, c'est cela, fit avec empressement l'innocent Tibétain. *Mo gyab*, lama, vous verrez le *pönpo* plus tard.

— Moi j'y vais tout de suite, déclarai-je, peut-être se montrera-t-il charitable.

Ceci était parfaitement indifférent au gardien.

Comme je m'approchais de la demeure du fonctionnaire, je rencontrai un homme proprement et presque bien mis. Je le saluai très poliment et lui demandai comment il fallait s'y prendre pour être admis en présence du *pönpo*.

— Que voulez-vous ? interrogea-t-il.

J'expliquai que mon fils, un *trapa* du monastère de Séra, faisait, ainsi que moi, partie de la troupe de voyageurs arrivés à Tongyuk la veille. Souffrant de douleurs dans le pied, disais-je, il était demeuré en arrière, mais il se sentait mieux. Nous allions nous efforcer de rejoindre nos amis au plus vite, car nous étions sans provisions.

Alors, avec une timidité affectée, je sortis deux *trankas* [1] serrés dans le coin, soigneusement noué, d'un chiffon que je tirai de mon *ambag*. Cet argent, déclarai-je, devait être offert au *pönpo* lorsque mon fils me rejoindrait. Il ne pouvait tarder. Pour le moment, il s'informait auprès du gardien du pont, au sujet d'un sac que nos amis auraient dû lui laisser lors de leur passage.

Deux *trankas* représentaient le prix de notre péage passablement majoré. L'homme pouvait croire, d'après ce que je lui avais dit de notre pénurie de vivres, que le lama escomptait recevoir du *pönpo* un cadeau en nature [2]. Le succès du stratagème que ma connaissance des mœurs tibétaines venait de m'inspirer exigeait que la somme exhibée fût suffisante pour tenter celui à qui je la montrais et le faire céder à sa cupidité. Peu m'importait ce qu'il penserait ensuite, concernant les espérances que

---

1. *Tranka*, une pièce d'argent tibétaine dont la valeur ordinaire est d'environ le quart d'une roupie de l'Inde.

2. Ces sortes d'échanges dans lesquels chacune des parties vise à obtenir plus qu'elle n'a donné, sont d'un usage général au Tibet. On n'y peut faire aucune visite privée ou officielle, sans emporter un présent avec soi, mais celui qui le reçoit est tenu à rendre la réciproque. C'est là où se manifeste sa générosité ou sa pingrerie, et, comme contrepartie, la satisfaction ou le déplaisir du donateur du cadeau. Ce que l'on reçoit de cette façon d'une personne d'un rang supérieur au sien est poliment dénommé *seura* : don, aumône.

nous nourrissions quant à la transmutation de notre monnaie.

— En attendant, continuai-je, je désire demander un *seura*...

Je n'eus pas le temps de préciser si j'entendais solliciter cette aumône du *pönpo* ou bien de ses domestiques. Sans chercher à en savoir plus long, mon interlocuteur saisit prestement les deux *trankas*, m'enjoignit brièvement d'attendre où j'étais et s'éloigna. La comédie s'était jouée comme je l'avais prévu.

Quelques minutes après, un domestique apparut, m'apportant un bol de *tsampa* et j'entendis la voix de celui qui s'était emparé de mon argent lui commander :

— Emmenez-la. Il est inutile que le *trapa* monte jusqu'ici.

En arrivant près du gardien, le domestique lui dit quelques mots que je n'entendis pas, puis s'en retourna.

Je trouvai le cerbère du pont tout fier et tout hilare, parce que, en mon absence, mon devin, « dont les *mos* étaient infaillibles », avait découvert que, véritablement, nos amis ne lui avaient pas laissé notre viande.

Quant à l'identité de l'homme rencontré sur la route du *dzong*, je jugeai prudent de ne pas m'en enquérir.

Une fois de plus nous avions gentiment esquivé le péril. Nous nous hâtâmes de nous éloigner, ce qui ne pouvait étonner le gardien qui nous croyait désireux de rattraper promptement nos compagnons de route. Nous campâmes, ce soir-là, dans un joli site presque en face du village que nous entrevoyions de l'autre côté de la rivière. La neige se mit à tomber légèrement dans la soirée et, pour nous en garantir, nous plantâmes notre tente sous un gros arbre, mais le lendemain, aux premiers rayons du soleil, la mince couche blanche fondit rapidement.

Nous ne devions plus revoir nos compagnons de quelques jours. Le rôle providentiel qu'ils avaient rempli dans notre aventureux voyage paraissait terminé maintenant que, même après leur départ, nous avions pu nous servir d'eux pour faciliter notre passage au *dzong* de Tongyuk. Puisse la bonne chance les favoriser aussi, au cours de leur vie, en récompense des services qu'ils nous ont inconsciemment rendus !

Au-delà de Tongyuk, la piste se dirige vers la frontière du Kongbou où elle prend le nom de Kongbou lho lam (route du sud du Kongbou). Le pays est toujours boisé, mais la forêt perd l'aspect de jungle semi-tropicale qu'elle présente sur les bords de l'Yigong tsangpo et le paysage redevient alpin.

La température s'était beaucoup abaissée ; en maints endroits les rivières coulaient entre une épaisse bordure de glace et certaines étaient entièrement prises. Nous dormions chaque nuit en plein air, un brasier flambant à côté de nous, au pied de quelque sapin dont les larges branches nous servaient de toit.

Les villages, très peu nombreux, se dissimulaient dans les bois, demeurant invisibles de la piste, et nous croisions bien rarement un passant. C'était encore la solitude, cependant, l'ambiance psychique différait de plus en plus de celle des grands *satongs* [1] que nous laissions derrière nous. Un inexprimable sentiment avertissait de l'approche des agglomérations humaines, nous allions bientôt entrer dans les provinces centrales.

Les habitants de cette région portent, comme ceux du Po yul, une robe de fourrure sur laquelle ils revêtent une sorte de chasuble faite de peau d'ours pour les riches et de peau de chèvre de couleur foncée pour le commun des villageois. La forme des vêtements est la même pour les deux sexes, leur longueur seule diffère. Tandis que les hommes retroussent leur robe avec leur ceinture, de façon à ce qu'elle n'atteigne pas les genoux et que leur chasuble s'arrête à la taille, les femmes portent la robe tombant sur les chevilles et la chasuble touchant les genoux. Comme partout, au Tibet, les habits de fourrure ont le poil en dedans.

Le détail caractéristique de la toilette féminine, dans cette partie de la « route du Sud », est le chapeau rond, en feutre noir, dont les femmes sont coiffées. Celui-ci est de forme parfaitement européenne et, orné d'un ruban ou d'une plume, figurerait avec honneur à la vitrine de n'importe quelle modiste parisienne.

Beaucoup plus intéressants que cet article de mode, sont les chants étranges que j'entendis dans ce pays.

Tout d'abord j'imaginai qu'ils accompagnaient la célébration de rites mystiques s'accomplissant dans les pro-

---

1. *Satong*, littéralement « terre vide ». Nom donné par les Tibétains aux grands espaces inhabités.

fondeurs de la forêt, mais les circonstances se chargèrent de me révéler une vérité moins poétique.

Un jour, entendant de nouveau une sorte de poignante lamentation s'élever à quelque distance du chemin, je me dirigeai sous bois, dans la direction du chœur invisible. Tout en marchant, je me figurais déjà de lugubres funérailles ou quelque terrible cérémonie de nécromancie. En proie à l'excitation agréable qui saisit le voyageur près de contempler un spectacle intéressant, je gagnai la lisière d'une clairière. Les pathétiques chanteuses étaient là, vêtues de la robe en peau de chèvre et coiffées du feutre rond national. La besogne qui les occupait n'avait rien de dramatique. Elles descendaient simplement les arbres que les mâles de leur tribu abattaient et débitaient plus haut sur la montagne. Chacune des lourdes pièces de bois, ceinturée par des cordes, était portée par une dizaine de bûcheronnes, et la tragique marche funèbre servait très prosaïquement à les faire marcher au pas.

Quelle peut être l'origine de cette musique singulière ? Jamais je n'ai entendu d'airs semblables en aucune partie du Tibet.

En sortant des forêts de Po et de Kongbou lho lam l'on débouche dans une contrée très ouverte d'où l'on aperçoit, à distance, l'entrée de plusieurs vallées. Des villages y sont dispersés sur une grande étendue de sol cultivé, au-delà duquel s'étendent de vastes pâturages. Un gracieux arrière-plan de montagnes encadre le panorama qui rappelle, mais sur une beaucoup plus grande échelle, certains paysages des Alpes.

Le pays s'étendant à l'ouest et au nord-ouest de cette région demeure encore inexploré et je me sentais très tentée d'entreprendre une rapide course d'éclaireur à travers les montagnes qui s'élèvent entre la rivière de Tongyuk et celle de Giamda.

Le temps m'était malheureusement mesuré. Je devais me hâter si je voulais être à Lhassa au moment des fêtes du premier mois de l'année. Je craignais toujours aussi qu'une imprudence de ma part n'attirât l'attention et ne compromît mon incognito. Comment pourrais-je expliquer les raisons qui me faisaient errer hors des pistes principales ? Que répondrais-je à ceux qui me demanderaient où j'allais ? Je me trouvais, maintenant, dans une région habitée et pouvais craindre, même loin en pleine forêt, sur les montagnes, de rencontrer des bûcherons ou des chasseurs

Au Tibet, nul ne pérégrine pour son plaisir, les gens considèrent comme absurde de voyager quand on n'est pas appelé dans un endroit déterminé pour affaires ou que l'on n'accomplit pas un pieux pèlerinage.

Si j'avais connu le nom d'un monastère ou d'un *dzong* situé dans les montagnes vers lesquelles je voulais me diriger, ou par-delà celles-ci, j'aurais pu m'en servir au besoin pour justifier mon itinéraire, mais j'ignorais même s'il y existait des sentiers.

Néanmoins je partis, mais la nuit, afin d'être hors de vue lorsque, le matin suivant, les paysans iraient travailler dans les champs.

Je gagnai une crête boisée, descendis sur le versant opposé, remontai sur un autre sommet et entrevis au loin des cimes neigeuses.

J'avais déjà marché pendant deux jours et il me semblait que je pourrais, probablement, arriver à rejoindre la rivière de Giamda. Toutefois, j'étais loin d'en être certaine et, surtout, je n'avais pas la moindre idée du nombre de jours que cette course demanderait.

D'autre part, je tenais à toucher la rive du Brahmapoutre près de Témo, puis le grand pèlerinage des Böns et quelques autres endroits que l'on m'avait signalés de ce côté. Je désirais aussi, je l'ai dit, arriver à Lhassa à l'époque des fêtes. Or, le temps me manquerait, une fois sur le bord de la rivière de Giamda — si je l'atteignais — pour redescendre au sud, jusqu'au fleuve, et retourner ensuite sur mes pas pour me rendre à Giamda, la capitale du Kongbou, inscrite depuis plusieurs années sur mon programme de voyage.

Il y avait là des choses impossibles à concilier. Il fallait faire un choix.

C'est à ce choix que je pensais, assise près du feu sur lequel bouillait le thé de notre repas du soir, quand j'aperçus soudain, par-delà les flammes, un lama de très haute taille qui me regardait.

Ni Yongden ni moi ne l'avions entendu venir, on aurait presque cru qu'il avait surgi de terre comme les génies dont parlent les vieux contes.

Les Tibétains, chaussés de bottes de *dokpas* avec des semelles molles et flexibles, ne font pas de bruit en marchant. Néanmoins, l'apparition avait été si instantanée que nous considérions l'inconnu avec stupéfaction.

Il portait le vêtement très simple des *gomptchènes* [1], un *theu tréng* [2] pendait sur sa poitrine et son long bâton ferré était surmonté d'un trident.

Il s'assit sans mot dire auprès du feu et ne répondit pas à notre salutation polie : *Kalé jou dén jag* [3]. Yongden essaya, mais en pure perte, d'engager la conversation avec lui. Nous nous imaginâmes alors que, selon une coutume d'autrefois suivie par les ascètes, celui-ci avait fait vœu de silence.

Cet homme muet, qui me regardait fixement, me gênait ; j'aurais voulu le voir se lever, s'en aller, ou, du moins, faire quelques gestes naturels aux voyageurs : manger, boire. Mais il n'avait aucun bagage avec lui, pas même un sac de *tsampa,* chose extraordinaire dans ce pays dénué d'auberges. Comment se nourrissait-il ? Assis, les jambes croisées, à côté de son trident planté en terre, il avait l'air d'une statue dont les yeux étaient vivants. La nuit s'était faite, allait-il rester là ?...

Le thé était prêt, le singulier personnage tira de dessous sa robe un crâne coupé en façon de bol et le tendit à Yongden. Généralement ces coupes macabres, dont seuls se servent les mystiques tantriques, ne servent qu'à boire de l'alcool. Mon jeune compagnon s'excusa :

— *Gomptchène,* dit-il, nous n'avons pas de *tchang* [4], nous n'en buvons jamais.

— Donnez-moi ce que vous avez, répondit le lama, ouvrant la bouche pour la première fois, tout m'est égal.

Il but et mangea un peu de *tsampa* et redevint silencieux. Il ne faisait mine ni de s'en aller ni de vouloir dormir auprès du feu.

Tout à coup, sans se départir de son immobilité, il s'adressa à moi :

— *Jétsunema,* dit-il, qu'avez-vous donc fait de votre *theu tréng,* de votre *zen* [5] et de vos bagues d'initiée [6] ?

---

1. De forme différente de celui des lamas vivant dans les monastères.
2. *Theu tréng,* un chapelet formé de cent huit rondelles dont chacune est découpée dans un différent crâne humain.
3. *Kalé jou dén jag* · « Asseyez-vous doucement. »
4. *Tchang,* dans le langage courant, indifféremment, de la bière ou de l'eau-de-vie d'orge.
5. *Zen,* un manteau ressemblant à une toge, porté par les religieux.
6. Des anneaux symboliques dont l'un, en or, est orné d'un « dordji » et

Mon cœur s'arrêta de battre. Cet homme me connaissait, il m'avait vue au Kham, au désert d'herbe, en Amdo, en Tsang, je ne savais où, vêtue en *gomptchènema.*

Yongden essaya de mentir. Il ne comprenait pas, bredouilla-t-il, ce que la lama voulait dire... sa mère et lui... Mais l'étrange passant ne lui laissa pas le temps de débiter une histoire inventée.

— Va-t'en ! commanda-t-il d'un ton impératif.

J'avais repris mon sang-froid. Toute comédie était inutile. Les traits du voyageur n'éveillaient aucun souvenir en moi, mais, lui, savait qui j'étais. Mieux valait faire bravement face à la situation ; ce lama n'avait probablement aucun intérêt à me dénoncer.

— Allez, dis-je à Yongden, allumez du feu pour vous plus loin.

Il prit une brassée de bois, une branche flambante et s'éloigna.

— Ne cherchez pas dans votre mémoire, *Jétsunema,* me dit l'ascète quand nous fûmes seuls, j'ai autant de visages que je le souhaite, et vous n'avez jamais vu celui-ci.

La conversation qui suivit fut trop longue et eut trait à des sujets trop spéciaux de philosophie et de mysticisme tibétains pour pouvoir être rapportée ici. Enfin, le voyageur se leva, et, son bâton en main, s'éloigna comme un fantôme, ainsi qu'il était venu. Ses pas ne produisirent aucun bruit sur le sentier caillouteux, il entra dans les taillis et parut s'y dissoudre.

Je rappelai Yongden et mis un terme à ses questions avec une phrase laconique :

— Ce *gomptchène* nous connaît, je ne puis me rappeler l'avoir vu, mais il ne nous dénoncera pas.

Alors je me couchai et feignis de dormir pour suivre, sans être troublée, le cours des pensées que les paroles du mystérieux voyageur avaient fait naître en moi. Mais bientôt une lueur pâle se répandit dans le ciel ; le jour se levait. Tandis que j'écoutais le *gomptchène,* la nuit tout entière s'était écoulée.

Nous ranimâmes le feu pour préparer notre frugal déjeuner.

---

l'autre, en argent, d'une sonnette. Ils ne sont portés que par une certaine classe d'ermites. Le « dordji » symbolise la méthode, l'habileté, et la sonnette, le savoir.

Bien que la nature de ma conversation avec le lama eût dû me rassurer complètement sur son caractère et écarter toutes craintes de dénonciation de sa part, mon cerveau fatigué par plusieurs mois de pénible anxiété et de perpétuelles alertes ne pouvait se défendre contre les appréhensions qui l'envahissaient de nouveau. Je ne me sentais plus aucun désir de continuer l'excursion supplémentaire que j'avais entreprise.

A moins qu'il ne se rendît à quelque ermitage caché dans un repli de la montagne, le *gomptchène* descendrait, probablement, dans la vallée où coule la rivière de Giamda et, quelque estime qu'il m'inspirât, je préférais ne pas suivre de près quelqu'un qui me connaissait[1].

— Retournons sur nos pas, dis-je à Yongden. Nous traverserons le col de Témo et verrons le grand monastère situé par là. Il vous sera sans doute possible d'y acheter la robe chaude dont vous avez tant besoin.

Nous regagnâmes sans incident la zone habitée et, passant par plusieurs villages, arrivâmes un soir, à la tombée de la nuit, au pied du sentier conduisant au col.

Une grande maison massive, bâtie en pierres grisâtres, s'élevait là toute seule parmi les pâturages. Malgré son apparence exceptionnellement confortable pour le pays, il s'en dégageait une impression vaguement alarmante. Sa photographie, sous le nom « d'hostellerie de la mort » ou de « manoir hanté », eût pu fournir une bonne illustration à un roman-feuilleton du genre sombre.

On nous accorda immédiatement l'hospitalité ; nous fûmes conduits à l'étage dans une grande chambre, propre et bien close, mais éclairée et aérée par une seule petite fenêtre.

Je m'occupais avec Yongden à faire de la soupe lorsqu'un lama entra, suivi par la *nemo* qui portait ses bagages. Nous comprîmes que nous allions avoir un compagnon pour la nuit.

---

1. En dehors des craintes que j'entretenais au sujet de mon incognito, j'obéissais à un autre motif. Dans les occurrences de ce genre il est de règle, parmi les mystiques tibétains, de ne jamais chercher de propos délibéré à faire naître l'occasion d'une nouvelle rencontre. Ils justifient cet usage par d'excellentes raisons. L'une de celles-ci est qu'un enseignement, une doctrine, des idées, sont essentiellement impersonnels et doivent demeurer tels pour celui qui les entend exprimer. Il doit se garder de les rattacher à l'instrument humain ou autre, qui les lui a fait entendre à un moment précis et qui, l'instant d'après, mû par d'autres causes, produira peut-être des manifestations d'ordre très différent.

La chose ne nous plaisait guère, mais il n'y avait aucun moyen de l'éviter. L'appartement dont la jouissance nous avait été accordée était le meilleur, après celui des maîtres de la maison. Des marchands revenant de Lhassa occupaient les autres chambres et, en logeant deux lamas ensemble, la *nemo* avait témoigné de la déférence à chacun d'eux.

Le voyageur paraissait être un homme paisible et bien élevé. Il étendit loin de nous, à l'autre extrémité de la pièce, la carpette qui lui servait de couche, puis s'approcha du foyer pour faire du thé.

Yongden l'invita poliment à s'en dispenser, disant que nous avions de la soupe prête et le priions d'en prendre sa part. Le thé suivrait, nous comptions en faire. Le lama accepta mais alla chercher dans son sac du pain et quelques autres provisions qu'il plaça devant mon fils pour ajouter au repas qu'il prendrait avec nous. Ensuite il s'assit et commença à manger.

L'usage du Tibet exigeait que je demeurasse à quelque distance des deux hommes et j'en profitai pour observer, de mon coin sombre, l'homme placé près du feu.

Une *gomethag* [1] passée en bandoulière sur sa robe de voyage de forme chinoise, quelques autres détails de son costume et le bâton ferré surmonté d'un trident qu'il avait planté entre deux planches du parquet, à son entrée dans la chambre, me révélèrent qu'il appartenait à l'une des sectes des « bonnets rouges », probablement à celle du Dzogs tchène.

Ce *doung khatam* [2] éclairé par les flammes dansantes apportait, dans cette banale maison campagnarde, quelque chose de la prenante atmosphère occulte des ermitages tibétains. Il me rappelait certains anachorètes auprès de qui j'avais séjourné et certains autres avec qui je n'avais pu que m'entretenir brièvement au cours de rencontres inattendues. Il m'aurait tout spécialement rappelé

1. C'est une bande d'étoffe dont les deux extrémités sont cousues ensemble. Elle sert aux ascètes qui demeurent de longues heures en méditation et, parfois, passent toutes leurs nuits les jambes croisées dans la posture habituelle des statues du Bouddha. Cette bande a pour but de soutenir les reins et de faciliter l'immobilité requise. En voyage la *gomethag* se porte en bandoulière.

2. Le bâton surmonté d'un trident qui fut, dit-on, importé au Tibet par Padmasambhâva. C'est un accessoire des yôguis çivaïstes, mais la forme du trident tibétain est différente de celui des çivaïstes.

le *gomptchène* rencontré peu de jours auparavant si son souvenir n'était demeuré, par lui-même, très vivant à mon esprit.

Toutefois, en dehors de cet accessoire obligé du costume de tout lama tantrique, notre nouveau compagnon ne ressemblait en rien à l'énigmatique personnage qui nous était si inopinément apparu dans la forêt.

Après qu'il eut échangé avec Yongden les compliments polis et les questions d'usage concernant leurs pays respectifs et leurs pérégrinations, le voyageur se montra comme un extrêmement aimable érudit de la province de Kham.

D'abord je l'écoutais de loin ainsi que mon déguisement m'y forçait, mais au bout de quelque temps, voyant que Yongden suivait mal les subtiles dissertations de son très docte collègue, et que j'allais perdre l'occasion d'entendre l'opinion de celui-ci touchant une question qui m'intéressait, j'oubliai toute prudence et me mêlai à la conversation.

L'étranger ne sembla pas le moins du monde étonné du savoir — peu ordinaire en son pays, chez les femmes et les laïques — que possédait la minable Tibétaine assise en face de lui. Profondément absorbé par son sujet, peut-être ne prêtait-il guère d'attention à ses interlocuteurs. Nous demeurâmes tard dans la nuit, citant les vieux textes en donnant notre explication, rappelant les commentaires des auteurs célèbres... J'étais enchantée.

Pourtant, le lendemain, quand je me réveillai, avant le lever du jour, mon excitation d'orientaliste tombée, le sentiment que j'éprouvai ne fut rien moins qu'agréable.

Comme si ce n'était pas déjà trop, pensai-je, d'avoir été reconnue par le mystérieux *gomptchène,* ma propre imprudence avait fait pis.

Qui sait si, en me montrant versée en des connaissances strictement confinées au monde des religieux lettrés, je n'avais pas intrigué notre compagnon de chambre et éveillé ses soupçons. « Philing Jétsunema », depuis huit années qu'elle se promenait parmi les Tibétains, était connue, au moins de nom, d'un bout à l'autre du pays. Quelle folle j'avais été ! Qu'arriverait-il si le lama, même sans la moindre intention malveillante, se vantait de m'avoir rencontrée ? N'avais-je pas compromis le succès de mon ardu voyage ? Arriverais-je à Lhassa ?

C'est en ruminant ces pensées peu agréables que je montai vers la Témo *la*, ayant laissé le voyageur philosophe endormi dans l'inquiétante maison grise.

Le chemin était bon, bien que couvert d'une forte couche de neige vers le sommet de la montagne ; nous franchîmes le col sans difficulté. La descente, toute en forêt, sur le versant tourné vers le Brahmapoutre, est excessivement longue. Nous ne nous permîmes qu'une courte halte, et, cependant, la nuit tombait lorsque nous atteignîmes les premières maisons de Témo.

Quand nous eûmes lieu de croire les villageois enfermés chez eux et endormis, nous dressâmes notre tente dans un endroit écarté. Nous avions repéré du bois non loin de là, de sorte qu'en en traînant une partie jusqu'à notre campement, nous pûmes allumer un bon feu. La température était passablement froide et nous comptions sur les bûches rougeoyantes placées devant les rideaux écartés de notre mince abri pour nous tenir les pieds chauds.

Après une nuit paisible, je m'éveillai de grand matin ou, plus probablement, je rêvai que je m'éveillais. Le jour venait de poindre ; je vis un lama debout devant moi. Il ne ressemblait ni à l'impénétrable *gomptchène* ni au lettré dissertateur que j'avais laissés de l'autre côté de la montagne. Il était tête nue. Une longue tresse de cheveux pendait jusqu'à ses talons, et portait le costume à jupe blanche des *réskyang*.

— *Jétsunema,* me dit-il, l'habit laïque et le rôle de pauvresse vous vont mal. Vous avez pris la mentalité du personnage que vous jouez. Vous étiez plus brave avec votre *zen* sur les épaules et votre *theu tréng* autour du cou. Il faudra les remettre quand vous aurez été à Lhassa... Vous y arriverez... N'ayez nulle crainte.

Il sourit alors, avec une sorte de raillerie bienveillante : *Djigs méd naldjorna nga*[1], déclama-t-il, avec une emphase voulue, citant un vers d'une poésie que j'aimais à réciter.

Je voulus lui répondre, mais, cette fois, je dus me réveiller véritablement. Les premiers rayons du soleil me touchaient le front, l'espace devant moi était vide et, entre les rideaux restés ouverts de la petite tente, je découvris

1. « Moi, la yôguini sans pour. »

seulement, au loin, les toits d'or scintillants du monastère de Témo.

Le bon génie, qui semblait nous suivre dans ce voyage pour nous en aplanir les difficultés, manifesta une fois de plus sa gracieuse protection en dirigeant Yongden vers une maison où il trouva d'emblée tout ce qu'il désirait comme provisions et comme habits. Il était vraiment temps qu'il se renippât. Son costume monastique était en haillons et, depuis que nous avions quitté le couvert des grandes forêts, il grelottait affreusement pendant la nuit. Le vêtement d'occasion qu'on lui vendit était une robe légèrement râpée en drap originairement de bonne qualité, grenat sombre, de forme semi-laïque comme en portent les lamas en voyage. Ainsi habillé, mon compagnon paraissait un pèlerin aisé dont le vêtement s'était usé en cours de route. Un brave homme lui offrit gracieusement une peau de chèvre pour lui servir de carpette. C'était presque du luxe ! Jusqu'à ce moment, Yongden avait couché sur le sol nu.

J'appris, à Témo, une nouvelle qui m'étonna péniblement. Le Panchen-Lama de Tachilhumpo [1] s'était, disait-on enfui de sa résidence, des soldats avaient été envoyés à sa poursuite pour l'arrêter... et quant à ce qui était advenu ensuite, ceux qui nous renseignaient l'ignoraient.

Le Panchen-Lama — je l'ai dit dans l'introduction de ce livre — a été mon hôte et un hôte extrêmement bienveillant. Pendant des années j'ai correspondu avec sa mère qui ne manquait pas de m'envoyer, au début de chaque hiver, un bonnet de brocart jaune et une paire de bottes de feutre qu'elle avait brodées elle-même.

Comment se pouvait-il que le puissant seigneur spirituel de Jigatzé soit devenu un fugitif ? Je n'ignorais pas entièrement que ses rapports avec la cour de Lhassa étaient loin d'être toujours parfaitement cordiaux. Ses sympathies pour la Chine, son attitude antimilitariste déplaisaient, disait-on, au souverain du Tibet. Je savais qu'à plusieurs reprises des amendes, sous forme de lourdes contributions, lui avaient été infligées ; mais il ne me serait jamais venu à l'idée qu'il pût être amené à quitter

1. Le Grand Lama du monastère de Tachilhumpo à Jigatzé, généralement appelé *Tachi Lama* par les étrangers. Les Tibétains le nomment *Péntchén rimpotché :* « Le précieux ou très excellent savant », le mot *péntchén* équivalant au terme sanscrit *pandita.*

le Tibet où il est vénéré comme une incarnation de la très haute personnalité spirituelle appelée Eu pag méd [1].

Dans la suite, j'obtins davantage de détails sur ce drame politique bien oriental et, comme quelques-uns d'entre eux sont susceptibles d'intéresser certains de mes lecteurs, je les résumerai brièvement [2].

A mesure que les années s'écoulaient, l'animosité du Dalaï-Lama et du parti de la cour gagné à la cause de l'Angleterre s'accroissait à l'égard du Panchen-Lama. Bien que ce dernier eût déjà fourni diverses contributions, il lui avait été commandé de lever de nouveaux subsides dans sa province. Ceux de qui je tiens ces renseignements me dirent que les fonctionnaires envoyés pour percevoir l'argent ne purent réunir la somme exigée et que le Panchen-Lama proposa au Dalaï-Lama d'entreprendre lui-même un voyage en Mongolie où, par l'effet de son prestige personnel, il lui serait, sans doute, possible de trouver les fonds que ses émissaires n'avaient pu recueillir dans les villages déjà appauvris du Tsang [3]. Cette permission lui fut refusée et on l'invita à se rendre à Lhassa.

Une maison y avait été construite pour lui dans le parc de Norbouling, la résidence habituelle du Dalaï-Lama. On me la montra dans un endroit retiré de la propriété ; elle paraissait inachevée. L'on chuchotait, parmi le peuple, que cette habitation comprenait une prison et que c'est parce qu'il en avait été informé que le Panchen-Lama s'était enfui.

Les gouvernants de Lhassa entendaient-ils emprisonner le Grand Lama de Tachilhumpo ? Eux seuls le savent, mais la chose en elle-même n'apparaît pas comme impossible. La vengeance exercée par la cour lamaïste sur les Tibétains partisans des Chinois après la défaite de ces derniers, semble avoir été, parfois, cruelle.

L'on m'a raconté, à cette époque, qu'un Grand Lama, qu'il était difficile d'exécuter publiquement à cause de sa qualité de *tulkou* [4], fut emprisonné et condamné à mourir

---

1. Eu pag méd (sanscrit Amitâbha) : « lumière infinie ».
2. Il doit être entendu que je me borne à répéter ce qui m'a été raconté, sans prendre de responsabilité quant à l'exactitude des faits qu'il m'était impossible de contrôler.
3. *Tsang*. La très vaste province située à l'ouest de celle d'U. La capitale de Tsang est Jigatzé ; celle d'U est Lhassa.
4. *Tulkou*, littéralement « corps magique ». Un de ces lamas que les étran-

de faim. Quant aux membres de sa maison ecclésiastique et aux dignitaires de son monastère, on leur enfonça, jour après jour, des clous dans la chair, jusqu'à ce que la mort s'ensuivît.

Vers la même année, un membre de la haute noblesse tibétaine qui, étant ministre d'Etat, avait donné son concours aux Chinois pendant les hostilités, fut tué au Potala d'une façon barbare. L'on dit que, mandé devant le souverain, nouvellement rentré à Lhassa, on le dépouilla de ses robes de soie dès son arrivée et le bâtonna presque jusqu'à mort. Ensuite, ayant été ligoté, il fut précipité du haut d'un des longs escaliers qui mènent du pied de la montagne jusqu'aux portes du palais lamaïste. Il respirait encore lorsqu'il arriva au bas de celui-ci et on l'acheva sur place.

Son fils, ayant été informé de cette exécution et prévoyant le sort qui l'attendait, tenta de fuir ; mais les balles des soldats qui le poursuivirent le tuèrent sur son cheval.

Une part d'exagération n'entre-t-elle pas dans ces relations ? C'est possible, mais n'est pas certain.

J'appris encore, pendant mon séjour à Lhassa — plus de douze années après l'insurrection victorieuse contre la Chine — que trois Gyarong pas [1], lamas de haut rang, y étaient encore détenus comme prisonniers d'Etat et portaient la *cangue* depuis l'époque de leur arrestation, expiant ainsi leur attachement à leurs anciens suzerains.

Ces précédents auraient déjà suffi à justifier la suspicion en laquelle le Panchen-Lama tenait l'hospitalité que son très haut collègue désirait lui offrir, mais d'autres faits le concernant plus directement venaient encore s'y ajouter.

D'après les rumeurs qui couraient à Lhassa, trois ou quatre personnes appartenant à la noblesse de Tsang se trouvaient enfermées dans la prison spécialement destinée aux gens de qualité, qui existe dans l'enceinte du Potala. Le motif de leur détention se rapportait à l'affaire des impôts que j'ai mentionnée plus haut.

Un certain nombre d'autres histoires circulaient aussi et, sans pouvoir faire exactement, parmi elles, la part de

---

gers désignent improprement par les noms de « lamas incarnés » et de « Bouddhas vivants ».

1. *Gyarong pas* : nom des Tibétains appartenant aux tribus établies dans les vallées chinoises de l'extrême ouest du Szetchouan.

l'exacte vérité, il était facile de comprendre les alarmes du Panchen-Lama et de son entourage.

Pour en revenir à lui, les détails de sa fuite, tels que je les ai entendu narrer, auraient aisément fourni la matière d'un roman dramatique.

Pendant près de deux années un de ses amis dévoués, le lama Lobzang, que je connais personnellement, avait, sous prétexte d'accomplir des pèlerinages, exploré le pays et étudié les routes se prêtant le mieux à une fuite rapide. Il n'était pas encore revenu de sa dernière tournée quand le Panchen-Lama, jugeant le péril imminent, quitta Jigatzé subitement. Lobzang y arriva le lendemain de son départ et se précipita sur ses traces, espérant le rejoindre. Le Panchen-Lama et les gens qui l'accompagnaient avaient éprouvé les plus grandes difficultés en traversant un col encombré par la neige qui se trouvait sur leur route. Après leur passage, une nouvelle tempête de neige ayant achevé de le bloquer, le confident du Grand Lama se heurta à une barrière infranchissable et dut rebrousser chemin.

Ne se sentant plus en sûreté au Tibet, Lobzang passa la frontière de l'Inde. Le fait fut connu et l'ordre de l'arrêter envoyé dans diverses directions. Néanmoins, le lama parvint à s'embarquer sur un paquebot en partance pour la Chine et, lorsque quelques heures plus tard, le télégramme le concernant arriva, il était déjà en pleine mer.

Quant au Panchen-Lama, le *pönpo* d'un *dzong* crut le reconnaître parmi une troupe de voyageurs passant à proximité de sa résidence et dépêcha un messager à Lhassa pour faire part au Dalaï-Lama des soupçons qu'il avait conçus.

A Lhassa même et à Jigatzé, personne ne se doutait de la fuite du Panchen-Lama. Quand le fonctionnaire envoyé pour enquêter à Tachilhumpo eut découvert que le Panchen rimpotché ne se trouvait ni là, ni dans aucun de ses palais aux environs, trois cents soldats [1], sous les ordres d'un *depön* [2], furent lancés à la poursuite de l'éminent fugitif.

Mais beaucoup de temps avait été perdu. Lorsque les

1. Il y a toujours lieu de tenir compte de l'exagération orientale ; le nombre des cavaliers ne dépassait probablement pas cinquante.
2. Une sorte de colonel ou de général.

soldats atteignirent la frontière chinoise qu'ils ne pouvaient pas dépasser, le Grand Lama et ses fidèles étaient déjà loin par-delà celle-ci.

Il va presque sans dire que des Orientaux ne pouvaient s'en tenir à la narration toute simple des faits, tels que je les ai esquissés. La fuite du Panchen-Lama était encore presque récente quand j'arrivai à Lhassa et elle avait déjà acquis tous les caractères d'une légende.

En quittant Jigatzé, disaient les uns, le Grand Lama y avait laissé un fantôme absolument semblable à lui, qui se comportait exactement comme il en avait lui-même l'habitude, de sorte que ceux qui n'étaient point dans le secret ne pouvaient soupçonner son départ. Dès que le Panchen-Lama avait été en sûreté, le fantôme s'était évanoui.

D'autres voyaient le prodige d'une autre manière. D'après eux — et ils étaient nombreux — seul le fantôme du lama avait fui et se montrait en Chine, tandis que le véritable Panchen rimpotché demeurait toujours à Jigatzé, invisible pour ses ennemis mais visible pour ses fidèles sujets et pour les pieux pèlerins qui le vénéraient.

Pour le moment, à Témo, mes renseignements n'allaient pas au-delà de cette vague nouvelle : Panchen rimpotché s'était enfui de Jigatzé et on le poursuivait.

Comme je continuais mon chemin vers le Brahmapoutre, méditant sur cet étrange événement, un souvenir me revint soudain.

Un peu plus de deux années plus tôt, alors que j'habitais Jakyendo [1], un barde de Kham m'avait chanté la fameuse épopée du roi Guésar de Ling. Au cours des six semaines qu'il me consacra, cet homme m'avait aussi fait connaître quelques prophéties très anciennes, relatives à la venue du Messie guerrier, surgi au « Pays du Nord » qu'attendent les Tibétains. Une de celles-ci annonçait qu'avant que paraisse ce Messie, il adviendrait que le Panchen-Lama abandonnerait le Tibet, se dirigeant vers le Nord.

Je l'avais écouté avec une incrédulité complète et, en plaisantant, m'étais informée du nombre de siècles devant s'écouler avant que cet événement se produise. Mon barde, un personnage singulièrement énigmatique, m'avait

---

1. Jakyendo, la ville tibétaine située aux confins du désert d'herbe, dont il a été parlé plusieurs fois au cours de ma relation de voyage.

alors déclaré d'une façon très affirmative que je verrais *moi-même* la réalisation de la prophétie qui s'accomplirait avant moins de deux années et demie.

Cette seconde prophétie m'avait paru encore plus improbable que la première et même tout à fait absurde. Cependant je me trouvais maintenant à Témo, au cœur du Tibet, où je venais d'apprendre la fuite du seigneur spirituel de Tachilhumpo vers les solitudes septentrionales et, entre l'époque où le barde m'avait relaté la prédiction et celle du départ de Panchen rimpotché, deux années et un mois s'étaient écoulés.

Etrange coïncidence, sinon davantage ! Que fallait-il penser ? Les événements annoncés comme devant suivre celui-ci allaient-ils s'accomplir ?... Un héros se lèverait-il dans le mythique pays de *Chambala*[1] et rassemblant, comme il est dit, une armée formidable de « gigantesques implacables et invincibles » soldats, unirait-il toute l'Asie sous une seule loi ?

Ce n'était peut-être qu'un rêve, mais des milliers et des millions le rêvent en Orient.

De Témo nous nous dirigeâmes vers la rive sablonneuse du Brahmapoutre. Le fleuve majestueux et le pays de hautes montagnes qui l'environnaient, respiraient un calme profond, une paix forte, issus, semblait-il, de la conscience des âges qui avaient passé sur eux sans les ébranler. La sérénité des choses gagna mon esprit. Craintes, soucis, curiosité de l'avenir se détachèrent de lui ; je les sentis sombrer dans l'ambiance infiniment placide.

Nous reprîmes notre pas de flâneurs ; tant était à voir, à noter dans cette région ! Parmi les curiosités de la route que nous suivions étaient des troupes nombreuses de pèlerins Bönpos processionnant autour de la montagne

---

1. *Tchang Chambala* (Chambala du Nord) est, pour les initiés des sectes mystiques, une fiction symbolique correspondant à des faits d'ordre psychologique et spirituel. Certains lettrés considèrent Chambala comme un Etat idéal, une sorte d'équivalent oriental d'Utopie. D'autres en parlent comme d'un séjour paradisiaque du genre de *Zang dog pal ri* (la noble montagne couleur de cuivre) résidence de Padmasambhâva. J'ai connu des gens qui prétendaient y avoir été et d'autres, plus modestes, qui se bornaient à dire qu'ils en connaissaient le chemin.

Quoi qu'il en soit, laissant à part mythologie et symbole, un grand nombre de Tibétains placent aujourd'hui Chambala en territoire russe et l'identifient avec la Sibérie.

nommée Kong bou Bön ri [1], un des lieux saints de leur région.

Les Bönpos sont les sectateurs d'une religion qui prévalait au Tibet, avant l'introduction du bouddhisme. Leurs croyances peuvent, à l'origine, avoir été à peu près semblables à celles des chamanistes de la Sibérie [2], mais il est impossible d'obtenir une certitude à ce sujet par l'étude de documents écrits car, à l'époque où les doctrines des Bönpos existaient sans mélange d'éléments bouddhistes, l'écriture n'existait probablement pas au Tibet.

Je ne puis m'étendre plus longuement ici sur ce sujet.

Nombre de pèlerins faisaient le tour de la montagne sainte en se prosternant à chaque pas : c'est-à-dire que tendant les bras devant eux, en étant couchés à plat ventre sur le sol, ils marquaient, par une ligne tracée du bout de leurs doigts, la longueur de terrain couverte par leurs corps ; se relevant alors, ils se plaçaient exactement sur la ligne qu'ils avaient tracée, se prosternaient, marquaient de nouveau le point qu'ils atteignaient avec leurs doigts et ainsi de suite pendant des kilomètres.

Je m'arrachai à regret des bords du Brahmapoutre et remontai la rivière de Giamda, visitant sur ma route le *Pou tchoung sér kyi lhakhang*, un petit temple coiffé d'une coupole dorée, qui renferme un autel en or.

A mesure que j'avançais dans la vallée, je remarquais l'air d'abandon répandu dans le pays. Des villages désertés tombaient en ruines, les herbes folles et la forêt triomphante reconquéraient les terres autrefois défrichées et cultivées. Des postes chinois avaient existé sur la route qui suit la rive gauche de la rivière. De distance en distance se voyaient de hautes tours de garde à moitié écroulées, autour desquelles des familles, pour la plupart mixtes — le père chinois, la mère tibétaine— s'étaient établies comme fermiers. Maintenant cette piste solitaire était hantée par d'audacieux brigands descendant des chaînes de montagnes que j'avais songé à traverser avant ma ren-

1. *Kong bou Bon ri* : « la montagne des Böns au Kongbou ».

2. Malgré les recherches auxquelles se sont livrées les orientalistes au sujet du chamanisme, il reste encore pas mal à découvrir sur ce terrain. Sous le nom de chamanistes sont classés des gens professant des croyances très différentes et, du reste, là, comme pour le lamaïsme, les étrangers n'ont guère été en rapport qu'avec le vulgaire. Il existe une élite de chamans, comme il en existe une parmi les lamas, mais la première, beaucoup moins nombreuse, se bornant à des individus isolés, est plus difficile à découvrir.

contre avec le *gomptchène* voyageur. Les paysans des villages environnants nous avaient fortement conseillé de traverser la rivière et de remonter sa rive droite, bien que le chemin fût plus long, parce que le pays était un peu plus peuplé et plus sûr de ce côté. Bien clairsemées, toutefois, étaient les habitations. Après avoir dépassé Tchémadzong, nous marchâmes presque constamment à travers des forêts solitaires.

Sur cette route, je rencontrai deux pèlerines abandonnées qui me rappelèrent l'homme mourant que j'avais vu au Kha-Karpo au début de mon voyage.

Une des femmes, malgré nos pressantes instances et un peu d'argent que nous lui avions donné, refusa de se laisser conduire à un hameau voisin où elle aurait pu obtenir l'hospitalité. Elle avait commencé à allumer du feu sous les arbres, au bord du chemin ; Yongden ramassa une bonne quantité de branches et de bûches qu'il plaça auprès d'elle et nous continuâmes notre route.

Je me retournai à plusieurs reprises croyant que peut-être elle nous rappellerait, mais elle ne fit aucun signe. Un dernier coup d'œil me la montra assise, immobile, dans l'ombre rapidement croissante du soir, auprès du petit tas de bois qui commençait à brûler. Une mince colonne de fumée bleuâtre s'élevait droite devant elle, la voilant à demi, symbole, semblait-il, de la vie prête à l'abandonner.

La seconde pèlerine gisait sous un minuscule abri en branchages, bâti pour elle par quelque paysan compatissant. Peut-être la charité de ce dernier n'allait-elle pas jusqu'à héberger la malade chez lui, peut-être aussi, comme l'autre abandonnée, préférait-elle la solitude et le calme au grand air. Elle me dit simplement que, du village voisin, on lui apportait à manger tous les jours.

Un petit chien demeurait près d'elle, la gardant à sa façon. Il aboyait furieusement dès que quelqu'un se montrait et, si chétif qu'il fût, s'efforçait d'effrayer ceux qui s'approchaient de sa maîtresse. Le fidèle animal était vraiment touchant.

Là encore, je ne pus que donner un peu d'argent et passer mon chemin... « Passer son chemin », n'est-ce pas ce que l'on est contraint de faire chaque jour, le cœur serré, impuissant que l'on est à soulager les innombrables malheureux gisant le long de tous les chemins du monde.

Giamda, considérée au Tibet comme une ville importante, est un simple village. Sa situation à la jonction de deux voies importantes : la grand-route de Lhassa à Tchiamdo et la route descendant vers le Brahmapoutre, lui donne seule un intérêt commercial et, probablement aussi, stratégique. Bien que son altitude soit d'environ 3 300 mètres, le climat de la vallée de Giamda est plutôt chaud. Mon thermomètre y marquait 18 degrés au-dessus de zéro, vers midi, au mois de janvier.

Les voyageurs se dirigeant vers Lhassa doivent traverser la rivière à Giamda, sur un pont où un péage est exigé. Nous connaissions ce détail de longue date, mais imaginions le pont sous l'aspect de celui de Chowa, avec des portes et des logettes où se tenaient, craignions-nous, des gardes qui examinaient et interrogeaient les passants. Combien d'heures n'avions-nous pas employées à imaginer et à discuter des stratagèmes pour nous tirer de ce pas dangereux !

La réalité était très différente. Le pont, un simple tablier de planches, n'avait rien d'architectural et dans une cabane située en face de lui, sur la route, se trouvait, simplement, une femme chargée de percevoir le péage. Deux bambins jouaient devant elle près du bord de l'eau. Lorsque Yongden eut acquitté le droit de péage, l'un des gosses fut chargé de nous accompagner chez le *pönpo* de qui nous devions obtenir l'autorisation de poursuivre notre route.

Le lama entra dans la demeure du « grand homme » tandis que je m'asseyais sur une pierre devant sa porte, dans la poussière. Beaucoup de gens passaient dans la rue très étroite à cet endroit ; nul ne fit attention à moi.

A l'intérieur du *dzong*, Yongden salua un monsieur tibétain, le fonctionnaire lui-même ?... peut-être son secrétaire ?... Mais plus probablement un simple commis, humble gratte-papier subalterne. Quelques minutes plus tard il sortait, nous chargions nos ballots, la ville redoutée était traversée.

Tout en nous éloignant, mon compagnon et moi, nous nous regardions, souriant ironiquement l'un de l'autre, nous rappelant les plans compliqués que nous avions conçus en nous torturant la cervelle. Les choses jugées difficiles et terribles deviennent, en général, bien simples lorsqu'on les affronte.

Nous nous trouvions maintenant sur la route directe de

Lhassa, la route postale, même, l'unique au Tibet [1], un long ruban de chemin qui va de Tchiamdo, sur la frontière chinoise, jusqu'à l'Himâlaya, *via* Lhassa.

Le long de cette vieille artère du centre de l'Asie, les progrès de la civilisation sont visibles sous la forme de constructions ressemblant à de petites chapelles qui marquent la distance en milles. A première vue, je m'y trompais vraiment, les prenant pour des autels rustiques ou des huttes à *tsa tsa* [2], comme il en est tant au Tibet. Ce qui ajoutait à mon illusion était de voir, posées sur certains de ces édicules, des pierres portant l'inscription habituelle : *Aum mani padmé houm hri* ou d'autres formules du même genre. Tout autour d'eux s'apercevait aussi, sur le sol, la trace du circuit effectué par les dévots tournant autour des monuments sacrés. C'est même l'une de ces âmes pieuses qui me fit découvrir mon erreur.

Remarquant un vieillard marchant d'un air recueilli autour d'une chapelle, je voulus jeter un coup d'œil sur la statue ou le tableau qui s'y trouvait. A mon grand étonnement, je ne vis qu'une pierre rougeâtre sur laquelle étaient inscrits des chiffres : 135 ou un nombre quelconque. Etrange ! Mes connaissances concernant le lamaïsme se trouvaient en défaut. De quoi s'agissait-il ? Il me fallut quelques minutes pour éclaircir le mystère de ce symbole.

Les études orientales ménagent bien des surprises ; mais, quant à moi, je n'aurais jamais imaginé qu'elles dussent me conduire à découvrir le culte des bornes kilométriques.

Bien nombreux furent les spectacles, les observations, les entretiens intéressants qui animèrent la dernière partie de mon voyage à Lhassa. Mais je dois omettre de les relater afin de conserver assez de place pour le récit de mon séjour dans la capitale elle-même.

Notre traversée du col de Pa au Kongbou fut attristée par un pénible spectacle. Un groupe de pèlerins venus du Tibet oriental s'était, à cet endroit, scindé de façon singulière mais pas extrêmement rare, malheureusement, une partie des voyageurs se transformant en brigands. Ces derniers avaient sauvagement attaqué les autres *ardjo-*

---

1. A part le court embranchement postal desservant Jigatzé.
2. Voir page 167.

*pas* pour voler leurs pauvres hardes et une somme qui, en tout, n'atteignait pas dix roupies. Quelques femmes restaient là, s'abritant dans un recoin de la montagne, incapables de poursuivre leur route. L'une d'elles avait un trou dans la tête, l'autre un bras cassé, et une affreuse blessure à la poitrine. Toutes étaient plus ou moins meurtries. Deux cadavres d'hommes gisaient à quelques pas de l'endroit où se trouvaient les malheureuses pèlerines. Elles me dirent que d'autres hommes blessés avaient pu continuer leur route.

Ceci se passait à peu de distance de Lhassa, sur la route postale. Des soldats à cheval auraient pu aisément rattraper les brigands en quelques jours, mais qui donc s'occupe de ces choses dans ce malheureux pays ?

## Chapitre IX

Enfin, après quatre mois de marche, d'aventures et d'observations dont je n'ai pu raconter, ici, qu'une infime partie, je quittai Détchène un matin, à l'aurore, pour effectuer ma dernière étape vers Lhassa. Le temps était beau, froid et sec, le ciel lumineux. Le soleil levant fit apparaître devant nous, encore lointain et pourtant s'affirmant déjà majestueux et dominateur, le grand palais du pontife lamaïste.

« Cette fois c'est la victoire ! » dis-je à Yongden. Mais lui m'imposa silence : « Non, pas encore, ne dites rien, ne vous réjouissez pas. Que sait-on ?... Il nous faut encore traverser le Kyi-tchou, et, là, peut se dresser un obstacle... »

Si près du but, je me refusais à croire que notre bonne chance pût nous abandonner, cependant je n'insistai pas.

Nous marchions rapidement, Tsi Potala grandissait à vue d'œil. L'on distinguait nettement, à présent, les lignes élégantes de ses nombreux toits dorés dont les angles aigus, accrochant la lumière, lançaient des éclairs.

La vallée que nous suivions s'élargissait graduellement. Peut-être les montagnes qui l'encadrent furent-elles jadis couvertes de forêts, mais aujourd'hui pas un arbre n'y subsiste, en dehors de ceux qui ornent un petit nombre de jardins dans les villages.

Ces derniers devenaient de plus en plus rapprochés à mesure que nous avancions vers la capitale, mais je remarquai avec étonnement l'étendue considérable de terres laissées en friche. La vie est chère pourtant à Lhassa, il semble qu'il y aurait intérêt à augmenter la production dans son voisinage. Pourquoi les paysans ne le font-ils pas ? La terre de cette région paraît médiocre, l'engrais manque, car celui que fournissent les troupeaux est entièrement employé comme combustible et vendu cher comme tel. Cependant, ces difficultés pourraient, probablement, être plus ou moins surmontées comme elles le sont en d'autres parties du pays. Il est possible que d'autres raisons s'opposent au développement de l'agriculture. Une de celles-ci est peut-être celle que l'on me donna autrefois, dans les environs de Jigatzé : les impôts trop lourds ne permettent aucun, ou trop peu de profit au cultivateur, de sorte qu'il s'en tient à produire la quantité de grain strictement nécessaire pour son alimentation et l'acquisition, par voie d'échange, des articles indispensables à son entretien.

Arirvés au Kyi-tchou, nous prenons passage dans un bac orné d'une tête d'animal — probablement celle d'un cheval d'après la conception d'un artiste local. Une foule composite, gens et bêtes, s'y entasse. Quelques minutes suffisent à la traversée, personne n'a daigné jeter un regard sur des guenilleux de notre espèce, il en passe là des centaines chaque année.

Nous voici donc sur le territoire de Lhassa, mais encore loin de la cité elle-même. Yongden réprime encore une fois mes velléités d'entonner un chant triomphal, même réduit à un murmure. Que redoute-t-il, maintenant ? Nous sommes arrivés. D'ailleurs, le ciel lui-même nous donne un nouveau signe de sa complicité paternelle.

De même que lors de notre départ du Yunnan, les « dieux » ont facilité notre fuite nocturne en « endormant les hommes et en rendant les chiens silencieux », notre entrée à Lhassa semble protégée par une sorte de prodige.

A peine avons-nous débarqué que l'atmosphère, jusque-là très calme, se trouble soudainement. Dans l'espace de quelques minutes une tempête furieuse se lève, soulevant jusqu'au ciel des nuages de sable. J'ai vu le simoun dans le Sahara, et cette terrible averse sèche me donne l'impression d'être retournée au grand désert. Des ombres indistinctes nous croisent, des gens courbés en deux se voilant la figure avec leurs longues manches ou le pan de leur robe. Qui donc pourrait nous voir venir ? Qui donc pourrait nous reconnaître ?

Un gigantesque rideau jaune, fait de sable suspendu, est étendu devant le Potala, aveuglant ses hôtes, leur masquant Lhassa et les voies qui y conduisent. Je l'interprète comme un symbole me promettant une entière sécurité et l'avenir se chargera de justifier mon interprétation. Pendant deux mois je circulerai dans la Rome tibétaine, j'en parcourrai les temples et me promènerai sur les plus hautes terrasses du Potala sans que nul ne se doute que, pour la première fois depuis que la terre existe, une femme étrangère a contemplé la ville interdite.

Comme d'ordinaire, les réjouissances du Nouvel An avaient attiré, à Lhassa, une foule venue de toutes les parties du Tibet. Les auberges étaient pleines, tous ceux qui disposaient d'une chambre ou d'un abri quelconque l'avaient loué ; les voyageurs couchaient dans les écuries et campaient dans les cours. J'aurais pu aller de porte en porte pendant des heures, en quête d'un logis, sans autre résultat que de me faire dévisager et d'avoir à répondre aux nombreuses questions que les Tibétains, curieux de nature, ne manquent jamais de poser. Cet ennui, ce danger me furent épargnés.

La tourmente s'était abattue avec la même soudaineté qu'elle s'était levée. Nous nous étions arrêtés au coin du marché, assez embarrassés, ne sachant pas trop où nous rendre, quand une femme s'approcha de moi :

— Vous cherchez un logement, *Ma gué* [1], me dit-elle. Vous devez être très fatiguée, vous venez de si loin... Suivez-moi, je connais un endroit où vous serez bien.

Etonnée, je souris à la secourable Tibétaine en murmurant des remerciements. Les gens obligeants sont nom-

1. Littéralement : « vieille mère », une appellation polie et affectueuse : un peu l'équivalent de « dame âgée » employé en Chine, mais beaucoup moins cérémonieux et s'adressant seulement aux femmes du peuple.

breux au « Pays des Neiges » et la charitable sollicitude de cette inconnue n'avait rien de particulièrement extraordinaire, mais comment pouvait-elle deviner que je venais de « si loin » ? La vue de mon bâton de pèlerin devait lui avoir suggéré cette idée et, après tant de jeûnes et de fatigues, j'étais assez amaigrie pour inspirer de la pitié : néanmoins cette rencontre me paraissait un peu singulière.

Contrairement à la généralité de ses compatriotes, notre conductrice n'était pas loquace. Nous la suivions en silence, quelque peu ahuris par le bruit et la cohue dont quatre mois passés dans la solitude nous avaient déshabitués et, peut-être, plus ahuris encore par notre réussite. Nous avions tant douté, tant tremblé... et, c'était fini, nous étions arrivés au but. L'énervement, causé par la lutte, tombant soudainement, nous laissait un instant hébétés.

La femme nous conduisit à la lisière de la ville, dans un endroit d'où la vue, très étendue et extrêmement belle, comprenait le Potala. Ce détail me réjouit, car, tout le long de la route, j'avais souhaité trouver, à Lhassa, un logement d'où je pusse le regarder à loisir.

L'habitation dans laquelle on nous loua une minuscule cellule était une masure à moitié écroulée, bien propre à écarter de nous tous soupçons qui auraient pu mettre notre incognito en péril. L'idée ne pouvait venir à personne d'aller chercher là une voyageuse étrangère et les loqueteux du lieu ignorèrent toujours qui j'étais.

Quant à la femme qui nous avait amenés, elle s'en alla, après avoir pris congé par quelques brèves paroles. Nous ne la revîmes jamais.

Le soir, près de nous endormir dans notre taudis, je demandai à mon fidèle compagnon de route :

— M'est-il permis, maintenant, de dire que nous avons gagné la partie ?

— *Lha gyalo. Dé tamtché pam !* répondit-il, mettant dans son exclamation en sourdine toute l'allégresse dont son cœur débordait : « Nous sommes à Lhassa ! »

J'avais heureusement atteint Lhassa, le plus difficile de ma tâche était accompli, mais il s'en fallait de beaucoup que la lutte fût terminée. J'étais à Lhassa ; il s'agissait, à présent, d'y rester.

Bien que je me fusse efforcée de parvenir jusqu'à la

capitale du Tibet plutôt pour relever le défi porté aux voyageurs, que par l'effet d'un vif désir de la visiter, puisque je m'y trouvais, j'entendais me payer des fatigues et des vexations que j'avais endurées avant de parvenir à mon but. J'aurais été honteuse si, m'étant laissée reconnaître et prendre, l'on m'avait chambrée quelque part, puis reconduite à la frontière, alors que je n'aurais encore eu jeté qu'un coup d'œil superficiel sur la façade des édifices. Ceci ne devait point arriver. Je voulais monter jusqu'au sommet du Potala, visiter les sanctuaires et les grands monastères des environs, assister aux diverses cérémonies et prendre ma bonne part de toutes les réjouissances du Nouvel An. Cette récompense me revenait de plein droit, je n'étais pas d'humeur à m'en laisser priver.

Lhassa, la plus grande ville du Tibet et sa capitale, est loin d'être une importante cité. Elle est bâtie dans une large vallée, sur la rive droite de la rivière Kyi. D'imposantes chaînes de montagnes arides que le crépuscule teinte de colorations merveilleuses forment son horizon.

Si beau que soit le paysage encadrant Lhassa, il ne retiendrait cependant pas l'attention dans un pays riche, comme est le Tibet, en sites d'une majesté exceptionnelle, si le Potala ne lui conférait pas un caractère tout à fait particulier.

Ce gigantesque édifice occupe l'un des sommets [1] d'une petite chaîne surgissant, curieusement isolée, au milieu même de la vallée. Mieux qu'aucune description, une image peut en donner une idée ; cependant la meilleure des photographies est impuissante à rendre son apparence imposante tel qu'il se dresse sur sa montagne : piédestal de massives bâtisses élevant dans les airs un palais rouge coiffé de toits d'or.

Avec les richesses contenues dans cette agglomération de bâtiments s'étageant sans ordre sur le versant du Potala, il eût été possible de construire un palais féerique, mais les architectes tibétains n'ont jamais été des artistes. Maniés par eux, les plus précieux matériaux ne peuvent qu'exprimer l'opulence ou le pouvoir, ils n'atteignent pas la beauté. Toutefois, ce traitement barbare de l'ar-

---

1. Sur le second sommet est construit le collège de médecine.

gent, de l'or et des gemmes donne un cachet spécial aux palais et aux temples du Tibet, il les appareille aux sites âpres où ils s'élèvent et, de cette harmonie, naît une impression forte.

Une grande partie de la décoration murale du Potala, aussi bien que du Djokhang, est l'œuvre de peintres chinois ou de leurs élèves. On pourrait passer des jours et des mois à lire, en images, dans les corridors et les galeries innombrables du grand palais lamaïque, les légendes des dieux et des saints représentés par des millions de petits personnages grouillant sur les fresques. Les épisodes, les attitudes et les vêtements sont spirituellement traités ; l'ensemble est plein d'animation et de vie.

Dispersés entre les appartements, l'on rencontre de nombreux *lha khang*. Ceux-ci contiennent de nombreuses statues de toutes les personnalités symboliques et mystiques du bouddhisme mahâyâniste.

Dans des pièces plus sombres et plus reculées sont propitiés les dieux et les démons autochtones que les Tibétains n'ont pu se décider à bannir lorsqu'ils ont adopté le bouddhisme.

Ailleurs d'autres entités terribles sont retenues captives par le pouvoir de formules et de cérémonies magiques. Une garde continuelle est montée près d'elles afin qu'elles ne puissent s'échapper, ce qui arriverait infailliblement — disent les Tibétains — si les paroles dont le pouvoir occulte les a subjuguées cessaient d'être prononcées au temps prescrit.

Comme contrepartie aux offrandes dues à la terreur, je mentionnerai la coutume puérile si l'on veut, mais en somme touchante, de donner des aliments aux *Yidags* [1] Géants au ventre démesuré dont la bouche est un trou minuscule permettant tout juste le passage d'une aiguille, les *Yidags* sont perpétuellement torturés par la faim et l'eau qu'ils cherchent à sucer se change en flamme à leur approche. Pour désaltérer ces misérables êtres, chaque matin, de l'eau leur est offerte et celle-ci, par la vertu des phrases magiques prononcées par l'officiant, ne se transforme point en feu.

Cette mythologie et ces rites, grossiers ou poétiques, sont fort éloignés du véritable bouddhisme, doctrine

1. Ce sont les *prêtas* des textes sanscrits.

rationnelle n'admettant aucune cérémonie religieuse. Cependant les lettrés tibétains, même les plus incrédules, s'en font les défenseurs, prétendant que, tel qu'il existe, le lamaïsme convient à leur pays et au niveau intellectuel de ses masses.

Le Potala contient de somptueux appartements privés et sa terrasse supérieure, occupée par des pavillons de forme chinoise, pourrait être convertie en un idéal jardin suspendu, comme il n'en est point au monde. L'idée et le désir d'en créer un ne sont probablement venus à aucun des pontifes qui se sont succédé sur le trône lamaïste.

Du haut du Potala, le regard embrasse, d'un côté, toute la vallée avec Lhassa s'étendant dans une vaste plaine et, de l'autre, un désert limité, au loin, par une haute chaîne de montagnes abruptes. Là, tapi au pied de cette muraille cyclopéenne, s'aperçoit le grand monastère de Séra [1] tout blanc, avec des palais rouges et des toits d'or, comme le Potala lui-même et puissance avec qui le maître du Potala doit compter.

L'élément comique qui, durant mon singulier voyage, s'était toujours mêlé aux incidents les plus désagréables, voire à ceux que d'ordinaire l'on qualifie de dramatiques, ne pouvait m'abandonner à Lhassa. Il agrémenta de fantaisie ma visite au Potala.

Tandis que je me dirigeais vers le palais du souverain lamaïste, il me vint à l'idée qu'il serait plus sûr pour moi d'y pénétrer avec un groupe de pèlerins ou d'autres visiteurs. L'authenticité évidente de véritables Tibétains devait couvrir la mienne et écarter les doutes.

Malheureusement, nous ne rencontrâmes ni *dokpas* ni autres gens des frontières sur notre route et je m'étais déjà résignée à entrer avec Yongden pour seul compagnon, lorsque je remarquai deux hommes, vêtus de la robe de grossière serge blanchâtre des villageois, qui flânaient non loin de la première porte d'entrée.

— Emmenons ces deux avec nous, dis-je au jeune homme.

— Comment voulez-vous que nous leur fassions cette proposition, répondit-il. Ces gens n'ont peut-être nulle envie de visiter le Potala.

---

1. *Séra* : « la grêle ».

— Essayons tout de même, répliquai-je. Ils ont tout à fait l'air bonasse des nigauds qu'il nous faut.

Et, en quelques mots, j'instruisis mon fils du rôle qu'il devait jouer.

A ce moment précis arrivait une corvée d'une trentaine de campagnards portant un énorme tronc d'arbre. Yongden saisit cette occasion et, faisant mine de se reculer vivement pour éviter la masse pesante qui approchait de son côté, il heurta violemment l'un des deux paysans.

Une exclamation de regret poli servit à entamer la conversation.

— *Atsi !* je ne vous avais pas vus.

— Il n'y a pas de mal, lama, répondent les bonnes gens avec déférence.

— D'où êtes-vous ? s'informa mon jeune ami, affectant l'air protecteur d'un citadin, né dans la capitale, parlant à des hommes des champs.

L'un des interpellés énonce le nom d'un village et nous informe que son compagnon et lui sont venus vendre du grain et, ayant terminé leurs affaires, songent à s'amuser un peu dans la grande ville avant de retourner chez eux le lendemain.

— Vous allez visiter le Potala, continue Yongden d'un ton qui semble bien plutôt affirmer une chose certaine que poser une question.

Mais ceux à qui il s'adresse confessent humblement que telle n'est point leur intention. Ils ont parcouru plusieurs fois déjà la demeure du « Précieux Protecteur »[1], et...

Mais Yongden ne leur permet pas de continuer et, avec l'autorité d'un des moines du Potala, leur énumère les mérites attachés à cette pieuse visite. Plutôt que de flâner sans profit dans les rues et de boire dans les débits d'alcool, ils feront sagement de porter leurs hommages aux hôtes des divers *lhakhang* du Potala. Puis, changeant de

1. Les étrangers seuls appellent le Grand Lama de Lhassa Dalaï Lama. Ce dernier nom est un titre qui lui a été conféré par un empereur mongol et signifie Océan Lama, c'est-à-dire, en phraséologie orientale : excellentissime lama. Les Tibétains appellent leur souverain *Gyalwa rimpotché* (précieux conquérant) ou *Gyap gueune rimpotché* (précieux protecteur) ; ou encore : *Gyap gueune bou* (le protecteur du Centre), allusion à la province de U (centre), dont la capitale est Lhassa. Les serviteurs du palais le dénomment familièrement *Bou* tout court, mais ils se gardent bien de se servir de cette appellation écourtée devant les gentilshommes de la cour, car il leur en cuirait.

ton, la voix émue, pleine d'onction, le regard magnétique exprimant une compassion, une bienveillance infinies, le bon apôtre ajoute que puisque les circonstances [1] les ont réunis il est disposé à les guider de temple en temple, à leur nommer les déités dont les statues s'y trouvent et à leur en raconter les histoires.

Une telle heureuse chance ne se rencontre pas souvent. Les deux pauvres niais n'en revenaient pas et ils suivirent le lama la face épanouie et le cœur débordant de reconnaissance.

Derrière eux, en pleine confiance, je montai les longues volées d'escaliers en plein air conduisant à une seconde porte donnant accès dans les bâtiments. Les trois hommes passèrent les premiers, forts de la supériorité du mâle. Je m'apprêtais à entrer humblement, à mon tour, lorsqu'un garçon — un bambin de dix ou douze ans, un novice court et gras avec une figure rouge, un nez plat et de larges oreilles, pareil à un gnome enroulé dans une robe de moine trois fois trop grande pour sa taille — m'arrêta et, très brutalement, m'ordonna d'enlever mon bonnet doublé de peau de mouton. Ce genre de coiffure n'était pas admis à l'intérieur du Potala.

L'esprit préoccupé par d'autres soucis, j'avais oublié ce détail. J'aurais dû arborer un chapeau de feutre, un *patou* [2] ou un *bakor* [3] et, maintenant, ma négligence allait me contraindre à continuer ma promenade nu-tête. La chose semble sans importance, cependant elle revêtait, pour moi, toutes les apparences d'une catastrophe. Depuis longtemps je portais ce misérable bonnet qui — je m'en étais à demi convaincue — avait été placé sur ma route par des amis inconnus, habitants d'un autre monde, afin de parfaire mon déguisement. Il ombrageait ma face, la cachait en partie, et je comprenais tout le prix de la protection qu'il constituait contre les possibilités d'être trop aisément dévisagée et reconnue.

Il y avait pire. Les bâtons d'encre de Chine dont je me servais pour teindre mes cheveux s'étaient usés bien avant

1. En tibétain on dit : « Le résultat des causes antérieures. » C'est là une phraséologie empruntée au strict déterminisme de la doctrine bouddhiste et, quelque piètres bouddhistes que soient les Tibétains, en général, leur conviction sur ce point est strictement orthodoxe.
2. Sorte de couronne portée par les femmes de Lhassa.
3. La haute coiffure, en forme de cornes, des femmes de Tsang.

que j'eusse atteint Lhassa. J'aurais pu en acheter d'autres dès mon arrivée, mais l'état de mon logis avec sa porte en planches largement écartées et ses murs lézardés qui livraient, à toutes heures, mes faits et gestes à la curiosité de ceux qui désiraient m'épier, ne m'avait pas permis de procéder à une nouvelle teinture. Mes cheveux avaient donc repris leur coloration brune naturelle et ne s'assortissaient plus au noir jais de mes fausses nattes en crin de yak. Ces dernières s'étaient aussi graduellement amincies, perdant peu à peu de leur substance, depuis le jour déjà lointain où je m'en étais parée dans les forêts du Kha-Karpo. Leur grosseur, maintenant, ne dépassait guère celle d'une queue de rat. Enroulées sur mon front, à demi masquées par mon bonnet, elles suffisaient encore à imiter, vaguement, la coiffure des femmes de certaines tribus de pasteurs, mais cet affreux petit crapaud prétendait me faire découvrir !... Nul clown, dans aucun cirque du monde, je n'en doutais pas, n'avait jamais exhibé une tête plus étrange et plus comique que celle que j'allais offrir aux regards des gardes, des sacristains et de centaines de dévots circulant à travers le palais du potentat lamaïste.

Cependant nul moyen ne s'offrait à moi d'échapper à cette épreuve. J'enlevai mon bonnet, le cachai sur ma poitrine, sous ma robe, ainsi qu'il m'était ordonné et je rejoignis mes compagnons. Yongden s'était un peu attardé pour m'attendre ; dès qu'il m'aperçut, frappé de terreur, il ouvrit une bouche immense et, à grand-peine, retint un cri de détresse.

— Qu'avez-vous fait ? me dit-il, d'une voix angoissée. Qui vous a pris votre bonnet ?

— Il ne m'est pas permis d'entrer avec cette sorte de coiffure, répondis-je en hâte.

— Vous avez l'air d'un démon, continua-t-il tremblant et désespéré. Jamais de ma vie je n'ai vu une figure pareille... Vous allez être le point de mire de tout le monde...

Je me sentais près de pleurer d'énervement.

L'air complètement indifférent des deux villageois me réconforta heureusement un peu. Ils semblaient ne rien percevoir d'inusité ou de singulier en moi et écoutaient attentivement leur guide qui leur relatait, avec une volubilité quelque peu fébrile, de multiples histoires concernant les dieux, les saints lamas et les Dalaï-lamas d'antan.

D'autres gens se mirent à la file pour écouter le disert orateur et, bientôt, un petit cortège fut formé, ceux qui le composaient s'extasiant sur le savoir illimité du bienveillant lama qui daignait les instruire. Je suivis, confondue parmi la foule qui se bousculait le long des corridors, des escaliers-échelles et des étroites portes des temples, et nul n'accordait un regard à ma coiffure extraordinaire. J'étais la seule à avoir conscience de mon étrangeté et, peu à peu, me rassurant, je commençai à goûter la plaisanterie. Quant à Yongden, son premier effroi s'était apaisé aussi, mais il n'osait guère tourner la tête de mon côté, de peur d'éclater de rire à mon aspect.

A la fin, toute notre bande atteignit la terrasse supérieure du palais occupée par les pavillons chinois dont les toits rutilants m'étaient apparus de loin, au début de la dernière étape, m'annonçant que je touchais au but.

Après diverses autres déambulations, quelques heures après mon entrée au palais, je redescendis vers la grande porte d'entrée.

Du haut du grand escalier extérieur, je regardai longuement le paysage magnifique offert par Lhassa étendue à mes pieds avec ses temples et ses monastères, pareille, vue de si haut, à une mosaïque blanche, rouge et or, dont les sables et le mince ruban azuré du Kyi-tchou formaient la bordure lointaine.

Dans un site semblable, des peuples occidentaux bâtiraient, pensai-je, une cité splendide. Et mentalement, j'évoquais de larges avenues, des monuments, des parcs, occupant l'espace devant moi. Mais, doucement impérieuse, la réelle Lhassa, minable et fastueuse à la fois, se superposait sur le mirage de la ville moderne et le dissipait. Que les dieux du Tibet lui épargnent les « gratte-ciel » et les jardins savamment dessinés. Assise entre ses montagnes nues, parmi les sables et les galets, la Rome lamaïste, sous son ciel lumineux, est belle et grande à sa manière.

J'étais près d'atteindre la grand-porte lorsqu'un pèlerin que je croisai s'avisa, enfin, de remarquer quelque chose d'insolite dans ma physionomie.

— D'où peut venir celle-là ? dit-il à ses compagnons.

Mais, lui-même, trouva aussitôt la réponse à sa propre question :

— Ce doit être une Ladaki [1], ajouta-t-il.

Sortis du Potala les deux villageois remercièrent Yongden avec effusion et lui offrirent quelque menue monnaie de cuivre en témoignage de leur respect et de leur gratitude.

— Tout est bien, me dit mon jeune compagnon, j'ai empêché ces deux nigauds de s'enivrer et ils nous ont rendu service.

Ce disant, il déposa les piécettes dans la main d'un mendiant aveugle et l'aventure fit un heureux de plus.

Tout magnifique que soit son palais à Lhassa, le Dalaï lama actuel ne semble pas y trouver grand charme ; il n'y vient que de temps en temps, à l'occasion de certaines fêtes. Sa résidence habituelle est Norbouling [2] : un très vaste parc coupé par quelques avenues.

On y voit une petite collection zoologique et une basse-cour singulière où, tout comme dans les Parlements de quelques nations arriérées, les coqs seuls sont admis. Il y a là trois cents, peut-être davantage, de ces animaux voués au célibat.

Le Dalaï-lama possède plusieurs demeures dans le parc de Norbouling. Les différentes pièces qui composent l'une d'elles sont meublées chacune en un style différent ; on les dénomme la chambre anglaise, la chambre chinoise, la chambre hindoue, etc. Le toit de la maison est plat, suivant l'usage du Tibet, et surmonté d'ornements dorés appelés *gyaltsènes,* emblèmes de domination et de victoire. Ce fait a donné lieu à une plaisanterie flatteuse que les courtisans du lama-roi ne se lassent pas de répéter devant lui :

— Toutes ces chambres : l'anglaise, la chinoise, l'hindoue, disent-ils, se trouvent sous le toit et sous les *gyaltsènes,* qui sont tibétains ; de même, aussi, le Tibet est-il au-dessus de tous les pays du monde, et vous êtes le plus grand des monarques.

Il paraît que le Dalaï-lama sourit complaisamment en écoutant cette ineptie. Pour ma part, j'ai peine à croire qu'il puisse prendre de tels discours au sérieux. Il s'est exilé deux fois, d'abord en Chine, puis dans l'Inde et doit

1. Femme de Ladak, au Tibet occidental.
2. *Norbouling,* l'île ou l'endroit joyau. C'est-à-dire beau et excellent, pareil à un joyau.

avoir appris, là, beaucoup de choses au sujet du monde en dehors du Tibet. Mais si le souverain est conscient de sa situation, il n'en est pas de même du peuple, à qui les histoires les plus fantastiques sont racontées pour maintenir le prestige du Dalaï-lama et de sa cour.

Voici l'une de celles-ci :

Au cours du voyage que le Dalaï-lama fit dans l'Inde, il lui arriva, étant l'hôte du vice-roi, de se trouver avec lui dans un vaste salon où étaient assemblées un grand nombre de personnalités distinguées. Soudainement il étendit les mains et, ô miracle ! les assistants virent sur les paumes de ses deux mains les deux montagnes de Lhassa : sur l'une le Potala avec son palais, sur l'autre le Chok-bouri, surmonté par le collège de médecine. A la vue d'une telle merveille, les Anglais, le vice-roi en tête, se prosternèrent au pied du lama et le prièrent de leur accorder sa protection. Un rapport fut immédiatement envoyé au roi d'Angleterre et, celui-ci, partageant les sentiments de crainte et de vénération que le prodige avait inspirés à ses éminents sujets, supplia le Dalaï-lama de devenir le patron de son royaume et de lui venir en aide s'il était attaqué. Le tout bon et compatissant souverain du Tibet lui promit gracieusement d'envoyer son armée pour le défendre, si l'Angleterre était jamais en danger.

Se fondant sur des histoires de ce genre et s'illusionnant sur la signification de certains faits qui exigeraient trop de place pour pouvoir être relatés ici, la majeure partie des Tibétains s'imaginent, actuellement, que leur pays est en quelque sorte le suzerain de la Grande-Bretagne. C'est ainsi que leur sont expliqués les séjours temporaires, à Lhassa, d'un agent politique anglais. Il vient, croient-ils, pour recevoir respectueusement les ordres du Dalaï-lama afin de les transmettre à son royal protégé.

La plaisanterie, sans doute, est amusante, mais les plaisanteries de ce genre ont un côté dangereux que, seuls, ceux qui ont vécu longtemps dans les régions reculées de l'Asie sont capables de discerner clairement.

Pour un voyageur au courant de l'histoire du Tibet, dans le passé, des intrigues politiques dont il a été le siège dans les temps modernes et qui est, surtout, parfaitement familier avec le lamaïsme, un séjour à Lhassa est des plus intéressants ; d'autres y éprouveraient probablement une déception.

Il serait inutile de chercher à Lhassa ces rues bordées de curieuses boutiques, ces marchés en plein air qui, en Chine, procurent à l'amateur de bibelots un si captivant terrain de chasse. L'article le plus en vue, actuellement, sur le marché de Lhassa, est l'ustensile de cuisine en aluminium ; au second rang vient la pacotille hideuse importée de l'Inde, de l'Angleterre, du Japon et de quelques pays européens. Je n'ai jamais rencontré ailleurs de plus horribles cotonnades, des faïences plus vulgaires que celles qui s'étalent sur les tréteaux des marchands de Lhassa. Le commerce avec la Chine, jadis florissant, a été tellement entravé au profit des marchandises entrant par la voie de l'Inde qu'il n'existe pour ainsi dire plus, sauf pour le thé et les soieries, et des efforts sont encore faits pour le saper.

Venant de la Chine où l'argent monnayé et en lingots circule en grande quantité, j'ai eu, à Lhassa, l'avant-goût de ce qui m'attendait en France. Il n'y a plus d'argent dans les provinces centrales du Tibet. La monnaie nationale, le *tranka,* piécette mince, en argent, d'un titre très bas, a presque complètement disparu ; les quelques rares échantillons qui s'en rencontrent encore font prime.

Quant au sabot d'argent de cinquante taëls, dénommé le Tamigma par les Lhassapas, qui était d'usage courant quand les Chinois occupaient le pays, il a pris place dans le monde des vieux mythes.

Le gouvernement de Lhassa a fondu une vilaine monnaie de cuivre qui sert aux transactions dans la capitale et un rayon peu étendu autour de celle-ci. Elle n'a pas cours dans le reste du pays.

Des billets de banque ont aussi été imprimés ; ils demeurent un objet de curiosité et, même à Lhassa, les commerçants les refusent.

Il existe enfin, près de Norbouling, un bâtiment où des pièces d'or sont frappées, mais elles ne circulent pas. L'humble arsenal des Tibétains voisine avec leur minuscule hôtel des Monnaies.

Je me suis informée auprès d'un grand nombre de gens des causes de cette curieuse disparition de l'argent du Tibet central, alors qu'il continue à être abondant dans le Tibet chinois. Les réponses que j'ai reçues ont différé suivant la condition sociale et le caractère de ceux à qui je m'adressais. Certains ont simplement souri quand je leur ai demandé où était passé l'argent ; d'autres ont déclaré : « Le gouvernement le détient, il thésaurise », et de plus hardis m'ont répondu brutalement : « Notre gouvernement le donne aux *philings* maîtres de l'Inde, pour payer les vieux fusils qu'ils nous vendent. Ceux-ci peuvent nous servir à nous battre contre les Chinois qui sont mal armés, mais ils seraient inutiles devant une armée des *philings.* »

La même idée m'était parfois exprimée d'une façon plus originale où les tendances superstitieuses des Tibétains se faisaient jour. Avant d'être expédiés à Lhassa, racontaient de bonnes gens, les fusils vendus à leur pays étaient soumis à certaines pratiques magiques des prêtres *philings* et, par l'effet de celles-ci, étaient privés du pouvoir de tuer les *philings* et leurs soldats.

Ce n'est pas à Lhassa seulement que le peuple parle de l'argent donné aux *philings* ; mais, du moins, les Lhassapas ont quelque idée de ce qu'ils reçoivent en échange. Il n'en est pas de même partout. Dans la partie du Kham qui est passée sous l'autorité du Lama-roi, quand les villageois se lamentent au sujet de l'accroissement continuel des impôts, les fonctionnaires leur répondent que leur paternel protecteur le Dalaï-lama n'y est pour rien et que ce sont les *philings* qui lui disent de lever de l'argent. Pourquoi il leur obéit et ce qu'il obtient contre son argent n'est point expliqué à ces simples montagnards. Ceux-ci retiennent seulement que les horribles « étrangers aux yeux blancs »[1] sont la cause de leur ruine.

C'est de cette façon et de quelques autres analogues que la haine des Blancs est semée et cultivée en des coins reculés de l'Asie. Elle y grandit, se répand et prépare des partisans au chef, quel qu'il soit, qui assumera le rôle du Messie-justicier attendu.

Une fête très curieuse a lieu chaque année à Lhassa, la nuit de la pleine lune du premier mois. Des carcasses en bois très léger, mesurant jusqu'à quatre et cinq mètres de haut, sont recouvertes d'ornements en beurre colorié. Des personnages, également en beurre : dieux, hommes,

1. « Yeux blancs », en tibétain : *mig kar*, une épithète injurieuse adressée aux étrangers. Les Tibétains ne connaissent guère comme Blancs que des peuples chez qui les yeux bleus ou gris sont en majorité et ils trouvent ceux-ci absolument hideux.

animaux, y sont attachés et, devant chacun de ces édifices appelés *tormas,* une table supporte plusieurs rangées de lampes, alimentées avec du beurre. Une centaine environ de ces *tormas* sont érigées dans le *parkor,* c'est-à-dire la suite de rues qui forme le « circuit du milieu » du pèlerinage autour du Djo-Khang. Cette fête nocturne est donnée aux dieux comme, d'autres fois, des concerts ont lieu pour les divertir.

La fête des *tormas* de beurre, à Lhassa, est célèbre dans tout le Tibet et même dans les pays voisins. Elle est assurément très brillante, mais, quant à moi, je la préfère dans le cadre somptueux du grand monastère de Koum-Boum où j'ai eu l'occasion d'y assister plusieurs fois.

Quoi qu'il en soit, cette partie du programme des réjouissances du nouvel an à Lhassa me fit passer une soirée des plus amusantes.

Dès que les lampes furent allumées, Yongden et moi nous nous rendîmes au *parkor.* Une foule considérable y était déjà massée, attendant la venue du Dalaï-lama qui devait passer la revue des *tormas.* J'avais vu plus d'une fois des affluences de ce genre, mais je les traversais précédée de mes serviteurs et entourée d'autres gens m'ouvrant un chemin. Pour la première fois, j'allais faire l'expérience de ce qu'est une cohue tibétaine quand on en fait partie soi-même.

Des bandes de *dokpas,* vigoureux géants vêtus de peau de mouton, se tenant l'un l'autre pour former une chaîne, se ruaient, pour le simple plaisir de ce jeu, dans les endroits où la foule était la plus compacte, enfonçant leurs énormes poings dans les côtes de ceux ou de celles que leur mauvaise chance avait placés devant eux. Des agents de police, armés de fouets et de longs bâtons, s'énervant de plus en plus à mesure que l'heure du passage du Dalaï-lama approchait, se servaient de leurs armes au hasard, sans raison aucune et contre n'importe qui. Au milieu de ce tumulte, nous garant des coups et des bousculades, nous passâmes quelques joyeux moments. Enfin, le Dalaï-lama fut annoncé et la confusion s'accrut encore. Les policiers devinrent féroces, les gens, houspillés d'importance, se sauvèrent. Il ne resta plus, alignés le long des maisons faisant face aux *tormas,* que quelques rangées de curieux plus étroitement pressés les uns contre les autres que des sardines en boîtes. J'en étais. De temps en temps un homme, assis à la fenêtre de sa maison — dont j'obstruais la vue — m'allongeait un coup de poing dans le dos, bien en pure perte, car, l'eussé-je voulu, je n'aurais pas pu m'écarter d'un pas. Il finit sans doute par le comprendre, ou bien mon insensibilité le désarma ; il cessa de se fatiguer inutilement.

Toute la garnison était en armes, infanterie et cavalerie défilèrent devant les *tormas*. Le Dalaï-lama, porté dans une chaise chinoise, couverte de brocart de soie jaune, passa, entouré par le général en chef et d'autres hauts fonctionnaires. Derrière eux, des soldats fermaient la marche. La fanfare joua des airs de music-hall anglais, on tira des pétards chinois et de très éphémères feux de Bengale jetèrent de fugitives lueurs autour du cortège. Voilà ! le pontife-roi avait disparu.

Maintenant, les cortèges succédaient aux cortèges : gentilshommes précédés de valets portant des lanternes chinoises ; dames de qualité entourées de suivantes ; dignitaires ecclésiastiques avec leurs moines-serviteurs ; le représentant du mahâradjah du Népal et bien d'autres, noblesse, clergé, riches marchands, tous vêtus en habits de fête, tous heureux, hilares, un peu ivres... Yongden et moi nous fîmes le tour des illuminations avec la foule, pris par la contagion de son exubérante gaieté, courant, poussant et poussés, goûtant, comme des gamins, le plaisir de la belle plaisanterie d'être là, à Lhassa, fêtant le nouvel an.

Lorsque le temps de regagner notre masure fut enfin venu, nous nous aperçûmes, à notre grand étonnement, que les rues, qui auraient dû être éclairées par la pleine lune, s'assombrissaient de plus en plus. Que voulait dire cela ?... Nous ne buvons jamais de vin ni alcool et ne pouvions point avoir la même raison que beaucoup de Lhassapas, ce soir-là, pour voir trouble. Arrivés à une place, nous constatons qu'une ombre envahit la lune ; c'est une éclipse. Les bonnes gens commencent à tambouriner sur des chaudrons et autres ustensiles pour faire lâcher prise au dragon qui menace d'avaler l'astre des nuits.

L'éclipse fut totale, je l'observai jusqu'au matin, je n'en avais jamais vu d'aussi intéressante.

— Ceci est encore mieux que le rideau de sable tendu devant le Potala le jour de notre arrivée, me dit Yongden en riant, voici que « vos dieux » se mettent à obscurcir la lune pour qu'on ne nous voie pas. Si vous m'en croyez, vous leur direz de s'arrêter là ; ils seraient capables d'éteindre le soleil.

***

Lhassa est divisé en plusieurs quartiers : Loubou, Ramotché, Youtog, Lassacheu, Tengyailing, Tsemaling, Tsecholing, Banadjong, Parkor, Norbouling.

La cité possède un pont sur un affluent du Kyi et un obélisque dressé sur un piédestal.

Le pont est de forme chinoise, peint en rouge et couvert d'un toit en tuiles vertes, une allusion à son nom : « pont au toit de turquoise ». Ce nom est en réalité dérivé de celui d'une famille noble dont la demeure se trouve à proximité. Un ancêtre de celle-ci ayant reçu de l'empereur de Chine la distinction du « bouton de turquoise » (en tibétain *you tog*) [1], ses descendants furent, depuis lors, désignés comme les « messieurs *you tog* », et c'est d'après eux que sont dénommés le pont et le quartier environnant.

L'obélisque est beaucoup moins haut que celui de la place de la Concorde à Paris et il n'est point orné d'hiéroglyphes ; néanmoins il a très bon air dans le milieu où il se dresse. En face de lui, des stèles de grandes dimensions, sur lesquelles sont gravées des inscriptions tibétaines et chinoises, sont abritées dans deux édicules.

Obélisques et stèles se trouvent sur le bord de la grand-route passant au pied du Potala.

Cette grand-route, si banale qu'elle puisse paraître, est celle qui, partant de l'Inde, traverse toute l'Asie centrale, passe en Mongolie et aboutit en Sibérie ; un long ruban de piste qui, bien que coupant de hautes chaînes de montagnes, n'offre pas de grandes difficultés pour un bon cavalier. L'hiver, lorsque la température rend possible le transport de provisions de glace, cette route permet de gagner la frontière mongole, presque en ligne droite, à

1. Il y a là une sorte de jeu de mots. *Thog* signifie un toit et *Tog* signifie le bouton des mandarins sous l'ancien régime chinois. La prononciation des deux mots diffère un peu. *You* veut dire turquoise.

travers une région dépourvue d'eau. L'été, les voyageurs font un détour à l'est du grand lac Bleu, le Koukou-nor, dont j'ai déjà parlé. Un jour, sans doute, des express transasiatiques emporteront par là des touristes confortablement installés dans des trains de luxe, mais, alors, une grande partie du charme de ce voyage aura disparu et, pour ma part, je me réjouis d'être allée de Ceylan à la Mongolie avant que ce temps ne soit venu.

La capitale du Tibet est une ville animée, habitée par des gens d'un naturel jovial qui trouvent leur plus grand plaisir à être dehors ; aussi, bien que la population soit peu nombreuse, les rues sont-elles encombrées depuis le lever du soleil jusqu'au crépuscule. Il n'est pas prudent de sortir après la nuit tombée. Les gens du pays disent que la sécurité, qui n'a peut-être jamais été très grande, a beaucoup diminué depuis l'établissement d'une armée et d'une police nationales. Les gardiens officiels de l'ordre se métamorphosent, paraît-il, assez fréquemment en bandits lorsque l'obscurité est venue.

Sauf dans une petite partie de la ville, les rues de Lhassa sont larges et coupées par des places. Relativement parlant, elles sont tenues en état de propreté. Il n'existe malheureusement aucun service sanitaire, la plupart des maisons n'ont pas de latrines et des terrains vagues sont réservés, en différents endroits, pour en tenir lieu. Je l'ai déjà dit, au Tibet tout se fait en public. Mais, hommes comme femmes portant de longues robes savent s'arranger si adroitement qu'une personne non informée croirait, en voyant ces groupes de gens assis, qu'ils devisent de leurs affaires.

Plusieurs monastères existent dans la ville même, ainsi que deux célèbres collèges où sont enseignés le rituel tantrique et la magie. Les trois grands monastères du Tibet, dont la réputation attire des milliers de pèlerins et où viennent étudier de jeunes lamas des régions les plus reculées de la Mongolie, de la Mandchourie et de la Sibérie, ne se trouvent point à Lhassa même. Séra, que j'ai déjà nommé, en est distant de quatre kilomètres environ, Depung de six kilomètres à peu près, et Galden est caché dans un cirque de montagnes à une trentaine de kilomètres. Ce sont de véritables villes cléricales : Depung compte une dizaine de mille de religieux dans son enceinte.

Ces trois, bien que les plus vastes et les plus influents

des monastères lamaïstes, ne sont pas les seuls à jouir de la haute estime des Tibétains. Parmi les autres, celui de Tachilhumpo à Jigatzé est considéré comme détenant la supériorité quant aux hautes études philosophiques. A quelques jours de marche de Jigatzé est le vieux monastère historique de Sakya où réside le chef de la secte de ce nom. Son immense bibliothèque contient, dit-on, quantité de vieux manuscrits sanscrits. En Amdo, sont les grandes et célèbres lamaseries de Lhabrang Tashikyil et de Koum-Boum. Dzogtchène gompa, dans les solitudes, au nord-est du Tibet, est renommée comme centre d'entraînement mystique et d'études de magie. Il en existe nombre d'autres.

Les groupements religieux du Tibet forment de petits Etats dans l'Etat dont ils sont presque entièrement indépendants. Tous possèdent des terres, des troupeaux et, en général, trafiquent d'une manière ou d'une autre. Les grandes *gompas* règnent sur une étendue considérable de territoire peuplé par des tenanciers dont la condition est à peu près semblable à celle des serfs en Europe pendant le moyen âge.

Les hôtes des *gompas* ne vivent pas en communauté, cependant il existe une sorte de communauté de biens entre eux, du fait que chacun d'eux reçoit une part des revenus du monastère. Ces parts sont versées en nature : grain, beurre, thé, etc. Elles diffèrent considérablement en importance, d'abord, cela va sans dire, d'après la fortune des divers monastères et, ensuite, d'après le rang hiérarchique de chaque religieux. Les moines ont encore d'autres sources de revenu : partage de dons faits à leur *gompa*, célébration d'offices, présents offerts par les parents des jeunes gens qu'ils instruisent, etc., etc.

En dépit de tout ce que l'on peut, à juste titre, critiquer dans les monastères tibétains, ceux-ci offrent un séjour excellent à l'étudiant, au penseur, à quiconque souhaite une vie intellectuelle ou spirituelle. Entièrement libéré, ou presque, de tous soucis matériels, le lama, même le plus humble, peut à loisir se livrer, dans sa chambrette, à l'étude de la littérature religieuse et philosophique de son pays.

Un grand monastère tibétain est une véritable ville, formée par un réseau de rues et d'allées, de places et de jardins. Des temples en plus ou moins grand nombre, les salles d'assemblées des divers collèges et les palais des dignitaires élèvent, au-dessus des habitations vulgaires, leurs toits dorés et leurs terrasses surmontées de bannières et d'ornements divers. A la *gompa*, chaque lama[1] vit chez lui, dans une demeure dont il est le propriétaire, soit qu'il l'ait construite à ses frais, achetée ou la tienne d'héritage. Cette habitation peut être léguée par le lama à l'un de ses élèves ou à un parent, mais le légataire doit lui-même appartenir à l'ordre des religieux. Nul laïque n'est autorisé à posséder une maison dans un monastère.

Les lamas trop pauvres pour acquérir une maison louent un appartement ou une simple chambre dans l'habitation d'un collègue plus riche. Ils peuvent aussi être hébergés gratuitement en échange de certains services allant, suivant leurs capacités, des fonctions de secrétaire ou d'intendant à celles de portier ou de balayeur.

Le saint des saints de Lhassa est le temple appelé Djo Khang[2]. Il contient une statue en bois de santal entièrement dorée, qui est censée représenter Siddhartha Gautama dans sa jeunesse, avant qu'il soit devenu un Bouddha.

Cette statue est originaire de l'Inde, elle fut transportée en Chine dans le courant du premier siècle avant notre ère. L'empereur chinois Thaïdjoung T'aitsoung la donna en dot à sa fille lorsque celle-ci épousa le roi du Tibet Srong Tsan Gampo. Les crédules Tibétains racontent nombre d'histoires sur la façon dont elle a été faite. Certains prétendent même qu'elle s'est formée d'elle-même, sans le concours d'aucun artiste, et tous sont persuadés qu'elle a parlé en diverses occasions.

En dehors de cette statue, le temple en possède plusieurs centaines d'autres, représentant des déités ou de saints lamas défunts, qui sont réparties en de nombreuses chambres. Celles-ci sont dépourvues d'ouvertures sur l'extérieur et éclairées par des lampes.

C'est un étrange spectacle que celui de la foule des pèlerins circulant au milieu de ces personnages immobiles

---

1. Se rappeler ce qui a été expliqué précédemment au sujet du mot *lama*. C'est un titre honorifique auquel ont seuls réellement droit les religieux occupant un rang élevé dans le clergé. Tous les autres sont appelés *trapas* : étudiants, disciples. Cependant, dans le langage courant, le mot *lama* est fréquemment employé pour désigner de façon polie, tous ceux qui appartiennent à l'ordre religieux.

2. *Djo Khang* : la maison du seigneur.

dont beaucoup sont de grandeur naturelle. De loin, il est parfois difficile de distinguer les vivants des figures de bois ou de métal revêtues des habits monastiques. Contrairement à ce que j'ai vu en d'autres endroits du Tibet, cette collection est dépourvue de tout intérêt artistique et, cependant, toutes ces faces immuablement sereines dont le regard semble dirigé « en dedans » au lieu de se poser sur les objets extérieurs, ne laissent pas d'être impressionnantes.

Les nombreux sacristains drapés en des toges grenat sombre, qui pullulent dans le temple, ne paraissent pas accorder grande attention à la prédication muette des anciens de leur ordre, dont les effigies les entourent. Aux aguets dans les encoignures, tous ceux qui ne sont pas de service aux autels surveillent la procession des pèlerins, s'efforçant de distinguer parmi eux ceux qui paraissent les plus riches, les plus dévots ou les plus naïfs, ceux de qui il semble qu'une gratification sérieuse puisse être espérée. Dès qu'un pieux benêt est tombé entre les mains de l'un de ces alertes matois, il n'y a plus de fin aux merveilles qu'il doit contempler, aux histoires qu'il lui faut entendre, aux reliques qui sont posées sur sa tête, aux dégustations d'eau bénite versée hors de multiples pots d'or et d'argent. A chacune de ces exhibitions, il lui faut, bien entendu, offrir quelques piécettes aux camarades de son guide qui y président ; ceci sans préjudice du pourboire final.

Comme ce ne put être mon extérieur opulent qui attira ces ingénieux coquins, ce fut probablement mon air parfaitement niais. Plusieurs d'entre eux s'emparèrent de moi et me pilotèrent dans les moindres recoins de l'édifice, me montrant un tas d'objets hétéroclites et m'étourdissant avec des histoires de miracles saugrenus. Je me croyais presque revenu dans la Rome occidentale, et entendre ses bedeaux loquaces.

Ce qui m'étonna c'est que je fus encore une fois prise pour une Ladaki.

Je tournais autour d'une chapelle où des gens humaient de l'eau bénite et, jugeant en avoir déjà assez absorbé pour ma part, cherchais à m'esquiver, lorsque j'entendis derrière moi une voix bienveillante :

— Oh ! disait quelqu'un, donnez de l'eau bénite à cette

pauvre femme qui est venue du Ladak... Si loin !... Combien sa foi est grande !...

Pour le moment ce n'était pas le désir de gain qui inspirait les lamas. Je vis autour de moi des figures souriantes. Un homme me prit par le bras et me guida à l'endroit voulu, tandis que d'autres repoussaient les fidèles pour me faire place au milieu de la cohue. Je pus admirer de près davantage de joyaux et d'ornements précieux. Un pot d'argent décoré d'appliques en or et en turquoises fut penché vers les mains que j'avançais de la façon la plus orthodoxe pour recevoir quelques gouttes du liquide consacré [1].

« Buvons et humectons-nous la tête, pensai-je. C'est mon baptême comme Ladaki ! »

⁂

J'avais été heureusement inspirée en choisissant le début de l'année pour séjourner à Lhassa ; il m'aurait été difficile, à une autre époque, d'y assister à autant de fêtes bizarres et de cérémonies intéressantes. Mêlée à la foule endimanchée, je vis des cavalcades de gentilshommes costumés somptueusement à la vieille mode mongole, des fantassins et des cavaliers de l'armée des anciens rois, en cotte de mailles, porteurs de lances et de boucliers, qui évoquaient le Tibet de jadis. Il y eut de brèves courses de chevaux, désordonnées, folles, joyeuses, amusantes, certes, mais qui ne valaient pas celles des pasteurs du désert d'herbe. Chaque jour amenait un spectacle : religieux ou profane.

Je contemplai aussi, nombre de fois, l'homme reconnu comme le plus savant de tout le pays, qui occupe le trône de Tsong Khapa. Il prêche en plein air, pendant le cours du premier mois de l'année, sous un dais érigé à cet effet contre le Djo-Khang. Son auditoire n'est point la foule, comme le porterait à croire le fait de parler au-dehors du temple. Les religieux ont seuls le droit de s'accroupir sur le pavé autour de lui et ceux qui assistent à la prédication ont été désignés par leurs chefs ; ils sont là en service commandé. Malheur à celui d'entre eux qui parle à son voisin ou n'observe pas une immobilité complète, mal-

---

**1. Sur la façon de recevoir l'eau bénite, voir page 131.**

heur aussi à l'imprudent laïque que sa ferveur porte à s'approcher pour écouter le discours du maître des maîtres, les *trapas* préposés à la police de l'assemblée ont tôt fait de le cingler sévèrement avec les grosses cordes dont ils sont armés.

Le grand philosophe officiel du Tibet est un vieillard menu, à mince et anguleuse face d'ascète aristocratique et dédaigneux. Sous le parasol en brocart jaune, qu'un *trapa* tient ouvert au-dessus de sa tête, il chemine à petits pas rapides, avec l'expression d'ennui contenu d'un homme à qui la foule et les cérémonies publiques sont désagréables.

Assis sur son trône, il n'a rien du pathétique ou de la passion des prédicateurs tels qu'on les comprend en Occident. Son attitude est toute professorale. Il parle sans gestes, sans éclats de voix, d'un ton détaché, comme tous les orateurs religieux bouddhistes et comme il convient aux théories qu'il expose. L'antithèse frappante qu'offrent les doctrines dont parle le grand docteur du Tibet et son apparence physique elle-même, avec la foule ignorante et les *trapas* policiers à figures de brutes qui l'entourent est bien propre à surprendre un étranger.

Quant à *Sér-ti rimpotché* [1], qui est né et qui a vieilli dans ce milieu, il ne la remarque probablement pas.

***

Le progrès de la civilisation occidentale à Lhassa se manifeste par des parades militaires. Vêtus d'un uniforme kaki, précédés d'une fanfare qui joue, pas trop mal ma foi ! des airs populaires anglais, les soldats marchent, à travers la ville, la mine bravache et marquant, généralement, le pas à contre-mesure. Ils sont armés de vieux fusils anglais, encore très à la hauteur en Asie centrale. Ils possèdent aussi quelques pièces d'artillerie de montagne qu'ils transportent sur des mules. Ces engins courtauds et verdâtres, semblables à d'énormes crapauds, font leur joie. Ils les sortent à tout propos et hors de propos,

1. *Sér-ti rimpotché* : précieux trône d'or, allusion à sa dignité. C'est sous ce nom qu'il est généralement désigné à Lhassa. Son véritable titre est *Galden ti pa* : « celui qui occupe le trône de Galden ». C'est-à-dire le trône de Tsong-Khapa, le fondateur de la secte des *Gelougs pa* («ceux qui ont une règle ou des habitudes vertueuses »), connue sous le nom de secte des « bonnets jaunes ». Le monastère de Galden fut construit par Tsong-Khapa qui y résida et y a son tombeau.

les posent à terre avec mille précautions et les promènent orgueilleusement, de-ci, de-là, sur le champ de manœuvre, devant les badauds intéressés. Au cours d'un exercice, l'un des canons éclata, tuant quelques hommes, mais cet accident n'a diminué en rien l'amour, fait d'admiration, que les troupiers de Lhassa éprouvent pour ceux qui leur restent [1]. D'ailleurs, dans ce bienheureux pays, les événements de ce genre ne causent jamais une tristesse bien profonde. Il arrive même qu'ils soient considérés comme un excellent présage. Je rapporterai à ce sujet un fait qui s'est passé pendant mon séjour à Lhassa.

L'usage veut que, dans le premier mois de l'année, le gouvernement tibétain fasse interroger le sort de plusieurs façons, afin d'en déduire ce que celui-ci réserve à l'Etat et surtout à son chef, le Dalaï-lama. L'un de ces oracles s'obtient de la manière suivante : trois tentes sont plantées, dans chacune d'elles est enfermé un animal — une chèvre, un coq et un lièvre — qui porte, attachées au cou, des amulettes consacrées par le Dalaï-lama. Des hommes tirent à balle sur les tentes, et s'il arrive qu'une des bêtes soit tuée ou blessée, cela signifie que le pays est menacé de calamités et que la santé ou même la vie du souverain court un danger. Tous les lamas des monastères de Séra, de Galden et de Dépung sont alors convoqués dans la capitale, et pendant vingt jours y lisent les Saintes Ecritures et célèbrent différentes cérémonies pour neutraliser les influences néfastes.

Lorsque je me trouvais à Lhassa, les hommes chargés de procéder à cette épreuve tirèrent une vingtaine de coups sur les tentes — au lieu de quinze, qui est le nombre habituel — se servant de fusils anglais, chinois et tibétains. Aucun des animaux ne fut touché, ce qui parut du plus heureux augure. Par contre, l'un des fusils tibétains éclata, blessant grièvement le tireur qui mourut le lendemain. Au lieu d'être déploré, ce malheur ajouta à la valeur de l'oracle, qui fut considéré comme tout à fait favorable au Dalaï-lama. Un danger inconnu qui le mena-

1. Il est plus que probable que depuis mon séjour à Lhassa l'armement des Tibétains s'est accru. Dans les derniers jours que je passai au Tibet, des caravanes y apportaient des munitions et des fusils expédiés de l'Inde.

çait venait d'être conjuré. Le démon ennemi avait satisfait sa férocité sur l'infortuné sujet du souverain et, maintenant repu, n'était plus à redouter.

Pendant mon séjour à Lhassa, je fis plusieurs excursions en dehors de la ville, je m'étais habituée à sortir de la cité interdite, à y rentrer, à y circuler, l'audace m'était venue ; toutefois une sérieuse alerte troubla un jour ma sécurité relative.

J'étais au marché, arrêtée devant un étalage en plein vent, lorsqu'un agent de police en uniforme vint se placer à côté de moi et me regarda avec insistance. Pourquoi ? Peut-être se demandait-il simplement à quelle province je pouvais appartenir ; peut-être des doutes plus sérieux lui étaient-ils venus. Je n'en pouvais rien savoir, mais il fallait prévoir le pire. Alors, avisant une casserole, je commençai à la marchander avec volubilité, avec acharnement, en offrant des prix ridicules, ainsi que font les sauvageons des frontières. Les gens assemblés autour de la boutique se mirent à rire, échangeant des lazzi — les pasteurs du désert d'herbe, dont je contrefaisais l'accent et les manières, sont un sujet habituel de plaisanterie pour les Lhassapas. « Ah ! vous êtes bien une vraie *dokpa* », me dit la marchande, moitié amusée, moitié irritée de ma ridicule ténacité et de mon bavardage saugrenu. Et tout le monde de rire de plus belle de la bonne femme qui ne connaissait que ses bêtes et l'herbe de son désert. Le policier était parti, riant comme les autres.

J'achetai la casserole et, comme malgré tout je redoutais encore d'être suivie, je me contraignis à flâner encore pendant quelque temps à travers le marché, continuant à jouer la comédie de la stupidité et de l'admiration béate devant les plus horribles produits de l'exportation occidentale. Finalement, j'eus la chance de rencontrer un groupe de vrais *dokpas*. J'entrai en conversation avec eux dans leur patois, et leur parlai de leur pays où j'avais séjourné quelques années auparavant. Ces gens simples furent aisément convaincus que j'habitais non loin de chez eux et, avec la rapidité d'imagination qui leur est propre, il n'est pas douteux que, le lendemain, ils auraient juré, en toute sincérité, qu'ils me connaissaient de longue date.

Je me donnai peut-être tout ce mal en pure perte, car l'homme de la police ne songea pas à me suivre.

⁂

Pendant les longues années que j'ai passées parmi les Tibétains, des occasions tout à fait exceptionnelles se sont offertes à moi, de voir et d'étudier de près la vie des différentes classes de la population, cependant je n'avais jamais pénétré aussi profondément dans l'intimité des gens du petit peuple que je le fis durant mon séjour à Lhassa.

La masure où je m'abritais était le centre d'une sorte d'hôtellerie où se rencontraient les plus étranges spécimens d'humanité. Une dizaine de clients — l'aristocratie de cette plèbe — seuls, couchaient sous un toit, les autres, malgré le gel, dormaient en plein air, dans la cour. Toutes choses étaient faites, dites et même pensées en public. Il me semblait vivre dans un roman dont l'intrigue aurait eu les bas-fonds sociaux pour décor ; mais quels amusants exotiques bas-fonds ! Ils n'avaient rien de l'aspect lugubre de ceux de l'Occident. Tout le monde y était crasseux et en haillons ; la nourriture était grossière, toujours précaire et d'ordinaire peu abondante, mais chacun jouissait du grand ciel bleu lumineux, de l'éclatant et vivifiant soleil, et des vagues de joie déferlaient dans l'âme de ces misérables déshérités des biens de la terre. Nul d'entre eux ne se livrait à aucun métier ni ne songeait à le faire, tous vivaient à la façon des oiseaux, de ce qu'ils pouvaient picorer chaque jour, dans la cité ou le long des routes.

En dehors de l'incommodité causée par le manque absolu de tout confort, je ne souffris de rien parmi mes étranges voisins. Ils ne se doutèrent jamais de mon identité et me traitèrent avec une cordialité teintée de déférence, en ma qualité de mère d'un lama lettré et de locataire d'une chambre particulière.

Certains d'entre eux avaient connu de meilleurs jours. L'un était le fils cadet d'un homme possédant une petite fortune. Dans sa jeunesse il avait épousé une veuve aisée beaucoup plus âgée que lui, et ses affaires auraient pu prospérer si la paresse, la boisson et le jeu ne l'avaient peu à peu conduit à la ruine.

Lorsque sa femme était devenue tout à fait vieille, il avait pris une concubine chez lui et, un peu plus tard, l'épouse légitime comprenant qu'elle finirait ses jours dans la misère, si ce propre à rien continuait à dilapider sa fortune, trouva un moyen assez ingénieux de se débarrasser de lui.

Elle assembla ses proches parents et ceux de son époux et déclara, devant eux, son intention de se retirer du monde pour consacrer ses dernières années aux exercices religieux. Son mari, ajouta-t-elle, était épris de sa concubine, elle ne s'opposait pas à leur mariage[1], mais ils devraient tous deux quitter la maison dans laquelle elle entendait vivre désormais en recluse. Ils auraient aussi à assumer la charge des dettes que l'homme avait personnellement contractées et à la tenir pour libre de toutes obligations envers lui. En fait, c'était un divorce.

Ces conditions furent acceptées, un contrat de mariage dressé et le nouveau ménage alla s'établir de son côté.

La vie des ex-amoureux était loin d'être tissue de félicité sans mélange à l'époque où je fis leur connaissance.

Le mari, un bon homme, très faible de caractère, avait complètement sombré dans l'alcoolisme. Chaque jour, tôt dans l'après-midi, il était étendu inconscient et demeurait ainsi jusqu'au lendemain matin. Plus d'une fois, sa femme lui tenait compagnie, affaissée sur une rangée de sacs formant un canapé, dans un coin de leur chambre. Cependant, en dehors de ces moments d'ivresse, elle était plus active et d'esprit plus éveillé que son époux. Son habileté donnait même lieu à des querelles homériques, l'homme soutenant que, durant son sommeil prolongé, elle dérobait les objets qui lui restaient de son opulence passée : ustensiles de ménage, couvertures, tapis, etc. L'épouse ripostait en se plaignant de ce que son conjoint avait vendu des bijoux lui appartenant et joué leur produit.

Lorsqu'elle avait réussi à élever la voix à un diapason suffisant pour tirer l'ivrogne de sa torpeur — et ce haut fait nécessitait des poumons solides — un dialogue ultra-pittoresque suivait. Souvent, au cours de ce dernier, l'homme saisissait une lourde canne qu'il gardait toujours à sa portée, étant goutteux et marchant avec peine et, alors, l'ex-dame de ses pensées recevait une baston-

1. La polygamie et la polyandrie sont toutes deux légales au Tibet, ainsi que le divorce.

nade de premier ordre. Elle gisait sur le plancher, meurtrie et pleurant, avant que quiconque ait eu le temps de s'interposer, car la chambre, fort exiguë, n'offrait qu'une issue sur le dehors, et le malin seigneur du logis s'arrangeait toujours pour la bloquer avec sa corpulente personne, tandis qu'armé de sa longue canne il pouvait atteindre son ancienne bien-aimée quel que fût le recoin où elle cherchât refuge.

La masure était divisée en trois ; le couple batailleur habitait la chambre d'entrée, j'occupais une étroite cellule à côté de celle-ci, et une pièce obscure communiquant aussi avec la première chambre abritait un autre extraordinaire ménage.

Eux aussi avaient connu des jours dorés. Les manières de la maîtresse du taudis étaient celles d'une fille dc bonne famille. Son époux qui, à l'époque de leur mariage, possédait quelque bien, avait été nommé officier dans l'armée tibétaine pendant la guerre avec la Chine. Son histoire était identique à celle de son voisin : l'amour immodéré du jeu et de l'alcool avaient causé sa perte.

Réduit à un dénuement complet, sa fierté demeurait cependant intangible. C'était un bel homme de haute stature, de physionomie aristocratique. Professant un mépris absolu pour n'importe quel genre de travail, il se donnait les allures d'un noble sire portant le poids d'une infortune imméritée. Tout le monde lui donnait, en lui parlant, un titre militaire correspondant à peu près à celui de capitaine dans nos armées.

Comme l'idée seule d'accepter un humble emploi répugnait aux sentiments raffinés du « capitaine » et que le gouvernement ne lui offrait point de place au conseil d'Etat, il avait noblement adopté l'indépendante profession de mendiant.

Chaque matin, après avoir bu son thé, mon voisin sortait, une sacoche en bandoulière et sa besace négligemment jetée sur l'épaule. Un bâton à la main, il marchait désinvolte, la tête haute, distant, trop convaincu de son importance pour daigner se montrer arrogant.

Le « capitaine » ne rentrait point avant le coucher du soleil. Il prenait son repas *quelque part* et jugeait inutile de faire des confidences au sujet des invitations qu'il recevait. Il avait assez d'esprit naturel pour être amusant et jouissait d'une sorte de célébrité dans tous les quartiers de Lhassa. Les gens qu'il récréait par ses manières et ses propos lui donnaient ce qu'il sollicitait incidemment, d'un air détaché, comme si le but de ses rondes quotidiennes avait simplement été de rendre visite, en tant que gentilhomme, à des pairs en noblesse.

Cette méthode lui réussissait et sa femme et ses deux enfants étaient régulièrement nourris avec le contenu des deux sacs qu'il rapportait dûment remplis, chaque soir.

La brouille au foyer du corpulent ivrogne empira lorsque disparut un bijou en turquoise appartenant à la maîtresse de maison. Immédiatement elle accusa son mari de le lui avoir soustrait, mais l'innocence de ce dernier triompha, la coupable fut découverte : c'était la servante des époux, car la dame de la minuscule chambre d'entrée avait une bonne.

Une étrange contestation s'ensuivit. La fille prétendait avoir droit à des dommages et intérêts pour avoir été qualifiée de voleuse. Cette insulte, affirmait-elle, était injustifiée, car elle n'avait point *volé* le bijou, mais l'ayant trouvé gisant sur le sol, dans la chambre, elle l'avait simplement ramassé et emporté. Le *distinguo* était sensible.

Bientôt, nombre de gens remplirent la maisonnette et sa cour, les uns faisant fonction d'arbitres, les autres d'avocats, de conseillers, de juges, de témoins. Beaucoup parmi ces derniers n'avaient jamais vu ni le médaillon de turquoise ni la servante, et ne connaissaient rien de l'affaire en discussion. Tous arrivaient le matin de bonne heure, buvaient, mangeaient et demeuraient tard dans la soirée. De ma chambre, à travers les fentes de ma porte, je pus suivre à loisir l'amusante procédure et jouir des arguments plaisants émis par les divers personnages de ces assises, surtout vers la fin de la journée, lorsque de nombreuses libations avaient infusé des idées originales dans les cervelles des assistants.

Un après-midi, la discussion ayant été particulièrement vive, la servante et son ex-maîtresse commencèrent à échanger des injures et, finalement, se jetèrent l'une sur l'autre. Les hommes présents eurent du mal à les séparer, car les deux furies griffaient et mordaient ceux qui avaient l'audace de se mêler de leur duel. Cependant, après quelques minutes de lutte, ils parvinrent à pousser la fille dehors et, pour l'empêcher de revenir, la suivirent à travers la cour, jusqu'à la porte donnant sur la rue.

Obéissant à une de ces pensées inexplicables qui surgissent soudain dans l'esprit des alcooliques, le maître de maison rejeta la responsabilité de l'incident sur sa femme, déclarant que, par ses manières vulgaires, elle le couvrait de honte devant ses hôtes. Tout en vociférant, il tâchait de jouer son tour coutumier, obstruant la porte avec sa volumineuse personne et bâtonnant son infortunée moitié. Mais cette fois, excitée par la lutte qu'elle venait de soutenir, cette dernière se jeta sur lui, arrachant d'un coup brusque sa longue boucle d'oreille [1] et lui mettant le lobe en sang. Il riposta par un coup asséné sur la tête de son adversaire qui se mit à hurler.

La femme du « capitaine » se précipita hors de son antre enténébrée pour séparer les combattants, mais elle n'avait pas fait deux pas sur le lilliputien champ de bataille qu'elle recevait, sur la joue, un maître coup de bâton, qui ne lui était pas destiné et la fit tomber sur les sacs formant une banquette, en criant à l'aide.

Yongden était sorti. Je crus de mon devoir de tâcher d'empêcher le mari furibond de blesser sérieusement sa femme et entrai à mon tour dans la chambrette, avec l'intention d'abriter chez moi ma voisine maintenant terrifiée et tout en larmes ; mais d'autres hôtes du caravansérail accouraient, la fuite devint possible par la porte débloquée.

« Sauvez-vous vite », murmurai-je à la femme en protégeant sa retraite. Elle passa rapidement derrière moi et je ne la revis jamais.

Quand le « capitaine » rentra, dans la soirée, il trouva son épouse avec une joue enflée qui commençait déjà à bleuir.

Reproduire la scène théâtrale qui fut jouée alors, la lueur dansante d'un brasero servant de rampe, dépasse de beaucoup mon humble talent d'écrivain. Le « capitaine » était un tragédien né. Il déclama pendant la moitié de la nuit, tour à tour furieux, frénétique, criant vengeance, puis attendri, pathétique, disant les souffrances de sa dame et, de nouveau, redressant sa haute taille, la tête touchant presque le toit bas de la chaumière, parlant de l'insulte faite à son honneur.

---

1. Les Tibétains portent une longue boucle d'oreille à une oreille et un bouton à l'autre.

L'homme à qui s'adressait toute cette rhétorique gisait sur un sofa boiteux, plus qu'à demi inconscient, et le « capitaine » qui, lui-même, était loin d'avoir pratiqué la sobriété au cours de la journée, termina son soliloque en condamnant l'habitude dégradante de l'intempérance.

Le jour suivant, le « capitaine » prit Yongden à part et lui déclara son intention de me faire convoquer comme témoin dans l'action judiciaire qu'il comptait introduire afin d'obtenir une réparation substantielle pour le bleu infligé à la joue de sa femme.

Le jeune lama s'efforça de l'amener à renoncer à son idée. Il lui prêcha l'excellence du pardon des injures et lui fit cadeau de quelque argent. Le « capitaine » écouta le sermon avec déférence et empocha la monnaie, mais demeura obstiné. L'injure qu'on lui avait faite devait être vengée et il m'appartenait d'y aider.

Lorsque Yongden me rapporta cette conversation je fus très ennuyée. Etre témoin dans cette ridicule affaire signifiait comparaître devant un tas de gens qui, sans nul doute, désireraient entendre le récit des voyages de pèlerins venant de loin, tels que nous, et ayant visité nombre de lieux saints. Cela entraînerait d'interminables conversations et mon fils et moi ne manquerions pas d'être longuement questionnés au sujet de notre pays natal, ce qui pouvait devenir dangereux pour notre incognito.

Nous buvions notre thé en silence, cherchant chacun de notre côté, le moyen d'esquiver ces dangereuses réunions, lorsque la porte s'ouvrit. Au Tibet, surtout parmi les gens du peuple, ce n'est point l'usage de frapper ni de demander d'aucune façon la permission d'entrer dans une chambre ou dans une maison. Un homme s'avança. Après l'échange des civilités habituelles, il nous informa que ma voisine que j'avais aidée à fuir, la veille, se préparait à demander le divorce et désirait ma déposition, au sujet des brutalités dont elle était victime.

De même que Yongden l'avait fait dans le cas précédent, je m'efforçai de persuader mon visiteur de me permettre de rester neutre entre les deux époux qui avaient mon égale sympathie à cause de la cordialité que tous deux me témoignaient, mais l'homme s'entêta autant que le « capitaine » et se retira en disant qu'il insisterait pour que mon témoignage fût requis par les juges commis à cette affaire.

Nous décidâmes alors de nous absenter pour une semaine afin de laisser s'apaiser la première effervescence de ces querelles, comptant qu'ensuite on oublierait le rôle effacé que j'y avais joué.

Le but de notre excursion ne fut pas difficile à choisir. Nous n'avions pas pu, en nous rendant à Lhassa, visiter le grand monastère de Galden, près duquel nous étions passés. Tous ses hôtes se trouvaient, alors, rassemblés dans la capitale pour les réunions annuelles des trois monastères d'Etat[1] et, en leur absence les portes des temples demeuraient closes. Nous irions donc, maintenant, voir ces derniers et saluer le mausolée de Tsong Khapa le réformateur, fondateur de la secte des Gelougpas.

Divers incidents animèrent ce voyage. Yongden se promenant seul, dans la cité monastique, se trouva soudain en présence d'un homme qui nous connaissait tous les deux et depuis longtemps. Ce dernier, bien entendu, s'informa de moi, et mon compagnon lui répondit que je demeurais toujours en Chine et que, sitôt son pelerinage terminé, il irait me rejoindre. Notre ami tibétain l'invita alors à aller se restaurer chez lui, mais Yongden déclina l'invitation prétendant se sentir un peu malade et promettant d'aller le voir un autre jour. Il me rejoignit en hâte et comme, très heureusement, nous avions fini de visiter les divers édifices du monastère et ses environs, nous nous empressâmes de quitter la place.

A Lhassa, dans notre hôtellerie, beaucoup de thé et d'alcool avait été bu pendant notre absence, mais les deux procès demeuraient encore en suspens. Une nouvelle période de réjouissances allait bientôt commencer dans la capitale et les arbitres avaient renvoyé leurs séances jusqu'après la fin des fêtes. Cette décision mit un terme à mes craintes, car j'avais décidé de quitter Lhassa le lendemain du jour où aurait lieu la grande procession appelée « sér pang », qui terminait la série des festivités.

L'histoire se répète, l'esprit d'invention des hommes se meut dans un cercle restreint. Sans que l'on puisse les

1. Le grand *meulame* dont il a été parlé dans le chapitre précédent.

soupçonner de plagiat, ceux-ci reproduisent, à des siècles d'intervalle et en des contrées fort distantes les unes des autres, les coutumes, les croyances et les rites de peuples dont ils n'ont jamais entendu parler. J'en devais recueillir, à Lhassa même, une nouvelle preuve.

De même que les Hébreux, les Tibétains célèbrent chaque année une cérémonie à l'issue de laquelle ils chassent hors de la ville un « bouc émissaire ». Toutefois, ce « bouc » tibétain n'a de commun avec celui dont parle la Bible que la fonction qu'il remplit : ce n'est pas un animal, mais un homme conscient du rôle qu'il assume.

Les Tibétains croient que certains lamas experts en magie ont le pouvoir de transférer sur la tête de cette victime volontaire toutes les souillures spirituelles, toutes les transgressions morales et religieuses du peuple, auxquelles est attribuée la colère des divinités se manifestant par les mauvaises récoltes, les épidémies et autres calamités.

Ainsi, chaque année, un homme appelé *Lud Kong kyi Gyalpo*[1] est, au cours d'un rite spécial, chargé, avec imprécations, de toutes les iniquités du souverain et de ses sujets, et chassé dans les sables de Samyé.

La tâche dangereuse de porter, avec les fautes de toute une nation, le fardeau plus terrible encore de l'animosité des démons, est acceptée, en général, par un pauvre hère que tente le profit considérable attaché à ces fonctions.

Il est bien possible que ceux qui s'offrent ainsi en victimes entretiennent des doutes sérieux quant à l'existence des démons et au danger de devenir leur proie, mais si mitigée de scepticisme que puisse être l'opinion d'un Tibétain des classes populaires, à ce sujet, elle est toujours loin d'atteindre l'incrédulité complète[2]. Les « boucs émissaires » espèrent plutôt pouvoir, à l'aide d'honoraires élevés, s'assurer l'aide de lamas encore plus versés en magie

---

1. *Lud* a le sens de rançon, de rachat. On appelle ainsi tout argent donné pour racheter la vie d'un homme ou d'un animal, ou toute chose offerte à une divinité ou à un démon, afin d'être épargné par eux. *Lud Kong kyi Gyalpo* (le roi des rançons), est offert en lieu et place des pécheurs et des malades, afin que s'exerce sur lui, et non sur eux, la vengeance des dieux et la malignité des démons.

2. Celle-ci ne se rencontre que parmi les lamas lettrés et, surtout, parmi les ermites appelés « gomptchènes », mais les uns et les autres se gardent bien d'afficher leur incrédulité et ne l'avouent que devant leurs pairs ou les plus avancés de leurs disciples.

que ceux qui leur ont imposé leur fardeau maudit, et, grâce à eux, s'en étant libérés, échapper aux attaques des mauvais esprits.

Cependant, il est probablement tout aussi difficile à un *Lud kong kyi gyalpo* d'arriver à une foi parfaite dans l'efficacité des rites célébrés en sa faveur que de cesser de croire en la puissance de ceux qui l'ont voué aux déités terribles. Se trouvant ainsi « autosuggestionnés », les pauvres « boucs émissaires » justifient fréquemment les idées que leurs compatriotes entretiennent quant aux périls qu'ils attirent sur eux et les détournent d'autrui. Il leur est loisible de remplir leur emploi plusieurs années de suite et après la troisième de celles-ci ils reçoivent un titre honorifique et une pension du gouvernement. Ce cas se présente rarement. Presque toujours, dit-on, les acteurs de ce rôle étrange meurent prématurément, les uns subitement, sans cause visible, les autres dans des circonstances bizarres ou frappés d'étranges maladies.

Un ex « bouc-émissaire » mourut pendant mon séjour à Lhassa, la veille même du jour où son successeur devait être chassé de la ville.

Pendant les deux semaines précédant la célébration du rite imprécatoire, *Lud kong kyi gyalpo* est autorisé à quêter en tenant à la main une queue de yak noir, signe distinctif de la fonction qu'il va remplir. Ce n'est point une aumône qu'il sollicite, il lève une véritable taxe, y étant dûment autorisé par le gouvernement. Chacun doit lui remettre, soit de l'argent, soit des dons en nature, et la valeur de cette sorte de présent forcé se mesure à l'importance de la fortune, du négoce ou de la situation de chacun. Les donateurs créent ainsi un lien entre eux et le « bouc-émissaire » et, portées par leurs largesses, ce sont, en somme, les causes capables d'attirer des malheurs sur eux qu'ils transmettent à celui qui s'offre à en assumer les risques.

Si l'un ou l'autre hésite, marchande, fait mine de refuser son offrande, le futur « roi des rançons » agite la queue du yak au-dessus de la tête du récalcitrant ; ce geste comporte une malédiction qui, d'après les crédules Tibétains, entraîne les plus terribles conséquences. Ceux-ci s'exécutent donc généralement de bonne grâce, essayant tout au plus une timide défense quand le quémandeur montre des exigences trop grandes.

Je ne manquai pas, bien entendu, de me promener par la ville pour observer, à quelque distance, *Lud kong kyi gyalpo* procédant à sa collecte. Très bien vêtu d'une belle robe tibétaine, il aurait passé inaperçu s'il n'avait tenu à la main la queue de yak révélant sa personnalité. Il s'arrêtait au seuil des boutiques, circulait à travers le marché. Tous donnaient sans doute libéralement, car je n'eus point l'occasion de le voir brandir l'énorme queue de yak sur la tête de quelqu'un. Une fois, cependant, une discussion s'éleva ; je me trouvais trop loin pour entendre ce qui se disait, mais le sujet n'en était pas douteux. Le futur « bouc émissaire » s'impatienta et éleva à demi la main qui tenait son curieux insigne, mais aussitôt plusieurs hommes s'interposèrent et tout dut finir pour le mieux, car j'entendis les gens rire.

*Lud kong kyi gyalpo* amasse ainsi un butin considérable. De plus, lorsqu'il sort de la ville, poursuivi par les huées et les sifflets de la multitude, des pièces de monnaie et des objets divers lui sont encore volontairement jetés par les gens qui ont un motif ou un désir particulier de se débarrasser sur lui du poids d'un méfait dont le souvenir les gêne, d'une maladie qui les tourmente ou de n'importe quelle autre infortune qu'il emportera, au loin, avec le démon qui en est la cause. Ces ultimes dons sont soigneusement ramassés par un parent du « bouc » qui le suit dans ce but.

Je me demandais si *Lud kong kyi gyalpo* visiterait mon hôtellerie, mais il dut penser que les mendiants qui y demeuraient et les quelques piécettes de cuivre qu'il pourrait y glaner ne valaient point la peine de se déranger. Il nous dédaigna. Toutefois, ma bonne chance me fit le rencontrer au détour d'une rue et le singulier personnage tendit sa main ouverte vers moi. Par plaisanterie, et désireuse de le voir agiter l'énorme queue poilue qui lui tenait lieu de sceptre, je dis :

— Je suis une pèlerine... Je viens de très loin et je n'ai pas d'argent.

Il me regarda sévèrement et prononça ce seul mot :

— Donnez.

— Mais je n'ai rien, répétais-je.

Alors il éleva lentement le bras comme je l'avais vu faire au marché, et j'aurais eu l'amusement d'être l'objet de son étrange anathème si deux dames en riches toilettes qui passaient à ce moment ne l'avaient arrêté en criant : « Nous donnerons pour elle ! »

Elles mirent quelques pièces de monnaie dans la main de l'homme et celui-ci continua sa route.

— Atsi ! mère, vous ne savez pas ce qui vous attendait, me dit l'une des deux généreuses femmes. « S'il avait élevé cette queue au-dessus de votre tête, vous n'auriez jamais revu votre pays [1] ! »

Enfin, le jour de la cérémonie est venu.

La foule s'amasse d'abord plus compacte autour du Djokhang, d'où le « bouc émissaire » va partir. Pourquoi se presse-t-elle là ? L'expérience acquise les années précédentes doit avoir appris à la plupart des curieux qu'ils seront délogés de l'endroit bien avant l'arrivée du royal lama et le commencement de la « représentation ».

N'importe. La carte variée des échantillons de la gent féminine du Tibet se voit là au grand complet. Le pays d'origine de chacune est connu par la coiffure qu'elle porte. On distingue les « patous » de drap rouge ornementés de boules de corail et de morceaux de malachite des femmes d'U, et les « pakor » de celles de Tsang : un échafaudage haut de vingt à quarante centimètres, figurant deux cornes dressées, unies par un enchevêtrement de cordelettes en perles de verre ou en véritables perles fines pour les favorisées de la fortune.

Le menu fretin des provinciales plus lointaines et des *dokpas* arbore des couvre-chefs variés : bonnets ronds minuscules à la mesure d'une tête de poupée, chapeaux pointus de pierrots, béguins du moyen âge, capotes d'automobiliste et bien d'autres.

Le sexe fort ne manque pas, presque aussi paré que les dames. Certains portent à l'oreille droite un anneau de la grandeur d'un de nos bracelets, tandis que d'autres y ont accroché un long pendant qui leur caresse l'épaule. D'énormes bagues encerclent leurs gros doigts, des ornements divers sont cousus sur leurs chapeaux, déjà garnis de brocart clinquant, ou pendent à leur cou. Ces multiples

1. Pays, pris ici au sens de la petite patrie qu'est la tribu ou la province, la seule qui compte au Tibet. Ces femmes ne doutaient point que je fusse de race tibétaine, mais comprenaient que je n'étais point de Lhassa, mon costume n'étant pas celui porté dans la capitale.

parures scintillent, tintent et paraissent horriblement déplacées sur les rustres épais qui les portent.

Un remous se produit, les rires sonnent plus haut, mêlés à quelques grognements qui ne paraissent pas être l'expression d'un plaisir sans mélange. Une demi-douzaine d'hommes apparaissent porteurs de bâtons gigantesques de la dimension du tronc d'un jeune arbre. Tout ce qui, dans la foule bariolée et pimpante ne fuit pas assez rapidement, est houspillé sans merci. Belles dames ou pauvresses déguenillées, vieilles à la démarche incertaine, gamins, marchands hautains ou moines revêtus du saint habit de l'Ordre, les baliveaux de la police ne font grâce à aucun, si ce n'est pourtant aux étrangers ; les commerçants népalais ou hindous, qui peuvent se retirer dignement et à loisir. La scène est une répétition de celle dont j'ai été témoin le soir de la fête des « tormas » de beurre.

Les groupes se reforment un peu plus loin pour être délogés de leurs nouvelles positions par le même procédé, et l'opération se répète un certain nombre de fois. Sa monotonie est relevée par l'arrivée d'autres agents de l'ordre ; des subalternes d'abord, des moines à la robe aussi crasseuse qu'il est possible de l'imaginer et noirs comme des Sénégalais, à force d'être sales [1], les *Dobdob* armés de martinets, puis, derrière ceux-ci, un personnage majestueux, engoncé dans un superbe costume de serge grenat avec veste de drap d'argent [2]. Il s'avance aussi rapidement que le lui permet le poids d'une longue et lourde poutre de bois brut qu'il tient d'une seule main, par le milieu, en équilibre autant qu'il le peut. De temps en temps, il la redresse, la saisissant des deux mains et l'appuyant sur le sol. Ce signe stimule le zèle de ses subordonnés, qui s'escriment de plus belle avec leurs martinets. Les démonstrations du porteur de la poutre restent heureusement platoniques, et celle-ci est simplement l'insigne de sa charge. Le poids de son arme l'empêche de la brandir, quelque robuste qu'il soit ; s'il y réussissait, il assommerait un bœuf du premier coup.

---

1. Cette saleté est volontairement entretenue par eux pour se donner l'air terrible.

2. C'est le costume des dignitaires ecclésiastiques dont les fonctions ont trait à des affaires temporelles, non à la religion, tels que les grands intendants, etc. Pendant la durée des fêtes du Nouvel an, les fonctionnaires civils de Lhassa sont temporairement privés de leur autorité qui est exercée par les lamas du monastère de Depung.

La multitude reléguée à l'écart attend quelques heures de plus, poussée, poussant, s'avançant de quelques mètres pour reculer presque aussitôt sous les fouets des moines et les gourdins des laïques chargés de maintenir la voie libre.

Mais voici que le « Grand Poutrier » s'agite : le Dalaï-lama est annoncé. La foule se découvre, puis comme le soleil darde et que le Pontife n'apparaît pas, les chapeaux reprennent peu à peu leur place, pour être enlevés de nouveau lorsque l'alerte est encore une fois donnée.

Enfin, voici l'autocrate tibétain. Il est précédé de quelques soldats en uniforme kaki verdâtre, d'aspect très correct, le mousqueton en bandoulière. Derrière eux, vêtu d'un habit de même couleur que le leur, chevauche le général en chef de l'armée. Ce dernier est de service chaque fois que son maître sort à cheval.

Après le grand chef militaire, viennent deux lamas de haut rang, fonctionnaires du palais, en somptueux costumes monastiques : serge grenat, satin jaune d'or, brocart d'or, chapeau rond à la mode mongole : fourrure et satin. Le pape lamaïste suit, habillé de même, montant une superbe mule noire, richement caparaçonnée. Vient encore un lama, puis cinq ou six soldats ferment la marche.

Le cortège est passé, le peuple libéré se répand par les rues.

Au Djo Khang aura lieu, maintenant, la cérémonie précédant le départ du « bouc émissaire ».

*Lud kong kyi gyalpo* est là, non plus coquettement habillé comme pendant ses tournées de quête, mais revêtu d'un accoutrement carnavalesque qui, par une coïncidence singulière, est fait de peau de chèvre, rappelant ainsi le souvenir du bouc biblique. La figure de l'homme est cachée par un masque grotesque simulant une face mi-partie blanche, mi-partie noire ; sur sa tête s'érige, en haut échafaudage ébouriffé, une coiffure faite d'une énorme queue de yak noir, tandis qu'à la main il conserve, comme il le faisait précédemment, une autre queue de même espèce.

Il doit, maintenant, jouer une partie de dés avec un lama. Ce lama symbolise le Bien, la Religion, les Puissances tutélaires, tout ce que l'on peut imaginer d'excellent et de favorable au bonheur des braves Tibétains ; si *Lud kong kyi gyalpo* perd, le lama est autorisé à le chasser ;

tant qu'il gagne, au contraire, ce représentant du mal sous toutes les formes ne peut être délogé de la place. Il perdra, évidemment, soit que les dés soient truqués, soit qu'après un nombre de coups il advienne, infailliblement, que la chance tourne contre lui. Alors les lamas officiants, tout comme jadis le grand-prêtre Aaron, « chargent avec imprécations la tête de ce bouc » de tous les crimes, les fautes, les souillures, les maladies physiques et mentales de la nation entière et ils le chassent... dans les sables de Samyé.

L'on dit que sous l'effet de ces imprécations l'homme-bouc devient comme ivre et qu'il s'enfuit inconscient, à demi fou. Les imprécations, même s'il n'en est pas à ses débuts dans le rôle qu'il remplit, et s'il les a déjà entendu proférer contre lui, peuvent l'émouvoir un peu, mais, connaissant de longue date le pays dont il est, j'imagine que de copieuses libations destinées à augmenter son courage, doivent constituer une cause beaucoup plus directe de son excitation.

Le voilà parti à grands pas, presque en courant. Devant lui, derrière lui, en désordre, se précipitent les porteurs de ses nombreux bagages. La foule augmente la confusion en se joignant à eux et, de toutes parts, des cris, des sifflets s'élèvent, comme les jours où, avec grand vacarme, l'on effraie les démons et les chasse hors des maisons. Tout le monde rit, du reste. La fête a le caractère d'un carnaval joyeux, bien plus que celui d'une solennelle purification.

Le tourbillon des fuyards a disparu derrière un nuage de poussière dorée. Dans le grand ciel tout bleu, le soleil paraît toujours sourire et s'égayer doucement de l'imbécillité humaine. Les gens se remettent à bavarder, assis par terre ou se promenant lentement. Des marchands de sucreries, de fruits secs et de pains frits dans l'huile offrent leurs friandises. La première partie du spectacle est terminée.

*Lud kong kyi gyalpo* est loin et, avec lui, les démons et toutes les choses mystérieuses inexplicables, vagues et, par cela même, plus redoutées, qui pouvaient nuire aux Lhassapas. Mais n'aurait-il pas pu se faire que d'autres choses utiles, souverainement désirables, l'eussent suivi, entraînées par le courant ?... Eh ! oui, la chose n'est pas impossible, elle est probable même... Vite, il faut y remédier.

Le remède, le voici qui s'avance. C'est une longue procession composée des lamas des deux collèges tantriques [1] de Lhassa : les *Gyud teupa* et les *Gyud médpa* [2]. Derrière eux sont portés les *tormas,* édifices compliqués construits en baguettes, cordelettes, papier, pâte de farine d'orge moulée en gâteaux de formes diverses, mais plus généralement triangulaires et profusément ornementés avec du beurre colorié.

Un second cortège suit celui des *Gyudpas.* Il est formé d'hommes costumés en guerriers, vêtus de cottes de mailles et d'armures, portant des boucliers, des lances, et de vieilles armes à feu de différents modèles. Derrière eux s'avancent les personnages ordinaires des danses mystiques, la figure couverte par des masques d'aspect démoniaque. Il faut se donner de garde, cependant, de les prendre pour des diables ; ce sont en réalité des divinités bienfaisantes, revêtant cet aspect terrible pour combattre et subjuguer les esprits du mal qui veulent nuire aux êtres. Un dieu suit, tellement voilé par des écharpes, si étroitement entouré de banderoles, de drapeaux, d'arcs, de carquois pleins de flèches et de sabres, qu'on ne l'aperçoit point. Du reste, ces simulacres sont souvent dénués de statue ; l'effigie du dieu n'est pas absolument indispensable, il est censé résider, invisible, dans sa robe dressée sur un bâton, parmi les ornements qui lui sont consacrés. Les spectateurs peuvent, d'ailleurs, se dédommager en contemplant un autre céleste personnage, figuré par un mannequin géant qui se dandine d'un air plutôt jovial que très digne, en un superbe costume chinois à la mode du siècle passé.

Les derniers, passent un jeune garçon et une jeune fille : Pao et Pamo, le « héros et l'héroïne ». Quelques temps s'écoule, puis apparaît, au milieu d'un cortège moins nombreux que les précédents, mais dont le décorum dit la qualité, l'éminentissime docteur en philosophie Galden Tipa, Sér ti rimpotché, comme le dénomment les Lhassapas.

---

1. Les tantras sont des ouvrages sanscrits traitant de doctrines mystiques et de cérémonies rituelles. Ils sont appelés *gyud* en tibétain.
2. Les Gyud supérieurs et les Gyud inférieurs.

Que peut penser cet érudit de toute cette mascarade ? Peut-être bien ce qui m'a été répété par beaucoup de lettrés de son pays : que les masses sont inintelligentes et demandent une religion à leur niveau...

Un peu plus loin, en dehors de la ville, tous ces sorciers de rangs divers procèdent aux conjurations requises et brûlent les *tormas* au milieu du cercle formé par les déités terribles qui évoluent lentement, mouvant, en des gestes gracieux plutôt qu'effrayants, les longs poignards et les crânes pleins de sang qu'ils tiennent à la main [1].

Le *yang* [2], s'il s'est échappé à la suite du « bouc émissaire », est ainsi rappelé à Lhassa.

La cérémonie terminée, lamas, guerriers et dieux s'en reviennent pêle-mêle. Seule la haute Eminence conserve une certaine dignité d'allure, mais son pas plus précipité laisse deviner qu'elle a hâte de rentrer chez elle.

Le Dalaï-lama, rentrant aussi chez lui, retraverse sa capitale sans le concours, cette fois, du « grand poutrier » et des frères fouetteurs : tout bourgeoisement. Le Pontife chevauche entre deux des lamas de sa suite, avec lesquels il bavarde sans façon. Un aimable laisser-aller préside aussi à l'ordre de son cortège. Les soldats ouvrant la marche, partis à bonne allure, s'aperçoivent soudain que leur souverain est fort loin en arrière, et leurs camarades placés en queue s'attardent à saluer des amis au passage, peu soucieux de garder leur rang.

Une ville dont les habitants ont été si complètement purifiés et à qui est promise une prospérité illimitée ne peut qu'être joyeuse ; ainsi est Lhassa ce soir-là. Tout ce que la cité compte d'habitants valides est dans la rue, plus, même, un bon nombre d'infirmes et de vieillards qui se traînent comme ils peuvent et jacassent, rient et, surtout, boivent avec autant d'entrain que leurs compatriotes plus ingambes. Le bonheur semble général ; les mendiants les plus dépenaillés, les pires estropiés, les aveugles, les plus répugnants lépreux grimacent des sourires et se réjouissent autant, semble-t-il, que les riches et les nobles de la ville.

---

1. Ce sont des accessoires de théâtre confectionnés en une sorte de terre glaise couverte de chiffons peints ; les poignards sont en bronze ou en cuivre pour les danseurs remplissant les premiers rôles et en bois peint pour les autres.

2. *Yang*, la prospérité, les biens matériels.

Je rencontre des connaissances — j'en avais fait quelques-unes qui ne se doutaient pas de mon origine — et, bon gré mal gré, je suis poussée dans un restaurant où il me faut me montrer à la hauteur des circonstances en faisant honneur à une quantité de mets du pays. Je confesse que je subis l'épreuve sans déplaisir. Un bon dîner tibétain n'est pas chose méprisable.

Tandis que tous festoyaient, *Lud kong kyi gyalpo* était arrivé au bord du Kyi tchou.

Les bateliers l'attendaient, il passait avec ses frères qui l'accompagnaient et ses bagages.

Dès qu'il a touché la rive opposée, la première partie du rôle du « bouc émissaire » est terminée. Il se dépouille de sa défroque de peau de chèvre, de son masque et de sa fausse tignasse. De nouveau correctement vêtu, il n'a plus rien du pitre de tout à l'heure. Des chevaux sont là, corvée obligatoire fournie par les villageois. Les bagages sont chargés, les hommes enfourchent leurs montures ; et en route pour le monastère de Samyé.

La règle dit que *Lud kong kyi gyalpo* doit y demeurer sept jours, enfermé dans le *Ou Khang* [1], mais cette règle, si elle a été jamais suivie, est tombée en désuétude. Arrivé à Samyé, le moderne « bouc émissaire » y suspend simplement sa robe de peau de chèvre, son masque et ses queues de yak à un pilier, près de la porte de l'*Ou Khang*. Il offre ensuite un repas à l'assemblée des moines et, dès lors, déchargé de toutes obligations, il remonte à cheval et s'en va tranquillement à Tsitang, la ville voisine, acheter, avec le produit de ses quêtes, de la serge et du drap qui sont tissés dans le pays. Comme il a pu y envoyer d'avance des émissaires chargés de faire un choix et de débattre les prix, le marché peut être rapidement conclu. La question du transport ne l'embarrasse pas. Il a droit à la corvée gratuite et commande autant de bêtes de charge qu'il le désire. Donc, ses emplettes terminées, il regagne Lhassa sept jours après l'avoir quittée, amenant avec lui ses marchandises. Il peut les revendre à loisir, doublant peut-être ainsi le montant de ses quêtes.

Ainsi finit de façon commerciale et prosaïque l'aventure du « bouc émissaire » tibétain.

---

1. *Ou Khang* : « maison des souffles vitaux ». Un appartement particulier qui est censé être habité par des démones se repaissant du souffle vital des êtres.

L'année où je séjournai à Lhassa était, conformément à l'horoscope du Dalaï-lama, une période critique de sa vie. Comme mesure supplémentaire de sécurité, peut-être aussi estimant, en toute humilité, que le poids de ses propres erreurs constituait un fardeau assez pesant pour exiger toutes les forces d'un porteur, le souverain clérical du Tibet s'était assuré les services d'un « bouc émissaire » particulier. De sorte que tandis que le « bouc officiel » s'enfuyait à Samyé comme d'ordinaire, son collègue, marchant vers le nord, gagnait le premier col se trouvant sur la route de la Mongolie, mais ce dernier *Lud kong kyi gyalpo* attirait peu l'intérêt du public.

***

Le jour suivant me vit perchée, parmi un grand nombre de curieux, sur un éperon rocheux de la colline du Potala pour regarder défiler la grande procession appelée « Serpang ». Jamais au cours de mes longs voyages je n'ai contemplé de plus beau spectacle. La procession comprend plusieurs milliers de figurants en grands costumes religieux ou de fantaisie rappelant les anciennes modes chinoises, mongoles et tibétaines. Ceux-ci portent des centaines d'étendards et de bannières, des centaines de parasols en brocart rouge ou jaune sur lesquels sont brodés des dessins symboliques ou des inscriptions. Des dignitaires ecclésiastiques marchent sous les dais, escortés par des thuriféraires et des serviteurs agitant des éventails. De temps en temps, le long serpent chatoyant que forme le défilé arrête sa marche ; alors, de jeunes garçons dansent, des hommes portant des timbales sur leur dos exécutent des évolutions, tandis que des musiciens suivent leurs pas en frappant en cadence sur ces instruments. Les éléphants du Dalaï-lama sont du cortège, entourés d'animaux fantastiques en papier, à la mode chinoise, qui se contorsionnent de mille manières. Enfin viennent des dieux locaux précédés et suivis de guerriers en armure et des servants de leurs temples.

La procession défile aux sons d'airs variés : graves, solennels, lorsque les immenses trompettes tibétaines emplissent l'air de leurs mugissements profonds et d'une fraîcheur délicate charmante, quand vient le tour de l'orchestre mongol.

Parmi cette féerie, l'encadrant, la complétant, se dressent le gigantesque Potala dont les pentes rocheuses sont couvertes par la foule des lamas spectateurs et le Chogpour-ri au sommet pointu.

De l'endroit où j'étais assise, je dominais de haut la *sér pang*, la cohue multicolore des Tibétains en habits de fête et, par-delà, Lhassa étendue dans la plaine. Les toits d'or de ses temples lançaient de brefs éclairs comme pour répondre à ceux partant du chapeau rutilant qui, très haut dans l'azur, coiffait le palais du lama-roi. Le soleil merveilleux de l'Asie centrale illuminait le paysage, intensifiait les couleurs, faisait rayonner les montagnes blanchâtres à l'horizon. Tout vibrait, gorgé de lumière, semblant prêt à se transformer en flammes... Spectacle inoubliable qui, à lui seul, m'eût payée des fatigues que j'avais endurées pour le contempler.

[illegible] complétaient ce décor : sent le gigantesque Pouhalo dont les pentes neigeuses sont couvertes par la fumée des lances spectaculaires, et le Ching [illegible] au sommet pointu.



---

## EPILOGUE

Je quittai Lhassa aussi paisiblement que j'y étais arrivée sans que personne se fût douté qu'une étrangère y avait vécu au grand jour pendant deux mois.

Il s'en fallait de beaucoup que mon voyage fût terminé. Je regagnai les bords du Brahmapoutre et entrepris une nouvelle série de pérégrinations. Parmi les endroits intéressants que je visitai est le monastère de Samyé, sujet d'innombrables légendes et résidence d'un des grands oracles officiels du Tibet. J'y pus voir la porte scellée de l'appartement qui abrite, dit-on, les ébats macabres de démones se repaissant des « souffles vitaux » fraîchement exhalés par les mourants.

Je parcourus aussi la province de Yarlung, ses multiples lieux de pèlerinages et maints autres endroits. La relation de ce voyage supplémentaire fournirait facilement matière à un livre entier.

Enfin, un soir, j'arrivai à Gyantzé.

Gyantzé est la troisième ville du Tibet, par ordre d'importance, située sur la grand-route de l'Inde à Lhassa. Les Anglais y ont établi un poste avancé.

Lorsque je me présentai au bungalow pour y demander l'hospitalité, le premier Européen qui me vit resta muet de stupéfaction en entendant une « Tibétaine » lui adresser la parole en anglais.

Toutes les chambres de la maison se trouvant occupées, je me rendis au fort. Sous ce nom un peu trop pompeux, est désigné un enclos fortifié où demeurent l'agent commercial secondant le chargé d'affaires politiques qui réside habituellement au Sikkim, de l'autre côté de la frontière, quelques officiers, dont un médecin et une petite garnison de soldats hindous. Là, sont aussi logés le bureau de la poste et du télégraphe, un médecin indigène et d'autres services.

Mon arrivée fut accueillie avec le même étonnement.

Lorsque je racontai que j'arrivais de la Chine, à pied, que j'avais voyagé pendant huit mois au Tibet, traversé des régions inexplorées et passé deux mois à Lhassa, nul ne trouva, tout d'abord, un mot à me répondre. Littéralement, personne « n'en croyait ses yeux ».

Il me fut très agréable de rencontrer une jeune fille — la très gracieuse fille de l'agent commercial — dans cette minuscule colonie anglaise. A elle, comme aux gentlemen résidant à Gyantzé, je garde le plus reconnaissant souvenir de l'hospitalité empressée, si chaleureuse que je reçus pendant mon séjour parmi eux.

Il me restait encore à accomplir le long trajet de Gyantzé à la frontière indo-tibétaine à travers de hauts cols et des plateaux arides balayés par un vent glacé, mais l'aventure était terminée.

Seule dans ma chambre, avant de m'endormir, je criai pour moi-même :

*Lha gyalo !* Les dieux ont triomphé.

## TABLE

CHAPITRE III



CHAPITRE IV

CHAPITRE VII



CHAPITRE VIII



CHAPITRE IX

ACHEVÉ D'IMPRIMER
SUR LES PRESSES
DE L'IMPRIMERIE S.E.G.
33, RUE BÉRANGER
CHATILLON-SOUS-BAGNEUX

N° d'édition : 11053
Dépôt légal : février 1985
Numéro d'impression : 3190